Guía de HTML5, CSS3 y JavaScript.

La Web 2.0

Autor: Miguel A. Arias

ISBN: 978-1492332435

ÍNDICE DE CONTENIDOS

Introducción

Usted se debe de estar preguntando...¿Cómo hago para empezar a usar HTML5, si los navegadores antiguos no lo soportan? Pero la propia pregunta nos engaña. HTML5 no es sólo una gran cosa, es una colección de funcionalidades individuales. Entonces usted no lo verá como soporte al HTML5, sino que lo verá como el soporte a funcionalidades individuales como el canvas, vídeo o geolocalización.

Podrá ver que el **HTML** es un conjunto de tags y corchetes angulados. Ese es una parte importante, pero no es sólo eso. La especificación de **HTML5** también define como esos corchetes angulados se van a integrar con **JavaScript**, a través del **Document Object Model (DOM).** El **HTML5** no define ninguna **tag <video>;** también hay una **API DOM** correspondiente para objetos de vídeo en el **DOM**. Usted podrá usar esa **API** para detectar el soporte a diferentes formatos de vídeo en el **DOM**. Usted podrá usar esa **API** para detectar el soporte a diferentes formatos de vídeo, ejecutar un vídeo, pausar, hacer mute audio, identificar cuando el vídeo fue descargado, y todo lo necesario para crear una experiencia rica al usuario con relación a la propia **tag <video>.**

Canvas 2D API

Timed media playback

Web Storage

MIME type and protocol handler registration

Microdata

Document editing

Browser history

Cross-document messaging

Drag & drop

No tendrá que tirar nada

Usted no tendrá que tirar nada de sus marcadores ya existentes. No necesitará volver a aprender cosas que ya sabe. Si su aplicación web funcionaba en HTML4, lo seguirá haciendo en HTML5.

Ahora, si usted quisiera mejorar sus aplicaciones web, está bien que continúe leyendo este libro. Veamos este ejemplo en concreto: HTML5 soporta todos los controles del formulario de HTML4, además también incluye nuevos controles de **input (salida).** Algunos son añadidos que hacía mucho tiempo que se venían reclamando, tales como **sliders** y **date pickers**; otros son más sutiles. Por ejemplo, el tipo de **input** *email* parece exactamente como una caja de texto, pero los navegadores de dispositivos móviles lo personalizarán en su pantalla en el teclado para facilitar la inserción de dirección de email. Los navegadores más antiguos que no soportan el tipo de **input** *email* lo tratarán como el tipo de **input** como un **input** de texto común, y el formulario todavía funcionará sin necesidad de cambios en el marcado o en los scripts. Eso significa que podrá empezar a mejorar sus formularios web hoy mismo, aunque algunos de sus visitantes todavía usen el Internet Explorer 6.

Empezar es Fácil

Actualizar para HTML5 puede ser tan simple como actulizar su *doctype*. El doctype ya debería de estar en la primera línea de toda página HTML. Las versiones anteriores del HTML definía muchos doctypes, y escoger el doctype correcto puede ser complicado. En HTML5 sólo hay un doctype:

<!DOCTYPE HTML>

Actualizar el doctype del HTML5 no le causará problemas a su marcación actual, porque todas las tags definidas en HTML4 son soportadas en HTML5. Usted podrá usar y validar nuevos elementos semánticos como **<article>, <section>, <header>, y <footer>.** Irá aprendiendo sobre todos esos nuevos elementos más adelante.

Ya funciona

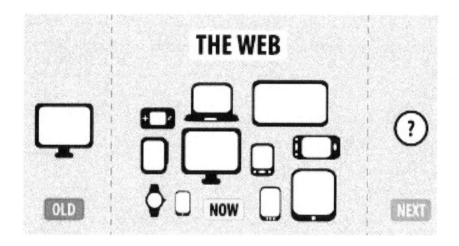

Quieres diseñar en canvas, reproducir un vídeo, implementar mejoras en los formularios o construir aplicaciones web que funcionen offline, usted descubrirá que el HTML5 ya está bastante soportado por los navegadores. Firefox, Safari, Chrome, Opera y navegadores móviles ya soportan canvas, vídeo, geolocalización, almacenamiento local y más. Google ya soporta **microdata annotations**. Ahora mismo Microsoft soporta la mayoría de las funcionalidades del HTML5 en el Internet Explorer 9.

En cada capítulo de este libro se incluyen cuadros de compatibilidad con los navegadores más familiares. Por eso lo más importante es que cada capítulo incluye una discusión de las opciones que usted necesitará para soportar navegadores antiguos. Las funcionalidades del HTML5 como la geolocalización y vídeo fueron primeramente provistas por plugins como Gears o Flash en los navegadores. Otras funcionalidades, como canvas, pueden ser emuladas totalmente en JavaScript. Este libro le enseñara a distinguir funcionalidades nativas en navegadores modernos, sin dejar los navegadores más antiguos atrás.

Está aquí para quedarse

Tim Berners-Lee inventó la World Wide Web en el inicio de los años 1990. Más tarde fundó la W3C para hacer como un administrador de patrones de la web, lo que la organización viene haciendo desde hace más de 15 años. Eso eso lo que la W3C tiene que decir sobre el futuro de los patrones de la web, en Julio de 2009:

"Hoy el Director anunció que cuando la licencia del grupo de trabajo sobre XTHML2 expire, como programado para el final de 2009, la licencia no será renovada". Haciendo esto y aumentando los recursos en el grupo de trabajo de HTML, la W3C espera acelear el progreso del HTML5 y clarificar la posición de la W3C sobre el futuro del HTML.

Buceando en HTML

Recientemente, me paré con una cita de un desarrollador de Mozilla sobre la tensión que existe para crear patrones:

"Implementaciones y especificaciones deberán convivir delicadamente juntos. Usted no quiere que una implementación ocurra antes que la especificación estea completa, pues las personas dependen de detalles de implementación y eso es parte de la especificación. Mientras tanto, usted también no querrá que la especificación estea completa antes que la implementación y de los tests hechos por el autor con esta implementación, porque necesitará de un feedback. Es inevitable que hay una tensión aquí, pero eso es sólo una pequeña confusión".

MIME types

Este libro es sobre HTML5, no es sobre las versiones anteriores de HTML y no es sobre cualquier versión de **XHTML**. Pero para entender la historia de HTML5 y las motivaciones que ha detrás, usted necesita entender primero algunos detalles técnicos. Específicamente, **MIME types**.

Cada vez que su navegador llama a una página, el servidor web envía **cabeceras (headers)** antes de enviar la marcación de la página en sí. Esas cabeceras normalmente son invisibles, pero existen herramientas de desarrollo que las vuelven visibles en caso necesario. Esas cabeceras son importantes, pues ellas informan al navegador como deberán interpretar la marcación de la página. La parte más importante de la cabecera se llama **Content-Type**, y se parece a esto:

Content-Type: text/html

"text/html" es llamado *"content type"* o *"MIME type"* de la página. Esta cabecera es la única cosa que determina lo que un recurso realmente es, y por lo tanto como este debe de ser renderizado. Las imágenes tienes su propio MIME types **(image/jpeg** para imágenes **JPEG, image/png** para imágenes **PNG,** y por ahí va el tema). Los archivos JavaScript tiene su propio MIME type. Las hojas de estilo **CSS** tiene su própio MIME type. Todo tiene su propio MIME type. La web funciona debido a los MIME types.

Claro que la realidad es un poco más complicada que apenas esto. La primera generación de servidores web no enviaban la cabecera *Content-type,* ya que de aquella no existía. Debido a la compatibilidad hasta 1993, algunos de los navegadores más populares de la época, ignoraban la cabecera *Content-Type* en algunos momentos. Esto era llamado **content sniffing**. Pero como regla general, todo lo que es buscado en las páginas web HTML, imágenes, scripts, vídeos, PDFs, todo lo que tenga una URL, es mostrado con su MIME type específico en la cabecera *Content-Type*.

Una larga discusión sobre los patrones que fueron hechos

¿Quién inventó la etiqueta **<img>**? Pues algún programador, que alguna vez vió la necesidad de realizar ese desarrollo y escribió el código fuente. Todo elemento, todo atributo, toda funcionalidad de HTML que usted ya usó alguna vez, fue creada por alguien, que decidió como debería funcionar, y escribió todo el código. Estas personas no son dioses o invencibles, sólo son personas como tú y yo, personas inteligentes, con certeza, pero sólo personas.

Una de las grandes cosas sobre patrones abiertos es que usted puede volver en el tiempo y responder ese tipo de preguntas. Las discusiones ocurren en listas de emails, que normalmente son archivadas y pueden ser necesarias después. Entonces decidí hacer un poco de "arqueología de email" para intentar responder a la siguiente pregunta. ¿Por qué nosotros tenemos una etiqueta <img>? y tuve que volver para antes de que una organización llamada Wold Wide Web Consortium W3C existiese. Y volví a los primeros días de la web, cuando usted pueda contar el número de servidores web con las dos manos.

El 25 de febrero de 1993 Marc Andreessen escribió:

Me gustaría proponer una nueva tag HTML:

IMG

El argumento obligatorio es: **SRC="url".**

Esta sirve para apuntar a un archivo bitmap o pixmap para que el navegador interprete como la imagen en medio del texto en un punto de ocurrencia de la tag.

Como por ejemplo:

```
<IMG SRC="file://foobar.com/foo/bar/blargh.xbm">
```

Esta tag puede ser usada como link como cualquier otra cosa; cuando eso sucede, ella verá a un icono sensitivo activado exactamente como un texto con el ancla común.

Los navegadores deben de tener flexibilidad para los formatos de imagen que tendrán que soportar. Xbm y Xpm son buenos de soportar, por ejemplo. Si un navegador no consigue renderizar el formato que le han pasado, el puede hacer lo que quiera, en el X Mosaic verá aparecer un bitmap patrón como sustituto de la imagen.

Eso es una función necesaria en el X Mosaic; nosotros tenemos eso funcionando, y bien al menos internamente. Estoy bastante abierto a sugerencias de cómo eso puede ser hecho con HTML; si usted tiene una idea mejor que la mía, por favor envíamela. Yo que es difícil lidiar con formatos de imagen, pero yo no veo una alternativa más allá de la que acabo de hablar "deje al navegador hacer lo que el quiera" y esperar que la solución perfecta aparezca..".MIME, un día, quien sabe".

Xbm y Xpm eran formatos gráficos muy populares en Unix. Y "Mosaic" fue uno de los primeros navegadores web. Cuando el mandó ese mensaje en el inicio de 1993, Marc Andreessen aún no había fundado la compañía que le hizo famoso, Mosaic Communications Corporation, ni hubiera empezado a trabajar en el principal producto de la empresa: "Mosaic Netscape", posteriormente llamado Netscape Navigator.

"MIME, un día, quien sabe" es una referencia a la negociación de contenido, que es una funcionalidad del HTTP donde un cliente (un navegador web) dice al servidor (un servidor web) que tipo de recursos soportan ellos, como *image/jpeg*, para que entonces el servidor devuelva al cliente en su formato preferido. El protocolo HTTP original fue definido en 1991, no tenía ninguna manera de que los clientes dijeran a los servidores que tipo de imágenes eran soportadas, lo que le llevó al dilema de diseño que Marc encontró.

Unas horas después, Tony Johnson respondió:

Yo tengo algo bastante similar en el Midas 2.0, excepto que todos los nombres son diferentes, y tienen un argumento extra NAME="name". Tienen casi exactamente la misma funcionalidad que usted propone en la tag IMG, como por ejemplo:

<ICON name="NoEntry" href="http://note/foo/bar/NoEntry.xbm">

La idea de que el parámetro nombre es de permitir que el navegador pueda usar las imágenes internas. Si el nombre es el mismo que una imagen interna, se utiliza en lugar de la búsqueda de la imagen. El nombre también puede actuar como una sugerencia para el navegador cuando se ejecuta en el terminal como un tipo de símbolo para sustituir la imagen.

No me importa mucho sobre los nombres de los parámetros o de las tags, pero estas deberán de ser sensible si fueran utilizadas para más de una cosa. No me importan mucho las abreviaciones, o sea porque no IMAGE= y SOURCE=, yo prefiero ICON una vez que es menos que IMAGE, pero quizás ICON se parece más a una palabra sobrecargada verdad?

Midas fue otro de los primeros navegadores, contemporáneo al X Mosaic. Este era multiplataforma, funcionaba tanto en el Unix como en el VMS. "SLAC" se refiere a la Stanford Linear Accelerator Center, ahora SLAC National Accelerator Laboratory, fue el lugar que hospedó al primer servidor web de los Estados Unidos. Cuando Tony escribió ese mensaje, SLAC era un ancestro de la WWW, y hospedad cinco páginas durante 441 días.

Tony continuó:

Aún estamos en el asunto de las nuevas tags, yo tengo otra, de algún modo parecido, las tag que me gustaría soportar en el Midas 2.0. El principio de esta es:

<INCLUDE HREF="..".>

La intención aquí es de poder colocar un segundo documento dentro del primer documento en el punto que aparece la tag. Al principio el documento referenciado puede ser cualquier cosa, pero el objetivo principal es de permitir imágenes para ser incluidos dentro de documentos. Nuevamente la intención es de que cuando el HTTP2 surgiera, el formato del documento incluido pasa a ser negociado separadamente.

"HTTP2" es una referencia al HTTP básico definido en 1992. En este punto, al comienzo de 1993, este aún no estaba muy implementado. Lo poco conocido de HTTP2 fue eventualmente padronizado e implementado como HTTP 1.0. HTTP 1.0 no incluía el requisito de cabeceras para la negociación de contenidos, más conocido como "MIME, un día, quien sabe".

Tony continuó:

Una alternativa que consideré fue:

```
<A HREF=".." .INCLUDE>See photo</A>
```

No me gusta mucho colocar más funcionalidad en la tag <A>, pero la idea aquí es de mantener la compatibilidad entre los navegadores que no pueden honrar con el parámetro INCLUDE. La intención es que los navegadores entiendan INCLUDE, alteren el texto del link con un documento incluido, como una foto, en cuanto los navegadores antiguos ignoren completamente la tag INCLUDE.

Esta propuesta nunca fue implementada, ya que la idea de colocar un texto cuando la imagen no era encontrada, era una importante técnica de accesibilidad olvidada por aquella propuesta inicial de la tag <IMG> de Marc. Años más tarde, este atributo fue incluido como tag en <img alt>, que el Netscape mostraba erróneamente el nombre cuando se colocaba el ratón encima de la imagen.

Unas horas de después que Tony enviará aquel mensaje, Tim Berners-Lee respondió:

Yo imagine que las imágenes podrían ser representadas como

```
<a name=fig1 href="fghjkdfghj" REL="EMBED,
PRESENT">Figure </a>
```

Donde la relación entre los valores significaria

EMBED coloque esto cuando lo presente

PRESENT muestre esto siempre que el documento fuente sea presentado

Vea que usted puede tener diversas combinaciones de eso, y si un navegador no soporta ninguna, este no se rompe.

Yo veo que usando ese método para iconos seleccionables que significan links.

Veja que você pode ter diversas combinações disso, e se um navegador não suporta nenhuma, ele não quebra

Yo veo el uso de este método para indicar enlaces de iconos seleccionables. Hmmm. Pero yo no quiero ninguna etiqueta especial.

Es propuesta nunca fue implementada, pero el atributo **rel** continua por ahí.

Jim Davis añadió:

Estaría bien si hubiera un content type específico, por ejemplo:

<IMG HREF="http://nsa.gov/pub/sounds/gorby.au" CONTENT-

TYPE=audio/basic>

Pero estoy complemente dispuesto a vivir con la necesidad de especificar el content type para la extensión del archivo.

Esta propuesta nunca fue implementada, pero el Netscape incluyó, más adelante, el soporte de insertar audio y vídeo con el elemento <embed>.

Jya C. Weber pregunto:

En cuanto a las imágenes están en el top de mi lista de tipos de medios en un navegador para WWW, y no encuentro que especificaciones idiosincráticas debemos incluir para cada tipo de medio. ¿Que sucedió con el entusiasmo de usar un mecanismo de MIME type?

Marc Andreessen respondió:

Esto no es un sustituto para el futuro uso del MIME como un patrón del mecanismo; eso apenas aporta la implementación necesaria y simple de la funcionalidad independiente del MIME.

Jay C. Weber respondió:

Vamos temporalmente a olvidarnos del MIME, si es que se está empanando. Mi objeción es la discusión sobre "como nosotros vamos a incluir el soporte para las imágenes" y no sobre "como nosotros vamos a soportar los diversos problemas en los diversos medios".

De otra manera, la semana que viene alguien va a sugerir "vamos a colocar una nueva tag <AUD SRC=file://foobar.com/foo/bar/blargh.snd> para audio.

Esto es mucho coste en el lugar de usar algo que generalice.

Con el beneficio de verlo en retrospectiva, parece que las preocupaciones de Jay estaban bien fundamentadas. Tardó más de una semana, pero el HTML5 finalmente incluyó los nuevos elementos <video> y <audio>.

Respondiendo al mensaje original de Jay, Dave Raggett dijo:

¡Verdad! Me gustaría considerar toda la gama de posibilidades de tipo arte en imágenes, además de la posibilidad de la negociación del formato. El mensaje de Tim sobre las áreas clicables en las imágenes también son importantes.

Mas tarde en 1993, Dave Raggett propone HTML+ como una evolución del patrón HTML. Esta propuesta nunca fue implementada, y fue sustituida por el HTML 2.0. HTML 2.0 fue una "retropectiva", lo que significa que formalizó las funcionalidades ya en uso, "Esa especificación reune, esclarece y formaliza el conjunto de funcionalidades que grosso modo corresponde a las capacidades del HTML que estaba en uso en Junio de 1994.

Dave más tarde escribió el HTML 3.0, basada un poco en lo hecho por ellos para el HTML+. Fuera de eso, existía la referencia de la W3C de la Arena, HTML 3.0 nunca fue implementado, y fue sustituido por el HTML 3.2, otra "retrospectiva": "HTML 3.2 incluyó ampliamente otras funcionalidades como tablas, applets y textos alrededor de imágenes, además mantenía la retro-compatibilidad con el patrón existente: HTML 2.0".

Dave más tarde fue co-autor del desarrollo del HTML 4.0, desarrolló el HTML Tidy, y ayudó con las especificaciones del XHTML, XForms, MathML, y otras especificaciones modernas de la W3C.

Volviendo a 1993, Marc respondió a Dave:

De verdad, quizás deberíamos pensar en un lenguaje de procedimientos genérico para gráficos y con ella podemos incluir hyperlinks aleatorios anexados a iconos, imágenes, o texto, o cualquier cosa. ¿Alguien ve las capacidades InterMedia que tiene esto?

Intermedia fue un proyecto de uso de hipertexto de la Universidad de Brown. Esta fue desarrollada de 1985 hasta 1991 y rodaba en el A/UX, un sistema operativo Unix, utilizado en los primeros equipos de Macintosh.

La idea de "un lenguaje de procedimiento genérico para gráficos" fue parcialmente implementada. Los navegadores modernos soportan tanto SVG como canvas, de igual manera que si empezase como una extensión propietaria antes de empezar a ser revisada por la WHATWG.

Bill Janssen respondió:

Otros sistemas para buscar que tengan alguna noción de eso son Andrew y Slate. Andrew fue echo con _insets_, y cada uno de ellos tienen un tipo interesante, como texto, bitmap, diseños, animaciones, mensajes, plantillas, más cosas. Las nociones de inclusión arbitraria y recursiva están presentes, entonces si un inset de cualquier tipo puede ser incluido en cualquier lugar que lo soporte. Por ejemplo, un inset puede ser incluido en cualquier punto del texto de un widget de texto, o en cualquier área rectangular de un widget de diseño o en cualquier bloque de una plantilla.

"Andrew" es una referencia a Andrew User Interface System, que en aquella época era conocida como Andrew Project.

Al mismo tiempo, Thomas Fine tuvo una idea diferente:

Esta es mi opinión. La mejor manera de usar imágenes en el WWW es utilizando MIME. Y tengo certeza de que postscript es un tipo soportado en el MIME, y que se maneja con soltura con la mezcla del texto y las imágenes.

Pero esto aún no es clicable, ¿dice usted? Si usted está seguro. Sospecho que ya tendrá una respuesta para eso ser mostrado utilizando el display postscript. También que incluir esto en el patrón postscript sería trivial. Definir un comando de ancla específica a la URL y el uso de la ruta actual como una región próxima al botón. Desde que el postscript se maneja bien con las rutas, esto hace que los formatos de los botones aleatorios sean triviales.

Display PostScript era una tecnología de renderización en la pantalla co-desarrollada por Adobe y NeXT.

Esta propuesta nunca fue implementada, pero la idea de una forma mejor de fijar el HTML y sustituirlo por algo completamente diferente aparece de tiempo en tiempo.

Tim Berners-Lee, en 1993:

HTTP2 permite que un documento contenga cualquier tipo que usuario diga que puede manejar, sin apenas MIME types registrados. Entonces, puede ser hecho un experimento. Si yo encuentro algún caso en que funciona postscript como hipertexto, yo no entiendo de display postscript lo suficiente. Yo se que el Adobe está tentado a establecer su propio tipo de postscript PDF, que tendrá enlaces y podrá ser leido por los lectores propietarios de los mismos.

Yo creo que un lenguaje genérico para enlaces entre capas puede permitir patrones de hipertexto, imágenes y vídeo, que los envuelva por separado y que pueda juntar a ambos.

Dejen que la tag IMG pueda ser INCLUDE y déjenla referirse a un tipo arbitrario de documento. O EMBED se INCLUDE se parece a un include de cpp y que las personas parecen esperar un código fuente SGML para ser interpretado o que no esa la intención.

HyTime fue unos de los primero sistemas de documentos de hipertexto basado en SGML. Tiene una gran importancia en las primeras discusiones sobre el HTML y posteriormente sobre XML.

La propuesta de tim para una tag <INCLUDE nunca fue implementada, pero es cierto que se pueden ver los ecos de ella en los elementos <object>, <embed> y <frame>.

Finalmente el 12 de marzo de 1993, Marc Andreessen volvió al hilo de la discusión:

Volviendo al hilo sobre la discusión de las imágenes, estoy cerca de lanzar el Mosaic v0.10, que podrá soportar la inclusión de GIF y images/bitmaps XBM, como ya dije anteriormente…

Nosotros no estamos preparados para soportar las tags INCLUDE/EMBED en este momento…entonces probablemente vamos a usar las tags <IMG SRC="url">, no una tag ICON, ya que no todas las imágenes pueden ser propiamente iconos. Por esto, las imágenes incluidas no deberán tener un content-type específico, futuramente, nosotros planteamos dar soporte a esto, junto con la adaptación del MIME. En realidad, la rutina de lectura de imágenes que nosotros estamos utilizando maneja con el formato de la en el momento de renderizar, entonces la extensión del archivo no es tan relevante.

Una línea Continua

Yo tengo una fascinación increíble por todos los detalles de conversación de hace casi 21 años, 21 años que llevó la creación de un elemento HTML que es utilizado en prácticamente todas las páginas web. Considere que:

- HTTP continua existiendo. HTTP evolucionó con éxito de la versión 0.9 a las 1.1 y luego a la 2.0.
- HTML continua existiendo. El formato de datos era rudimentario, evolucionó con éxito hacía las versiones 2.0, 3.0, 4.0. HTML es una línea continua. Una línea torcida, llena de nosotros, empantanada, con certeza. Existen diversas "zonas muertas" en el árbol evolutivo, lugares donde los pensamientos

estaban en la mente de las propias personas. Pero continua. Aquí estamos, en 2013, y las páginas web de 1990 continuan siendo mostradas correctamente en los navegadores modernos.

- HTML siempre será una conversación entre marcadores de navegadores, autores, patrones y otras personas que simplemente aparecerán y le gustaban hablar sobre símbolos de mayor y menor.

- Ninguno de los navegadores de 1993 continua existiendo de una forma reconocible hoy en día. El Netscape Navigator fue abandonado en 1998 y se reescribió un pequeña parte para crear la suite Mozilla, que fue subdivido para el Firefox. El Internet Explorer tiene varios comienzos, como el Microsoft Plus de Windows 95. que fue empaquetado junto con algunos temas para el escritorio y un juego de pinball.

- Algunos de los sistemas operativos de 1993 continuan existiendo, pero ninguno de ellos es relevante para el Internet moderno. La mayoría de las persona que usa Internet lo hace desde PC con Windows o Linux, con un Mac con Mac OS X, desde un Smartphone o un iPhone. En 1993, el Windows estaba en la versión 3.1, Macs rodaba sobre System 7 y el Linux era distribuidos por la Usenet.

- Algunas de las mismas personas que continúan por ahí y continúan envueltas en lo que nosotros simplemente llamamos los "patrones de Internet", algunos de estos ya estaban envueltos en los predecesores del HTML, en la década de los 80.

- Hablando de los antecesores. Con la popularidad adquirida del HTML y de Internet, es fácil olvidar los formatos y sistemas modernos envueltos en la creación de los mismos. Andrew? Intermedia? HyTime? Y el HyTime no fue solamente un proyecto de investigación académico, fue un patrón ISO. Fue aprobado para uso militar. Fue un gran Negocio. Y usted puede leer sobre esto por si mismo…en la página HTML en su navegador.

Pero ninguna de esas cosas responde a la pregunta original: porque tenemos un elemento <img> ? y porque no es un elemento <icon>…o es más, un elemento <include>…porque no tenemos un link con un atributo include, o alguna combinación de valores en rel? Porque un elemento <img>? Simple, porque Marc Andreeseen envió un código con eso, y quien envió el código, ganó.

Eso sin olvidar que todos los códigos enviados ganan; al final, Andrew, Intermedia y Hytime también enviaron sus códigos. El código es necesario, pero no el suficiente para el evento. Y yo con certeza no quise decir que con enviar el código antes de un patrón se vaya a obtener un mejor resultado, o que sea una mejor solución. El elemento <img> de Marc no funcionaba con diversos formatos comunes de imágenes; no definió como el texto se fijaría alrededor de la imagen, no soportaba alternativas de texto o de sustitución de contenido en caso de errores en los navegadores más antiguos. Y 21 años después, aún seguimos lidiando con el sniffing de contenido, y continúan existiendo diversas vulnerabilidades. Y usted tendrá que volver 21 años atrás y ver la gran guerra de navegadores que existió y regresar para ver cuando Marc Andreessen simplemente comentó, "MIME, un día, quien sabe" y envió su código a todo el mundo.

Una línea de tiempo y desarrollo del HTML de 1997 a 2004

En 1997, la Wold Wide Web Consortium (W3C) publicó el HTML 4.0 y probablemente cerró el grupo de trabajo del HTML. Alrededor de dos meses después, un grupo de trabajo separado de la W3C publicó el XML 1.0. Apenas tres meses después, las personas que formaban parte de la W3C dieran un Workshop llamado: "Moldeando el futuro del HTML" para responder a la pregunta: "La W3C desistió del HTML?", esta fue la respuesta:

En las conversaciones hemos acordado que sería difícil que ocurra una futura extensión del HTML, como la conversión del 4.0 para una aplicación XML. Fue propuesto romper con estas restricciones y hacer un nuevo comienzo para una nueva generación del HTML basada en un conjunto de tags XML.

La W3C recreó el grupo de trabajo del HTML para la creación de su "conjunto de tags XML". El primero de ellos, en 1998, fue un poco de una especificación interna que simplemente reformuló el HTML en el XML sin añadir ningún nuevo elemento o atributo. Esta especificación posteriormente quedó reconocida como XHTML1.0. se definió con un nuevo MIME type para documentos XHTML: application/HTML+xml. Mientras tanto, para realizar una migración de las actuales 4 páginas del HTML existentes, según el Apéndice C, resume las principales guías de diseño para los autores que deseen procesar documentos XTHML en los agentes HTML existentes". El Apéndice C dice que está permitido para el autor llamar documentos XHTML, pero utilizando aún el MIME type text/html.

El próximo objetivo de estos fueron los formularios web. En 1999, el mismo grupo de trabajo del HTML publicó el primer borrador del XHTML Extended Forms. Ellos dijeron sus expectativas en el primer párrafo:

Después de una cuidadosa consideración, el grupo de trabajo del HTML decidió que las metas para la nueva generación de los formularios son incompatibles con la retro-compatibilidad con los navegadores desarrollados para soportar las versiones antiguas de HTML. Nuestro objetivo es la creación de un nuevo modelo de formularios desde cero, basado en un conjunto bien definido de requisitos. Los requisitos descritos en ese documento serán basados en la experiencia adquirida con un gran espectro de aplicaciones con formularios.

Unos meses después, "XHTML Extended Forms" fue renombrado para "XForms" y movido para su propio grupo de trabajo. Este grupo trabajó paralelamente con el grupo de trabajo del HTML y finalmente publicó en 2003 la primera edición del XForms 1.0.

Mientras tanto pasaba esto con la transición completa para el XML, el grupo de trabajo del HTML desvió sus esfuerzos en "la nueva generación del HTML". En 2001 estos publicaron la primera edición del XHTML 1.1, que añadió solamente unos pocos recursos además de los que ya habían en XHTML1.0, pero también eliminó una brecha que había en el Apéndice C. A partir de la versión 1.1, todos los documentos XHTML pasan a funcionar con el MIME type application/html+xml.

Todo lo que usted sabe sobre XHTML es erróneo

Por que los MIME types son importantes? Por qué estamos volviendo a ellos? Tres palabras: draconiano error handling (tratamiento de los errores draconianos). Los navegadores siempre son tolerantes con el HTML. Si usted crea una página HTML pero olvida la tag </head>, los navegadores mostrará la página de todas maneras. Algunas tags implícitamente hacen un cierre de la tag </head> y de la tag de inicio <body>. Usted supuestamente anida las tags de manera jerárquica, cerrándolas de la última a la primera, pero, si usted crea un marcador como <b><i></b></i>, los navegadores simplemente van a manejar eso sin mostrar ningún mensaje de error.

Como usted se puede esperar, el hecho de que ese marcador HTML rompiera y que continúe funcionando en algunos navegadores, permite que los programadores creen páginas HTML con marcadores rotos. Muchas páginas rotas. Según se estima, alrededor del 99% de las páginas HTML en Internet tienen por lo menos un error en ellas. Pero como los navegadores nos muestra mensajes de error para esto, nadie lo repara.

La W3C vio que este era un problema fundamental con la web, y, entonces, estos decidieron corregir eso. El XML publicado en 1997 rompió con la tradición de perdonar a los clientes y mandó que todos los programadores que consumiesen XML tuviera que tratar los errores llamados de buen-formateado como son los errores fatales. Este concepto de falta quedó conocido como "tratamiento de errores draconianos" después de que el líder griego Draco que fue quien creó la pena de muerte para el que cometiese infracciones menores de sus leyes. Cuando la W3C reformuló el HTML como un vocabulario XML, estos mandarán que todos los documentos servidos por el nuevo MIME type application/xhtml+xml deberían acometer un tratamiento de errores draconiano. En caso de que hubiera solamente un error de buen-formateado en su página XHTML, como por ejemplo olvidar la tag </head> o una colocación indebida de tags de inicio y fin, los navegadores no tendrán que más remedio que parar el procesamiento y mostrar el mensaje de error al usuario final.

Esa idea no fue nada popular. Con una tasa estimada de errores de un 99% de las páginas HTML, la siempre presente posibilidad de mostrar mensajes de error para el usuario final y la escasez de nuevos recursos en el XHTML 1.0 y 1.1 que justificasen el coste, los programadores web básicamente ignoraban el applicaction/xhtml+xml. Pero eso no significa que estos también ignoraban el XHTML. Definitivamente estos no hicieron eso. El Apéndice C de la especificación del XHTML 1.0 dio a los autores de la web una nueva brecha: "Usar algo que parezca como una sintaxis del XHTML, pero que continua generando el MIME type text/html". Esto fue exactamente lo que centenares de desarrolladores web hicieron: estos hicieron un upgrade para la sintaxis del XHTML pero que continuase generando el MIME type text/html.

A día de hoy, millones de páginas de Internet dicen que están hechas en XHTML, estas comienzan con el doctype XHTML en la primera línea, usan tags con caja baja, usan aspas en los atributos y una barra simple al final de elementos varios como <br /> y <hr />. Pero esta pequeña fracción de estas páginas son realmente servidas con el MIME type application/xtml+xml y que hacen el tratamiento de errores draconiano. Cualquier página que tenga el MIME type text/html, independientemente del doctype, sintaxis o estilo de código fuente, será interpretada usando un parseador HTML tolerante, que silenciosamente ignorará cualquier error de marcación y nunca nos mostrará ninguna alerta a los usuarios finales si la página está técnicamente rota.

El XHTML 1.0 incluye esta brecha, pero el XHTML 1.1 la cerró y el nunca finalizado XHTML 2.0 continuó con la tradición de requerir el tratamiento de errores draconiano. Y por eso que de las billones de páginas que dicen ser XTHML 1.0 y otras algunas pocas dicen ser XHTML 1.1. Entonces usted realmente está usando XHTML? Verifique su MIME type. A menos que sus páginas estean usando el application/xthml+xml, las páginas que usted llama XHTML son XML solamente en el nombre.

Una visión Concurrente

En el 2004, la W3C realizó un Workshop sobre aplicaciones web y documentos combinados. Estaban presentes en ese Workshop representantes de 3 fabricantes de navegadores, compañías de desarrollo web y otros miembros del W3C. Un grupo de partes interesadas, incluyendo a la Fundación Mozilla y la de Opera Software, hicieron una presentación sobre su visión concurrente del futuro de la web: una evolución de los existentes patrones del HTML 4 para incluir nuevos recursos para desarrolladores de aplicaciones web modernos.

Los 7 principios a siguientes representan lo que acreditamos ser los requisitos más importantes para este trabajo

1. Compatibilidad con versiones anteriores: con un camino claro de migración de tecnologías de aplicación web que tienen que ser basadas en tecnologías en las que los desarrolladores estén familiarizados, incluyendo HTML, CSS, DOM y JavaScript. Características básicas de aplicaciones web que deberían ser implementadas a través de comportamientos y ser utilizados con scripts y hojas de estilo, hoy en día, el IE 6 tiene un camino bien marcado para que los desarrolladores puedan realizar una

migración. Cualquier solución que no pueda ser usada con el actual agente usuario "user agent" de mayor penetración en el mercado, sin necesidad de plugins binarios, será muy improbable de que llegue a buen puerto.

2. Tratamiento de errores bien definido: el tratamiento de errores en aplicaciones web debe ser definido en tal nivel de detalle que nos permita que los agentes de usuario no tenga que hacer rodar sus propios mecanismos de manipulación de errores o hacer ingeniería inversa en otros agentes de usuario.

3. Los usuario no deberán ser expuestos a errores de autoría: las especificaciones deben indicar el comportamiento exacto de recuperación de errores para cada guión de error posible. Una manipulación de errores debe ser definida, en mayor parte, en términos de recuperación de errores normal, como en CSS al revés que los errores obvios y catastróficos, como en XML.

4. Uso práctico: todo recurso que entra en las especificaciones de las aplicaciones web deben de ser justificados para un caso de uso práctico. Los contrario no es, necesariamente, verdadero, cada caso de uso, no necesariamente, necesita ser fundamentado para un nuevo recurso. Los casos de uso deben ser, preferiblemente, basados en sitios reales, en los cuales los desarrolladores utilizaran, anteriormente, una mala solución para eliminar la limitación.

5. Los Scripts vienen para quedarse: pero debe ser evitado donde la marcación es más conveniente para ser usada. El scripting deber ser representativamente neutro, a no ser cuando tenga un

alcance bastante específico en algunos dispositivos, por ejemplo, en XBL.

6. El Profiling específico de dispositivo debe ser evitado: los desarrolladores deben ser capaces de valerse de las mismas características, sean las implementadas en versiones desktop o móviles del mismo agente de usuario.

7. Proceso Abierto: la web se ha beneficiado de haber sido desarrollada en un ambiente abierto. Las aplicaciones web serán el núcleo "core" de la web y su desarrollo también deberá valerse de ese ambiente abierto. Las listas de discusión, archivos y borradores de las especificaciones deben ser visibles al público.

Los participantes del Workshop participaron de la encuesta con la pregunta "¿debe el W3C desarrollar una extensión declarativa para HTML y CSS y extensiones imperativas para el DOM para tratar el nivel medio de requisitos de las aplicaciones web, o al contrario desarrollar APIs al nivel de sistema operativo? La votación fue 11 contra 8. En el sumario del Workshop, el W3C escribió: "Actualmente, el W3C no pretende colocar cualquier recurso en el tercer tópico de la encuesta: las extensiones para el HTML y CSS para aplicaciones web, excepto tecnologías que están siendo desarrolladas sobre las licencias de los actuales grupos de trabajo del W3C".

Antes esta decisión, las personas que tengan propuestas envolviendo el HTML y formularios HTML tienen solamente dos opciones: desistir o continuar su trabajo fuera de la W3C. Estos escojerán la última y registrarán el dominio whatwg.org y, en 2004, el WHAT Working Group nació.

WHAT Grupo de Trabajo?

Pero que diablos, al final, que es el WHAT Working Group? Vamos a explicarlo:

La Web Hypertext Applications Technology Workting Group es un grupo amplio, no oficial y abierto de los fabricantes de navegadores web y partes interesadas. El grupo busca desarrollar especificaciones basadas en tecnologías HTML y otras afines para facilitar el desarrollo de aplicaciones web interoperables, con la intención de presentar los resultados a un organización de patrones. Esta presentación es la base de trabajo que extiende formalmente el HTML en el camino de los estándares web.

La creación de este foro viene de varios meses de trabajo por e-mail, en particular sobre las especificaciones de este tipo de tecnologías. El enfoque principal, hasta este punto, ha ido extender el HTML4 Forms para soportar a las características solicitadas por los autores sin romper la compatibilidad con el contenido existente. Este grupo fue creado para asegurar que el desarrollo futuro de estas especificaciones será totalmente abierta, a través de una lista de discusión abierta y archivada públicamente.

La frase clave aquí es "sin romper la compatibilidad con las versiones anteriores". El XHTML (menos el "agujero" en el Apéndice C) no es retro-compatible con HTML. Se necesita un nuevo tipo MIME enteramente nuevo y trabajar con el tratamiento de errores draconianos de todo el contenido servido con ese tipo de MIME. XForms no es retro-compatible con los formularios HTML, ya que sólo se puede utilizar en los documentos disponibles con el nuevo tipo MIME XHTML, lo que significa que XForms también funciona con el tratamiento de errores de forma draconiana. Todos los caminos llevan a MIME.

En lugar de acabar con más de una década de inversiones en HTML y hacer que el 99% de las páginas web existentes quedaran inutilizables, el Grupo de Trabajo **WHAT** optó por un enfoque diferente: documentar los algoritmos de tratamiento de errores "perdonables" para que los navegadores, efectivamente, lo utilizaran. Los navegadores web han sido siempre indulgentes con los errores de HTML, pero nadie la molesta en escribir sobre como, exactamente, estos hicieron eso. **NCSA Mosaic** tiene sus propios algoritmos para hacer frente a las páginas rotas y Netscape intentó lo mismo. Entonces, el Internet Explorer intentó igualarse a Netscape. A continuación, Opera y Firefox trataron de hacer lo mismo que Internet Explorer. Entonces Safari intentó igualar el Firefox. Y así sucesivamente, hasta el día de hoy. En el camino, los desarrolladores quemaron miles y miles de horas tratando de hacer sus productos compatibles con los de sus competidores.

Si esto os suena como una cantidad increíble de trabajo, es, por que realmente lo es. O mejor dicho, lo era. Fueron necesarios cinco años, pero (salvo algunos casos extremamente oscuros) el grupo qué trabajo ha documentado con éxito cómo analizar HTML de una manera que sea compatible con el contenido web existente. En ningún punto del algoritmo final existe un paso que requiera al consumidor dejar de procesar HTML para mostrar un mensaje de error al usuario final.

Si bien, toda la ingeniería inversa ya estaba ocurriendo, el Grupo de Trabajo WHAT ha estado trabajando en silencio en algunas otras cosas, también. Se trataba de una especificación, inicialmente denominada **Web Forms 2.0**, que añadíoe nuevos tipos de controles para los formularios HTML. Usted aprenderá más acerca de los formularios web en más adelante. Otro era un borrador de una especificación llamada "**Web Applications 1.0**", que incluye nuevas características, tales como pantalla de diseñar canvas directamente y soporte nativo para audio y vídeo, sin plugins.

Volver a la W3C

Durante dos años y medio, el W3C y el Grupo de Trabajo se estaban ignorando mutuamente. Mientras que el Grupo de Trabajo WHAT se centró en los formularios web y las nuevas características del HTML, el Grupo de Trabajo de HTML del W3C estaba ocupado con la versión 2.0 de XHTML. Pero en octubre de 2006, se hizo evidente que el Grupo de Trabajo WHAT tuvo su momento crítico, mientras que el XHTML 2 seguía languideciendo en forma de borrador, no fue implementado por ninguno de los principales navegadores. En octubre de 2006, Tim Berners-Lee, el fundador de la W3C, en persona, anunció que el W3C trabajaría junto con el Grupo de Trabajo WHAT con el fin de evolucionar HTML.

Algunas cosas se vuelven más claras en los últimos años. Es necesario evolucionar HTML de forma incremental. El intento de hacer que el mundo migre a XML, incluyendo las aspas alrededor de los valores de atributos y barras de etiquetas vacías y espacios de nombres, de una sola vez, no funcionó. El gran público generador de HTML no se movió, en gran parte debido a que los navegadores no se quejaron. Algunas grandes comunidades ha habían hecho migraciones y estaban cosechando los frutos de sistemas bien formados, pero no todos. Esto es importante para mantener el HTML de forma incremental, así como continuar con la transición a un mundo bien formado y desarrollar más poder en este mundo.

El plan es construir un grupo totalmente nuevo para el HTML. A diferencia de antes, este será fletado para hacer mejoras incrementales en HTML y XHTML paralelamente. Estos tendrán una silla y personal diferentes. Se trabajará en HTML y XHTML conjuntamente. Tenemos un fuerte apoyo para este grupo, de muchas personas que han hablado, incluyendo los fabricantes de navegadores.

Habrá trabajo, también en los formularios. Esta, es un área compleja, ya que hay formularios tanto en HTML, como en XForms. Los formularios HTML, son implementados y existen muchas implementaciones y usuarios de XForms. Mientras tanto, la presentación de los Webforms sugirió extensiones sensatas para los formularios HTML. El plan es, informado por Webforms, para extender los formularios HTML.

Una de las primeras cosas que el Grupo de Trabajo de HTML del W3C recién re-formada decidió fue cambiar el nombre es de "**Web Applications 1.0**" a "**HTML5**". Y aquí estamos, sumergiéndose en HTML5.

Postcript

En octubre de 2009, el W3C se suspendió Grupo de Trabajo XHTML 2 y emitido esta declaración para explicar su decisión:

Cuando el W3C anunció el Grupo de Trabajo de HTML y XHTML 2 de marzo 2007, nos indicó que teníamos que seguir vigilando el mercado de XHTML 2. El W3C reconoce la importancia de una clara señal a la comunidad sobre el futuro de HTML.

Si bien reconocemos el valor del Grupo de Trabajo del XHTML 2 en los últimos años, después de la discusión con los participantes, la gestión W3C optó por permitir la expiración del Grupo de Trabajo a finales de 2009 y no se renovó.

Los que ganan son aquellos a bordo.

Características Detección de HTML5

Usted puede preguntarse: "¿Cómo puedo empezar a utilizar HTML5 si los navegadores no lo soportan?" Pero la pregunta en sí misma es engañosa. HTML5 no es una gran cosa y sólo, es un conjunto de características individuales. Así no se puede detectar como soporte HTML5, porque no tiene sentido. Sin embargo, usted puede comprobar el apoyo a las características individuales, como la lona, vídeo o geolocalización.

Las técnicas para detectar

Cuando su navegador renderiza una página web, se construye un modelo de objetos de documento (**DOM, Document Object Model** en Inglés), una colección de objetos que representan los elementos HTML de la página. Cada elemento - todo <p>, todo <div>, todo <span> - está representado en el DOM por un objeto diferente. También hay objetos globales como **window** y **document**, que no están vinculados a elementos específicos.

Todos los objetos del DOM comparten un conjunto común de propiedades, pero algunos objetos tienen más que otros. En los navegadores que soportan las características HTML5, algunos objetos tienen propiedades únicas. Un vistazo rápido a la DOM le indicará qué funciones son compatibles.

Existen cuatro técnicas básicas para detectar si el navegador es compatible con una función específica. Desde el más simple hasta el más complejo:

1. Comprueba si una determinada propiedad existe en un objeto global (como **window** o **navigator**).

Ejemplo: probando el soporte de geolocalización

2. Crear un elemento, a continuación, comprobar si una determinada propiedad existe en ese elemento.

Ejemplo: probando el soporte para canvas.

3. Crear un elemento, comprobar si un determinado método existe en ese elemento, a continuación, llamar al método y comprobar el valor que devuelve.

Ejemplo: probando los formatos de vídeo que soporta

4. Crear un elemento, establezca una propiedad a un valor determinado, a continuación, comprobar si la propiedad ha conservado su valor.

Ejemplo: probando que los tipos **<input>** son compatibles

Modernizr, una biblioteca de detección de HTML5

Modernizr es una biblioteca de **JavaScript** de código abierto, bajo la licencia MIT, que detecta el soporte de diferentes características de HTML5 Y CSS3. Siempre debe usar la versión más reciente. Para usarlo, agregue el siguiente elemento <script> en la parte superior de la página.

```
<!DOCTYPE html>
<html>
<head>
  <meta charset="utf-8">
  <title>Descubriendo HTML5</title>
  <script src="modernizr.min.js"></script>
</head>
<body>
  ...
</body>
</html>
```

Modernizr se ejecuta automáticamente. Hay una función **modernizr_init** () para ser llamada. Cuando se ejecuta, se crea un objeto global llamado Modernizr, que contiene un conjunto de propiedades booleanas para cada característica que se puede detectar.

Por ejemplo, si su navegador es compatible con la API del Canvas, la propiedad **Modernizr.canvas** será **true**. Si su navegador no soporta la API de canvas, la propiedad **Modernizr.canvas** será **false**.

```
if (Modernizr.canvas) {
   // vamos a diseñar algunos formularios
} else {
   // el soporte nativo del canvas no está disponible
```

Canvas

Su navegador tiene soporte para la API de canvas.

El HTML5 define el elemento **<canvas>** como "un mapa de bits de resolución dependiente que puede ser usado para renderizar los gráficos, los gráficos del juego, u otras imágenes visuales sobre la marcha". Un **canvas** es un rectángulo en la página donde se puede utilizar JavaScript para diseñar cualquier cosa que quieras. El HTML5 define un conjunto de funciones ("la API de canvas") para diseñar formularios, la definición de rutas, la creación de gradientes y aplicar transformaciones.

La verificación de la API de canvas utiliza la técnica de detección # 2. Si su navegador es compatible con la API de canvas, el objeto DOM que crea para representar un elemento **\<canvas\>** que tendrá un método **getContext ().** Si su navegador no soporta la API de canvas, el objeto DOM que crea un elemento \<canvas\> que sólo tienen un conjunto de común de propiedades, pero nada específico para canvas.

```
function supports_canvas() {
  return !!document.createElement('canvas').getContext;
}
```

Esta función comienza con la creación del elemento \<canvas\> de prueba. Pero el elemento no se agrega a la página, entonces nadie lo va a ver. Está flotando en la memoria, yendo a ninguna parte y sin hacer nada, como una canoa en un río tranquilo.

```
return !!document.createElement('canvas').getContext;
```

Una vez creado el elemento \<canvas\> de prueba, se prueba la existencia de un método getContext (). Este método sólo existe si tu navegador es compatible con la API de canvas.

```
return !!document.createElement('canvas').getContext;
```

Por último, se utiliza el truco de la doble negación para forzar la conversión del resultado en un valor booleano (true o false).

```
return !!document.createElement('canvas').getContext;
```

Esta función detectará la mayor parte de las APIs de canvas, incluyendo formas, rutas, gradientes Y patrones. No detectará la biblioteca de terceros explorercanvas que implementa la API de canvas en el Microsoft Internet Explorer.

En lugar de escribir esta función usted mismo, usted puede utilizar el **Modernizr** para detectar el soporte para la API de canvas.

ᔕ comprueba el soporte de canvas

```
if (Modernizr.canvas) {
  // vamos a diseñar algunas formas
} else {
  // el soporte nativo al canvas no estará disponible
}
```

Hay una prueba separada para el API de **canvas text**, que se muestra a continuación.

Canvas text

Su navegador tiene soporte para la API de canvas text.

Incluso si su navegador soporta la API de Canvas, este puede no soportar la API de **canvas text**. El API de canvas creció con el tiempo, y las funciones de texto se añadieron al final. Algunos navegadores soportan ahora la API de canvas text antes de su finalización.

La verificación de la API de texto canvas utiliza la técnica de detección # 2. Si su navegador es compatible con la API de canvas, el objeto DOM lo crea para representar un elemento **<canvas>** que tendrá un método **getContext ().** Si su navegador no soporta la API de canvas, el objeto DOM que crea para un elemento **<canvas>** que sólo tiene un conjunto común de propiedades, pero nada específico para el canvas.

```
function supports_canvas_text() {
  if (!supports_canvas()) { return false; }
  var dummy_canvas = document.createElement('canvas');
  var context = dummy_canvas.getContext('2d');
  return typeof context.fillText == 'function';
}
```

La función comienza verificando el soporte a canvas, usando la función **supports_canvas ()** que se acaba de ver en la sección anterior. Si su navegador no soporta la API de canvas, entonces ciertamente no es compatible con la API de texto de canvas.

```
if (!supports_canvas()) { return false; }
```

Después de crear el elemento <canvas> de prueba y añadir su contexto de diseño. Esto así funcionará garantizado, porque la función **supports_canvas ()** ya ha comprobado que el método **getContext ()** existe en todos los objetos canvas.

```
var dummy_canvas = document.createElement('canvas');
var context = dummy_canvas.getContext('2d');
```

Por último, se comprueba si el contexto de diseño es una función **fillText ().** Si la API de texto de canvas está disponible. Hurra!

```
return typeof context.fillText == 'function';
```

En lugar de escribir esta función usted mismo, puede utilizar Modernizr para detectar soporte para la API de texto de canvas.

Comprueba el soporte de texto canvas

```
if (Modernizr.canvastext) {
  // diseñamos algún texto
} else {
  // sin soporte nativo al texto canvas
}
```

Vídeo

El HTML5 define un nuevo elemento llamado **<video>** para incrustar el vídeo en sus páginas web. La incorporación de vídeos es a menudo imposible sin plugins de terceros, tales como Apple QuickTime o de Adobe ® Flash ®.

Su navegador tiene soporte para video HTML5.

El elemento **<video>** está diseñado para funcionar sin necesidad de scripts de detección. Puede especificar varios archivos de vídeo, y los navegadores que soportan HTML5 video elegirán uno basado en los formatos soportados por ellos.

Los navegadores que no soportan HTML5 video de ignorarán el elemento **<video>** completamente, pero se puede usar esto para a su favor al pedirles a ellos para cambiar el video a través de plugins. Kroc Camen desarrolló una solución llamada Vídeo for Everybody! que hace uso del HTML5 video cuando sea posible, pero haciendo el tratamiento para el uso de QuickTime o Flash en los navegadores antiguos. Esta solución no utiliza JavaScript y funciona en casi cualquier navegador, incluyendo los móviles.

Si quieres hacer algo más con el vídeo que simplemente ponerlo en su página y reproducirlo, usted tiene que utilizar **JavaScript**. Compruebe que el soporte de vídeo utiliza técnica de detección # 2. Si su navegador tiene soporte para HTML5 video, el objeto DOM creado para representar el elemento **\<video\>** tendrá un método **canPlayType** (). Si su navegador no tiene soporte para HTML5 video, el objeto DOM creado para el elemento \<video\> pasará sólo una colección de propiedades comunes a todos los elementos. Puede comprobar la compatibilidad de vídeo utilizando esta función:

```
function supports_video() {
  return !!document.createElement('video').canPlayType;
}
```

En lugar de escribir la función usted mismo, se puede utilizar el Modernizr para detectar soporte para video HTML5.

Comprobar el soporte de HTML5 video

```
if (Modernizr.video) {
  // vamos a reproducir algunos videos
} else {
  // soporte nativo a videos no disponible
  // verificamos el soporte a QuickTime o Flash
}
```

En la Sección de vídeo veremos otra solución que hace uso de estas técnicas de detección para convertir elementos <video> para los juegos basados en Flash, para atender a los navegadores que no soportan el HTML5 video.

Hay una prueba separada para detectar qué formatos de vídeo puede reproducir su navegador, que demostrará a continuación.

Formatos de vídeo

Los formatos de vídeo son lenguajes escritos. Un periódico en inglés contiene la misma información que un periódico en español, pero si sólo sabe leer Inglés, sólo uno de los documentos será de utilidad para usted, Para reproducir un vídeo, su navegador tiene que entender el "lenguaje" en el que el video fue escrito.

Su navegador puede reproducir el Ogg Theora vídeo, pero no de H.264 vídeo. Hey, puede reproducir vídeos WebM video, también.

El "lenguaje" de un video es llamado "**codec**" - es un algoritmo utilizado para codificar el vídeo en una secuencia de bits. Hay varios codecs en uso en todo el mundo. ¿Cuál de ellos se utiliza? La triste realidad de HTML5 vídeo es que los navegadores no funcionan con un único codec en común. Sin embargo, al parecer, estaban limitados a dos tipos. Un codec es pagado (por licencia de patentes), pero trabaja en Safari y el iPhone. Esto también funciona con el flash si se utiliza una solución como Vídeo for Everybody!. El otro codec es gratuito y funciona en los navegadores de código abierto como Chrome y Mozilla Firefox.

La verificación del soporte a formatos de vídeo utiliza la técnica de detección # 3. Si su navegador tiene soporte para HTML5 video, el objeto DOM creado para representar un elemento **<video>** tener un método **canPlayType ().** Este método le dirá si su navegador es compatible con un formato de vídeo determinado.

Esta función comprueba formatos compatibles con Macs y iPhones.

```
function supports_h264_baseline_video() {
if (!supports_video()) { return false; }
var v = document.createElement("video");
return v.canPlayType('video/mp4; codecs="avc1.42E01E,
mp4a.40.2"');
}
```

La función comienza comprobando el soporte de HTML5 vídeo, usando la función **supports_video ()** que se acaba de ver en la sección anterior. Si su navegador no tiene soporte para HTML5 video sin duda no va a tener soporte para los formatos de vídeo.

```
if (!supports_video()) { return false; }
```

A continuación, la función crea un elemento **<video>**, pero no incluye la página, por lo que no será visible, e invoca el método **canPlayType ().** Este método es sin duda existe, porque la función **supports_video ()** acaba de garantizar su existencia.

```
var v = document.createElement ("video");
```

Un "**Formato de vídeo**" es en realidad una combinación de cosas diferentes. En términos técnicos, que estás pidiendo al navegador si puede reproducir un vídeo **H.264** y audio basado en **LC AAC** en un contenedor **MPEG-4**. Vamos a explicar lo que significa todo esto en la Sección de vídeo.

```
return v.canPlayType('video/mp4; codecs="avc1.42E01E,
mp4a.40.2"');
```

La función **canPlayType ()** no devuelve verdadero o falso. Teniendo en cuenta la complejidad de los formatos de vídeo tiene una función que devuelve una cadena:

- **"probably"** si el navegador no está seguro de que puede reproducir ese formato
- **"maybe"** si el piensa navegador es capaz de reproducir ese formato
- **""** (Una cadena vacía) si el navegador no puede reproducir este formato

Esta segunda función, comprueba el formato de vídeo gratuito con el soporte de Mozilla Firefox y otros navegadores de código abierto. El proceso es exactamente el mismo, la única diferencia es la cadena que se pasa a la función **canPlayType ().** En términos técnicos, el navegador le pregunta si él es capaz de reproducir vídeo de Theora y el audio Vorbis en un contenedor Ogg.

```
function supports_ogg_theora_video() {
  if (!supports_video()) { return false; }
  var v = document.createElement("video");
  return v.canPlayType('video/ogg; codecs="theora, vorbis"');
}
```

Por último, WebM es un reciente codec de video de código abierto (y libre de patentes) que se incluirá en las futuras versiones de los principales navegadores, como **Chrome**, **Firefox** y **Ópera**. Usted puede utilizar la misma técnica para detectar soporte gratuito de vídeo WebM.

```
function supports_webm_video() {
  if (!supports_video()) { return false; }
  var v = document.createElement("video");
  return v.canPlayType('video/webm; codecs="vp8, vorbis"');
}
```

En lugar de escribir esta función usted mismo, usted puede utilizar el Modernizr (1.5 o posterior) para detectar el soporte para diferentes formatos de vídeo en HTML5.

Comprobar el soporte de formatos de vídeo HTML5

```
if (Modernizr.video) {
  // vamos a reproducir videos, pero, de que tipo?
  if (Modernizr.video.webm) {
    // probar el WebM
```

```
} else if (Modernizr.video.ogg) {
  // probar Ogg Theora + Vorbis en un contenedor Ogg
} else if (Modernizr.video.h264){
  // probar vídeo H.264 + áudio AAC en un contenedor MP4
}
}
```

Almacenamiento local

Su navegador tiene soporte de almacenamiento de HTML5.

HTML5 de almacenamiento proporciona a los sitios web una manera de almacenar información en su ordenador y recuperarla más tarde. El concepto es similar a las cookies, pero está diseñado para almacenar una mayor cantidad de información. Las cookies tienen un tamaño muy reducido, y su navegador web la envía de vuelta al servidor web cada vez que se solicita una nueva página (que requiere un tiempo adicional y un valioso ancho de banda). El almacenamiento de HTML5 se queda en el equipo, y los sitios web pueden acceder a él a través de JavaScript después de cargar la página.

Curiosidad

¿El almacenamiento local es en realidad parte de HTML5? ¿Por qué está en una especificación separada?

La respuesta corta es sí, el almacenamiento local es parte de HTML5. La respuesta es un poco más completa es que la tienda local fue parte de la especificación básica de HTML5, pero se dividió en una especificación solo, porque algunas personas en el grupo de trabajo

HTML5 se quejaron de que se estaba haciendo demasiado grande. Si se come un pastel en muchos pedacitos da la sensación de reducir el número de calorías, bueno, bienvenido al extraño mundo de las normas.

La verificación del soporte de almacenamiento de HTML 5 utiliza la técnica de detección # 1. Si su navegador tiene soporte para HTML5 de almacenamiento, habrá una propiedad llamada **localStorage** en el objeto globl **windows**. Si su navegador no tiene soporte para el HTML5 de almacenamiento, la propiedad **localStorage** será **undefined**. Debido a un error en las versiones anteriores de Firefox, esta prueba producirá una excepción si las cookies están desactivadas, por ello que toda la prueba está rodeada por un bloque **try...catch**.

```
function supports_local_storage() {
  try {
    return 'localStorage' in window && window['localStorage'] !==
null;
  } catch(e){
    return false;
  }
}
```

En lugar de escribir esta función, puede utilizar el Modernizr (1.1 o posterior) para detectar el soporte para HTML5 de almacenamiento local.

Comprobar soporte para HTML5 de Almacenamiento local

```
if (Modernizr.localstorage) {
  // window.localStorage está disponível!
} else {
  // sin soporte nativo para local storage :(
  // intentar usar Gears
}
```

Tenga en cuenta que JavaScript distingue entre mayúsculas y minúsculas. El atributo Modernizr se llama **localstorage** (todo en minúsculas), pero la propiedad DOM se llama **window.localStorage** (mayúsculas mixta y minúsculas).

Curiosidad

¿Cómo de seguro es el almacenamiento de base de datos HTML5? ¿Puede cualquier puede acceder a ella?
Cualquier persona que tenga acceso físico a su equipo probablemente pueda leer (o corregir) su base de datos de almacenamiento de HTML5. Con el navegador, cualquier sitio web puede leer y modificar sus propios valores, pero los sitios no puede acceder a los valores almacenados por otros sitios. Esto se llama **same-origin restriction.**

Web Workers

Su navegador tiene soporte para Web Workers.

Web Workers proporcionar una forma estándar para que los navegadores ejecuten JavaScript en el fondo. Con web workers, puede lanzar varios "**threads**" que se ejecutarán todos al mismo tiempo, más o menos. Piense en cómo su equipo puede ejecutar varias aplicaciones al mismo tiempo y usted verá que prácticamente todo se entiende. Estos "**threads en background**" pueden realizar cálculos matemáticos complejos, hacer peticiones HTTP o acceder al almacenamiento local mientras que la página principal atiende los comandos del usuario, tales como el desplazamiento de la página, los clics o escribir.

La verificación de soporte de las web workers utiliza la técnica de detección # 1. Si su navegador tiene soporte para la API Web Worker, habrá una propiedad **Worker** en el objeto global **window**. Si su navegador no tiene soporte para la API Web Worker, la propiedad **Worker** será undefined.

```
function supports_web_workers() {
  return !!window.Worker;
}
```

En lugar de escribir esta función, se puede utilizar el Modernizr (1.1 o superior) para la detección de soporte a web workers.

Verificando el soporte a web workers

```
if (Modernizr.webworkers) {
  // window.Worker está disponible
} else {
  // sin soporte nativo a web workers

}
```

Tenga en cuenta que JavaScript distingue entre mayúsculas y minúsculas. El atributo Modernizr se llama **webworkers** (todo en minúsculas), pero la propiedad DOM se llama **window.Worker** (mayúsculas mixta y minúsculas).

Aplicaciones Web Offline

Su navegador tiene soporte para aplicaciones web offline.

Leer las páginas web estáticas es fácil: se conecta a Internet, cargar una página, se desconectar de Internet, se dirige hacia una cabaña aislada, y podrá leer la página con comodidad. Para ahorrar tiempo, no tome la parte de ir a una cabaña…. Sin embargo, y las aplicaciones como Gmail o Google Docs? Gracias a HTML5, cualquier persona puede crear una aplicación web que funcione offline.

Las Aplicaciones Web Offline comienzan como las aplicaciones web online. La primera vez que usted visita un sitio con contenido sin conexión habilitado, el servidor web le dice al navegador qué archivos necesita para trabajar sin conexión. Estos archivos pueden ser cualquier cosa, como HTML, JavaScript, las imágenes, incluso Vídeos. Una vez que el navegador cargue todos los archivos necesarios, se puede visitar el sitio web, incluso si no está conectado a Internet. Su navegador se dará cuenta de que está offline y usará los archivos que se había descargado. Cuando se vuelva a conectar, cualquier cambio que haya realizado se puede enviar al servidor web.

Verifique que el soporte de contenido sin conexión utiliza la técnica de detección # 1. Si su navegador tiene soporte para aplicaciones web offline, habrá una propiedad **applicationCache** del objeto de global **window**. Si su navegador no tiene soporte para aplicaciones web offline, la propiedad **applicationCache** será **undefined**. Puedes consultar la disponibilidad de las aplicaciones web sin conexión mediante la siguiente función:

```
function supports_offline() {
  return !!window.applicationCache;
}
```

En lugar de escribir esta función, puede utilizar el Modernizr (1.1 o posterior) para detectar el soporte para aplicaciones web offline.

Comprobar el soporte de aplicaciones web offline

```
if (Modernizr.applicationcache) {
  // window.applicationCache está disponible
} else {
  // sin soporte nativo para contenido offline
}
```

Tenga en cuenta que JavaScript distingue entre mayúsculas y minúsculas. El atributo Modernizr se llama **applicationcache** (todo en minúsculas), pero la propiedad DOM se llama **window.applicationCache** (mayúsculas mixta y minúsculas).

Geolocalización

Geolocalización es el arte de descubrir en qué lugar del mundo te encuentres, y, finalmente, compartir esa información con personas de confianza. Hay más de una manera de saber dónde se encuentra usted: la dirección IP, la conexión a la red inalámbrica, con la torre de su teléfono a la cual se está comunicando, o el GPS que calcula la latitud y la longitud a través de la información enviada por los satélites en el cielo.

Curiosidad

¿La geolocalización es parte de HTML5?

El soporte para geolocalización para navegadores fue añadido hace poco, junto con el soporte para las nuevas características de HTML5. De hecho, la geolocalización está siendo estadarizado por Grupo de Trabajo de Geolocalización, Que está separada del Grupo de Trabajo de HTML 5. Pero voy a hablar de geolocalización en este libro de todos modos, porque es parte de la evolución de la web que está sucediendo ahora mismo.

Compruebe que el soporte para geolocalización utiliza técnica de detección # 1. Si su navegador tiene soporte para geolocalización, **geolocation** será una propiedad en el objeto global **window**. Si su navegador no tiene soporte para geolocalización, la propiedad **gelocation** será **undefined**. Vea cómo puede comprobar la compatibilidad de geolocalización:

```
function supports_geolocation() {
  return !!navigator.geolocation;
}
```

En lugar de escribir esta función, puede utilizar el Modernizr para detectar soporte para la API de geolocalización.

Comprobar el soporte para geolocalización

```
if (Modernizr.geolocation) {
  // Vamos ver donde está usted
} else {
  // soporte nativo para geolocalización no disponible
}
```

Si su navegador no tiene soporte nativo para la geolocalización, todavía hay esperanza. **Gears** es un plugin para navegadores gratuito desarrollado por Google que funciona en Windows, Mac, Linux, Windows Mobile y Android. Proporciona recursos para navegadores antiguos que no soportan todas estas nuevas cosas elegantes que hemos estado discutiendo en este capítulo. Una de las características que ofrece Gears es una API de geolocalización. No es exactamente lo mismo que **navigator.geolocation**, pero funciona de una manera muy similar.

También hay APIs de geolocalización para dispositivos específicos para algunos móviles antiguos, incluyendo BlackBerry, Nokia,Palm y OMTP BONDI.

Tipos de entrada

Su navegador soporta los siguientes tipos de entrada de HTML5: **search, tel, url, email**.

Usted sabe todo acerca de los formularios web, ¿no? Hacer un **<form>**, añadir algunos elementos **<input type="text">** y tal vez un **<input type="password">**, y finalmente un botón **<input type="submit">**.

Usted no sabe la mitad de ellos. HTML5 define un montón de nuevos tipos de entrada de datos que se pueden utilizar en sus formularios.

<input type="search"> para cajas de búsqueda

<input type="number"> para campos numéricos

<input type="range"> para sliders

<input type="color"> para la selección de colores

<input type="tel"> para números de teléfono

<input type="url"> para direcciones web

<input type="email"> para direcciones e-mail

<input type="date"> para fechas

`<input type="month">` para meses

`<input type="week">` para semanas

`<input type="time">` para horas

`<input type="datetime">` para datos precisos y absolutos de fecha

`<input type="datetime-local">` para fechas y horas locales

Comprobamos que el soporte para los tipos de entrada para HTML 5 utiliza la técnica de detección # 4. En primer lugar, se crea unelemento **<input>** en memoria. El tipo por defecto para todos los elementos **<input>** es "**text**".

```
var i = document.createElement("input");
```

A continuación, establezca el atributo **type** del elemento **<input>** para el tipo de entrada que desea detectar.

```
i.setAttribute("type", "color");
```

Si su navegador tiene soporte para ese tipo de entrada particular, la propiedad **type** retendrá el valor que usted configuró. Si su navegador no tiene soporte para ese tipo de entrada, en particular, se ignorará el valor establecido y propiedad **type** seguirá siendo "**text**".

```
return i.type !== "text";
```

En lugar de tener que escribir 13 funciones diferentes, puede utilizar el Modernizr para detectar el apoyo para todos los nuevos tipos de entrada definidos en HTML5. El Modernizr reutiliza un único elemento **<input>** para detectar eficazmente el soporte a 13 tipos de entrada. Entonces este contruye un **hash** llamado **Modernizr.inputtype**, que cuenta con 13 teclas y 13 valores booleanos (**true** si es compatible, **false** si no lo es).

Comprobar el soporte nativo para el selector de fechas

```
if (!Modernizr.inputtypes.date) {
  // sin spoporte nativo para <input type="date"> :(
}
```

Placeholder

Además de los nuevos tipos de entrada, HTML5 incluye varios pequeños ajustes a los formularios existentes. Una mejora es poner **placeholder** en un campo de entrada. El placeholder se muestra en un campo de entrada, mientras que el campo está vacío y fuera de foco. Al hacer clic en el campo), el placeholder desaparece. Cuando veamos más sobre los formularios web verá imágenes si usted está teniendo problemas para v.

La verificación de soporte para placeholder utiliza la técnica de detección # 2. Si su navegador tiene soporte para colocar placeholders en campos de entrada, el objeto DOM creado para representar el elemento **<input>** tiene una propiedad placeholder, incluso si usted no incluye un atributo placeholder en su código HTML). Si su navegador no tiene soporte para placeholder, el objeto DOM creará un elemento **<input>** que no tendrá una propiedad **placeholder**.

```
function supports_input_placeholder() {
  var i = document.createElement('input');
  return 'placeholder' in i;

}
```

En lugar de escribir esta función, puede utilizar el Modernizr (1.1 o posterior) para detectar el soporte para placeholder.

Comprueba el texto de un placeholder

```
if (Modernizr.input.placeholder) {
  // su placeholder ya debe estar visible
} else {
  // sin soporte para placeholder
}
```

Enfoque automático en Formularios

Su navegador tiene soporte de enfoque automático.

Los sitios web pueden usar JavaScript para situar el foco en el primer campo de forma automática. Por ejemplo, la página principal de Google.com pone el enfoque automático en el campo de búsqueda para que pueda comenzar su búsqueda sin tener que colocar el cursor del ratón en el campo de búsqueda. Si bien esto puede ser conveniente para la mayoría de la gente, puede ser incómodo para los usuarios experimentados o personas con necesidades especiales. Si intenta presionar la barra espaciadora esperar a que la página se desplaza hacia abajo, no se producirá el resultado esperado, debido a que el foco ya está en un campo. Si usted le da el foco a un campo diferente antes de que la página ha terminado de cargar, la secuencia de comandos de enfoque automático puede mover el foco de nuevo a la orden de campos original carga de las páginas, interrumpiendo el flujo de trabajo haciendo que lo que escriba lo haga en un lugar equivocado.

Cuando el enfoque automático se realiza a través de JavaScript, puede ser engorroso tener que lidiar con todos estos casos delicados, y no hay mucho que hacer para evitar que la página web de "robe" el foco.

Para resoler este problema, HTML5 introduce un atributo de enfoque automático en todos los controles de formulario. El atributo **autofocus** hace exactamente lo que su nombre dice: mueve el foco a un campo específico. Pero por ser sólo una marcación en lugar de un script, el comportamiento será uniforme en todos los sitios. Además, los desarrolladores de navegadores pueden ofrecer maneras de desactivar el comportamiento de enfoque automático.

La verificación se soporte para el auto foco utiliza la técnica de detección # 2. Si su navegador tiene soporte para el enfoque automático, el objeto DOM creado para representar un elemento **<input>** tiene una propiedad **autofocus**, incluso si no se incluye el atributo **autofocus** en el código HTML. Si su navegador no tiene soporte para el enfoque automático, el objeto DOM creará un elemento **<input>** que no tendrá una elemento **autofocus**. Puede detectar el soporte para el enfoque automático utilizando esta función:

```
function supports_input_autofocus() {
  var i = document.createElement('input');
  return 'autofocus' in i;
}
```

En lugar de escribir esta función, puede utilizar el Modernizr (1.1 o posterior) para detectar el soporte a los campos con el enfoque automático.

Comprobando el soporte de enfoque automático

```
if (Modernizr.input.autofocus) {
  // el autofocus funciona
} else {
```

```
    // sin soporte a autofocus

}
```

Microdata

Su navegador tiene soporte de API de HTML5 microdata.

Microdata es una forma estándar para aportar semántica adicional en sus páginas. Por ejemplo, puede utilizar los microdatos para declarar que una foto está disponible bajo la licencia Creative Commons. Puede utilizar los micro datos para marcar una página "Acerca de". Los navegadores, las extensiones y los motores de búsqueda pueden convertir sus marcas en HTML5 microdata en un vCard, un formato estándar de intercambio de contactos. También puede definir sus propio vocabulario de micro datos.

El estándar de HTML5 micro datos incluyen tanto el formato HTML, principalmente para motores de búsqueda, y una colección de funciones DOM, sobre todo para los navegadores. No hay ningún problema en añadir marcas de micro datos en sus páginas. No es nada más que unos pocos atributos y bien dispuestos, y los motores de búsqueda que no entienden los atributos de los micro datos, simplemente los ignoran. Pero si tienes que acceder o manipular los micro datos a través de DOM, usted tendrá que comprobar si el navegador es compatible con la API DOM micro datos.

Compruebe que el soporte de micro datos de HTML 5 utiliza la técnica de detección # 1. Si su navegador tiene soporte para HTML5 micro datos, habrá una función **getItems ()** en el objeto global **document**. Si su navegador no tiene soporte para los micro datos, la función **getItems ()** será **undefined**.

```
function supports_microdata_api() {
  return !!document.getItems;
}
```

El Modernizr no tiene soporte para los micro datos, entonces tendrá que usar una función como la que se muestra arriba.

API Historial

Su navegador tiene soporte para API HTML5 del Historial.

La API de HTML5 Historial es una forma estándar para manipular el historial del navegador a través scripts. Parte de esta API, como navegar por el histórico, ha estado disponible en las versiones anteriores de HTML. La parte nueva de HTML5 es una manera de añadir entradas en el historial del navegador, y obtener una respuesta cuando estas entradas se quitan de la pila cuando el usuario pulsa el botón Atrás del navegador. Esto significa que la URL puede seguir haciendo su trabajo como un identificador único para el recurso actual, incluso en aplicaciones ricas en scripts que nunca realizan una recarga completa de la página.

Compruebe que el soporte de la API del Historial de HTML5 utiliza la técnica de detección # 1. Si su navegador tiene soporte para la API HTML5 historial, habrá una función **pushState ()** en el objeto global **history**. Si su navegador no dispone soporte para la API historial, la función **pushState ()** no está **undefined**.

```
function supports_history_api() {
  return !!(window.history && history.pushState);
}
```

En lugar de escribir una función, puede utilizar el Modernizr (1.6 o posterior) para detectar el soporte de la API de HTML5 Historial.

Comprobar el soporte a la API historial

```
if (Modernizr.history) {
  // manejar el historial funciona
} else {
  // sin soporte para el historial
}
```

¿Qué significa todo esto?

Ahora veremos una página HTML en la que no hay ningún error e iremos mejorando. Algunas partes serán más pequeñas, algunas partes serán más grandes. Todo esto va a obtener con una mejor semántica. Y será increíble.

Esta es la página en cuestión. Abra la página en una nueva pestaña y no vuelva a echar un vistazo al código fuente por lo menos una vez.

El Doctype

 <!DOCTYPE HTML>

Al Comienzo de la página, ponemos:

```
<!DOCTYPE html
        PUBLIC "-//W3C//DTD XHTML 1.0 Strict//EN"
        "http://www.w3.org/TR/xhtml1/DTD/xhtml1-strict.dtd">
```

Esto se denomina "**doctype**". Hay una larga historia detrás del doctype. Mientras trabajaban en el Internet Explorer 5 para Mac, los desarrolladores de Microsoft se encontraron con un problema. La próxima versión del navegador ha mejorado tanto sus patrones, que las páginas ya no se veían correctamente. Estas páginas fueron creadas en base de las peculiaridades de los navegadores que dominaban en la época, tales como Netscape 4 e Internet Explorer 4. El IE5/Mac estaba tan avanzado que acabó rompiendo la web.

A Microsoft se le ocurrió una nueva solución. Antes de renderizar una página, el IE5 verificaría el "doctype", que por lo general era la primera línea de código HTML (incluso antes que el propio elemento <html>). Las páginas antiguas a menudo no tenían ningún tipo de documento. El IE5 renderizaba estas páginas como lo hacían los navegadores antiguos. Para habilitar los nuevos patrones, los autores de las páginas web tenían que elegir para insertar el elemento DOCTYPE antes del elemento <html>.

Esta idea se extendió como un reguero de pólvora, y pronto, todos los principales navegadores tienen, a partir de ahora, dos opciones más para la interpretación: "el modo peculiar (quirks mode)" y "modo estandarizado (standars mode)". Por supuesto, si se trata de la web, las cosas pierden rápidamente el control. Cuando Mozilla trató de cargar la versión 1.1 de su navegador, encontraron que las páginas se presentaban en "standards mode" y que en realidad dependía de una peculiaridad específica. Mozilla acababa de arreglar el motor de renderizado para eliminar esta peculiaridad, pero miles de páginas se rompieron a la vez. Así que se creó "el modo casi estándar (almost standards mode)".

En el trabajo seminal, Activating Browser Modes with Doctype, Henri Sivonen resume los diferentes modos de renderización:

Quirks Mode (Modo peculiar)

En el modo peculiar, los navegadores Web violan las especificaciones actuales para evitar que las páginas se "rompan", creado de acuerdo con las prácticas que prevalecieron en los años 90.

Standars Mode (El modo Estándar)

En el modo estándar, los navegadores tratan, de acuerdo a los documentos de especificación, tratando correctamente la extensión implementada para un navegador específico. Para el HTML5 de este es el "quirks mode".

Almost Standars Mode (Modo casi estándar)

Firefox, Safari, Chrome, Opera (desde la versión 7.5) e IE8 tienen el llamado "modo casi estándar", que implementa el tamaño vertical de las celdas de la tabla de forma tradicional y no estrictamente de acuerdo con la especificación CSS2. Para el HTML5 de esto es el "limited quirks mode".

Usted debe leer el resto del artículo de Henri, porque aquí lo estoy simplificando. Incluso en el IE5/Mac, había algunos doctypes antiguos que no contaban como una opción estándar. Con el tiempo, la lista de peculiaridades creció, también lo hizo la lista de doctypes que las desencadenaba. La última vez que traté de contar, había 5 doctypes que disparaban el "modo casi estándar", y 73 que disparaban el "modo de peculiaridades".

El doctype:

```
<!DOCTYPE html
    PUBLIC "-//W3C//DTD XHTML 1.0 Strict//EN"
    "http://www.w3.org/TR/xhtml1/DTD/xhtml1-strict.dtd">
```

Este pasa a ser uno de los 15 doctypes que dispara "el modo estándar" en todos los navegadores actuales. No hay ningún error en el. Si te gusta, manténgalo. O puede cambiarlo al doctype del HTML5, que es más pequeño y mejor, y también desencadena el "modo estándar" en todos los navegadores actuales.

Este es el tipo de documento HTML5:

```
<!DOCTYPE html>
```

Sólo es esto, solamente 15 caracteres. Es tan fácil que puede utilizarlo a menudo sin tener miedo a los errores.

El elemento raíz

Una página HTML se compone de una serie de elementos. Su estructura es como un árbol. Algunos elementos son "hermanos", como dos ramas que se extienden a partir de un mismo tronco.

Algunos pueden ser "hijos" de otros elementos, como una rama se extiende menos de una más grande. También funciona a la inversa, un elemento que contiene otro nodo elemento es llamado "padre" de sus elementos secundarios, y el "antecesor" de sus elementos nietos. Los elementos que no tienen hijos son llamados "hojas". El elemento más externo, que es el antecesor de todos los demás elementos de la página, se llama el "elemento raíz". El elemento raíz de una página HTML es siempre el elemento **<html>.**

En esta página de ejemplo, El elemento raíz es el siguiente:

html xmlns="http://www.w3.org/1999/xhtml"

    lang="en"

    xml:lang="en">

No hay ningún error en esta implementación. De nuevo, si te gusta, manténgala. También es válido en HTML5. Sin embargo, algunas partes ya no son necesarias en HTML5, así puede ahorrar unos cuantos bytes al eliminarlos.

La primera cosa a discutir es el atributo **xmlns**. Es un vestigio de XHTML 1.0. Sirve para saber que los elementos de la página están dentro del espacio de nombres **XHTML, http://www.w3.org/1999/xhtml**. Pero los elementos de HTML5 están siempre en este espacio de nombres, Y usted ya no tendrá que declararlo explícitamente. Tu página de HTML5 funcionará exactamente igual en todos los navegadores, estando este atributo presente o no.

Não há nada de errado com esta implementação. De novo, se você gosta dela, pode ficar. É válido no HTML5. Mas algumas partes não são mais necessárias no HTML5, então você pode economizar alguns bytes ao removê-las.

Descartando el atributo **xmlns**, obtenemos este elemento raíz:

<html lang="en" xml:lang="en">

Estos dos atributos, **lang** y **xml: lang**, definen el idioma de la página HTML. (**en** significa "Inglés". No escribes en Inglés?... Encuentra tu idioma. Pero, debido a que hay dos atributos para una misma cosa? Una vez más, este es otro vestigio de XHTML. Sólo el atributo **lang** tiene ningún efecto sobre HTML5. Puede dejar el atributo **xml: lang**, si lo prefiere, pero si lo dejas, se debe garantizar que contiene el mismo valor del atributo **lang**.

Para facilitar la migración de XHTML, hay que especificar un atributo sin espacio de nombres, sin prefijo y con el **localname** "xml: lang" en los elementos HTML de los documentos HTML, pero estos atributos sólo se debe especificar si el atributo **lang** también se especifica sin ningún espacio de nombres. Los dos atributos distinguen entre mayúsculas y minúsculas y deben contener el mismo valor. El atributo sin espacio de nombres, sin prefijo y con el localname "xml: lang" no tiene ningún efecto sobre el procesamiento del idioma.

Esto nos deja con este elemento raíz:

<html lang="en">

Y eso es todo lo que tengo para hablar sobre esto.

El <head>

El primer hijo del elemento raíz es el elemento **<head>**. El **<head>** contiene información sobre la página (metadatos), más que el propio cuerpo de la página. El cuerpo de la página se encuentra en el elemento **<body>.** El elemento <head> es un poco aburrido, y no cambió nada interesante en el HTML5. Lo bueno es lo que hay dentro **<head>.** Y para ello, utilizamos más nuestro Página de ejemplo:

```
<head>
  <meta http-equiv="Content-Type" content="text/html;
charset=utf-8" />
  <title>Mi Página Web</title>
  <link rel="stylesheet" type="text/css" href="style-original.css" />
  <link rel="alternate" type="application/atom+xml"
            title="Mi Pagina Web feed"
            href="/feed/" />
  <link rel="search" type="application/opensearchdescripcion+xml"
            title="Mi Página Web search"
            href="opensearch.xml" />
  <link rel="shortcut icon" href="/favicon.ico" />
```

</head>

En primer lugar: Elemento **<meta>.**

Codificación de caracteres

Cuando usted piensa en **"text"**, probablemente piense en "caracteres y símbolos que veo en la pantalla de mi ordenador". Pero las computadoras no se manejan con los caracteres y los símbolos, pero sí con bits y bytes. Cada trozo de texto que aparece en la pantalla del ordenador se almacena en una codificación de caracteres (**character encoding**). Hay cientos de codificaciones de caracteres diferentes, Algunos optimizados para algunos idiomas particulares como el ruso, chino o inglés, y otras que se pueden utilizar para múltiples idiomas. En términos generales, la codificación de caracteres proporciona una correspondencia entre las cosas que se ven en la pantalla y las cosas que el ordenador almacena en la memoria o en el disco.

En realidad, es más complicado que esto. El mismo carácter puede aparecer en más de un código, pero cada uno puede utilizar una secuencia diferente de bytes para almacenar el carácter en la memoria real o en el disco. Así que usted puede pensar en la codificación de caracteres como una especie de clave para descifrar el texto. Cada vez que alguien le da una secuencia de bytes y reclama su "texto", necesita saber qué codificación de caracteres se utilizan para que pueda decodificar los bytes en caracteres y mostrarlos o procesarlos.

Entonces, como su navegador determina la codificación de caracteres de un flujo de bytes que un servidor web envía? Me alegra que lo preguntes. Si está familiarizado con las cabeceras (headers) HTTP, puede haber visto uno como este:

Content-Type: text/html; charset="utf-8"

Pronto, descubrirá que el servidor web le está enviando un documento HTML, y piensa que el documento utiliza la codificación de caracteres **UTF-8**. Por desgracia, en el maravilloso mundo de la World Wide Web, pocos tienen realmente el control sobre los servidores HTTP. Piense en el Blogger: El contenido es proporcionado por las personas, pero los servidores funcionan a cargo de Google. Así HTML 4 tenía una manera de especificar la codificación de caracteres en el propio documento HTML. Seguro que ya habrá visto esto en muchas ocasiones:

<meta http-equiv="Content-Type" content="text/html; charset=utf-8">

Esto dice que el autor de la página web ha creado un documento HTML usando la codificación de caracteres **UTF-8**.

Estas dos técnicas siguen funcionando en HTML5. El encabezado HTTP es el método preferido, y sustituye a la etiqueta **<meta>** si estuviera presente. Pero no cualquiera puede definir encabezados HTTP, la etiqueta <meta> aún anda por ahí. En realidad es un poco más fácil en HTML5. Ahora esta es así.

```
<meta charset="utf-8" />
```

Esto funciona en todos los navegadores. Como apareció esta sintaxis abreviada? Aquí tiene la mejor explicación que pude encontrar:

La lógica para la combinación del atributo **<meta charset="">** es que los **UAs** ya implementan esto, porque la gente tiende a dejar las cosas sin las aspas como:

```
<META HTTP-EQUIV=Content-Type CONTENT=text/html;
charset=ISO-8859-1>
```

Curiosidades

Nunca uso caracteres distintos?. Todavía tengo que declarar mi codificación de caracteres?

¡Sí! Siempre debe especificar una codificación de caracteres para todas las páginas HTML que escribe. No especificar una codificación puede dar lugar a vulnerabilidades de seguridad.

En resumen: la codificación de caracteres es complicada, y si no se hace de una manera más fácil es debido a décadas de software mal escrito por **copy-and-paste**. Siempre debe especificar una codificación de caracteres para todos los documentos HTML, o sino su página

HTML será más propensa a errores. Usted puede hacer esto en el encabezado HTTP **Content-Type**, con la declaración **<meta http-equiv>** o la declaración más corta **<meta charset>** pero por favor hágalo. La web se lo agradecerá.

Links Relations

Los links normales **(<a href>)** simplemente enlazar a otra página. Los **Link Relations** son una manera de explicar por qué usted está apuntando a otra página.

- ... Es una hoja de estilos que contiene reglas CSS que su navegador debe aplicar a este documento.
- Es un feed que contiene el mismo contenido de esta página, pero en un formato estándar registrable.
- Es una traducción a otro idioma.
- Es el mismo contenido de esta página web en formato PDF.
- Es el próximo capítulo de un libro online que también forma parte de esta página.

Y así sucesivamente. HTML5 separa los **Links Relations** en dos categorías:

Dos categorías de links que se pueden crear con el elemento de link. **Links a recursos externos** que son los enlaces a los recursos que se utilizan para extender el documento actual, e **hipervínculos** que son enlaces a otros documentos.

El comportamiento exacto para los links a los recursos externos depende de la relación exacta, tal como se define para el tipo de enlace correspondiente.

De los ejemplos que acabamos de ver, sólo el primero (**rel = "stylesheet"**) es un vínculo a un recurso externo. El resto son hipervínculos a otros documentos. Es posible que desee seguir estos enlaces, o no, pero no son necesarios para ver la página actual.

En general, los **links relations** son vistos en los elementos **<link>** dentro del elemento **<head>** de la página. Algunos también se puede utilizar en elementos **<a>**, pero esto es poco común incluso cuando es permitido. HTML5 también permite algunas relations en **<area>**, pero esto es aún menos común, ya que HTML 4 no permitía en un atributo **rel** en los elementos **<area>**. Mire la tabla completa de **link relations** para ver donde puede utilizar los valores específicos de **rel**.

¿Puedo crear mis propios links relations?

Parece que hay un suministro sin fin de ideas para nuevos link relations. En un intento de evitar que la gente haga tonterías, el **WHATWG** mantiene un registro de las propuestas de los valores **rel** y define el proceso para aceptarlos.

rel = stylesheet

Vamos a ver el primer link relation en nuestra página de ejemplo:

```
<link rel="stylesheet" href="style-original.css" type="text/css" />
```

Este link relation es el más utilizado en el mundo (literalmente). **<link rel="stylesheet">** se usa para apuntar a las reglas CSS que se almacenan en un archivo independiente. Una pequeña optimización que se puede hacer en HTML5 es quitar el atributo **type**. Sólo hay un lenguaje de estilo para la web, el CSS, entonces este es el valor por defecto para el atributo **type**. Esto funciona en todos los navegadores.

```
<link rel="stylesheet" href="style-original.css" />
```

rel = alternate

Continuando con nuestra página de muestra:

```
<Link rel = "alternate"
    type = "application/atom+xml"
    title = "Mi Página Web"
    href = "/feed/"/>
```

Este link relation también es bastante común. **<link rel="alternate">**, combinado con **RSS** o **Atom** mediante el atributo **type**, habilita algo llamado "descubrimiento de feed". Permite a los lectores de feeds (como Google Reader) descubrir que un sitio tiene un servicio de noticias con los últimos artículos. Algunos navegadores también admiten el descubrimiento de feed mostrando un icono especial junto a la URL.

El link relation **rel = "alternate"** siempre ha sido un caso de extraño de uso, incluso en HTML 4. En HTML5, su definición se ha despejado y ampliado para describir el contenido de la web actual con más cuidado. Como acabamos de ver, el uso de **rel = "alternate"** en conjunto con **type = application/atom+xml** indica un **feed Atom** de la página actual. Pero también se puede utilizar el atributo **rel = "alternate"** en conjunto con otro tipo atributos para indicar el mismo contenido en otro formato, como PDF.

HTML5 también puso fin a una prolongada confusión acerca de cómo apuntar a documentos de traducción. HTML 4 dice que se debe usar el atributo **lang** en conjunto con **rel = "alternate"** para especificar el idioma del documento apuntado, pero esto es incorrecto. Uno de estos errores es la forma de especificar el idioma de un documento apuntado con **rel = "alternate".** La forma correcta, se describe en HTML 4 Errata y ahora en HTML5, se usa el atributo **hreflang**. Por desgracia, esta fe de erratas no se restableció en la especificación HTML 4, ¿por qué nadie más en el Grupo de Trabajo de HTML del W3C estaba trabajando con HTML.

Continuando con nuestra página de ejemplo:

```
<link rel="alternate"
    type="application/atom+xml"
```

title="el Feed de Mi Página Web"
href="/feed/" />

Otros Links Relations en HTML5

rel = "autor" se utiliza para indicar información sobre el autor de la página. Puede ser un **mailto:**, aunque no tiene por qué serlo. Simplemente puede llevar hasta un formulario de contacto o una página de "sobre el autor".

rel = "external" Indica que el link es un documento que no es parte del sitio en el que el documento actual está. Esto fue popularizado por el WordPress, que utiliza los links de los comentarios que dejan las personas.

HTML 4 usaba **rel = "start", rel = "prev"** y **rel = "next"** para definir las relaciones entre las páginas que forman parte de una serie, como los capítulos de un libro o incluso un blog. El único que se utilizaba correctamente era **rel = "next"**. La gente usaba el **rel = "previous"** en lugar de usar **rel = "prev"**; usaban **rel = "begin"** y **rel = "first"** en lugar de **rel = "start"**, usaban **rel = "en"** en lugar de **rel = "last "**. Y hay hasta quien inventó **rel = "up"** para apuntar a una "página principal".

HTML5 incluye **rel = "first",** que es la variante más común de las diferentes maneras de decir "primera página de la serie". **rel = "start"** es un sinónimo de conformidad, siempre orientado hacia la compatibilidad. También incluye **rel = "prev"** y **rel = "next"**, al igual que HTML 4, y soporta **rel = "prev"** para la compatibilidad, así como **rel = "last"** (el último de la serie, iniciado por **rel = "first")** y **rel = "up".**

La mejor manera de pensar en **rel = "up"** es mirar a la ruta de navegación (o al menos imaginarla). Su página principal es probablemente la primera página en su ruta y la página actual se encuentra al final. **rel = "up"** apunta hacia la página siguiente a la última página de la ruta.

rel = "icon" es el segundo link relation más populares, después de **rel = "stylesheet".** Se encuentra generalmente junto a un **shortcut**, como este:

```
<link rel="shortcut icon" href="/favicon.ico">
```

Todos los principales navegadores admiten el uso para asociar un icono pequeño a una página. Por lo general se muestra en la barra de direcciones del navegador junto a la URL, o en la pestaña del navegador, o en ambos.

También en el nuevo HTML 5: Los atributos **sizes** pueden ser utilizados juntos en una relación con un icono para indicar el tamaño del icono de referencia.

rel ="licence" fue inventado por la comunidad de microformatos. Este "indica que el documento de referencia establece los términos de la licencia bajo la que se proporciona en el documento actual".

rel ="nofollow" indica que el link no ha sido aprobado por el autor o editor original de la página, o que el link para el documento de referencia se incluyó inicialmente a causa de una relación comercial entre las personas afiliadas a las dos páginas". Esto fue inventado por Google y estandarizado dentro de la comunidad de microformatos.

WordPress añadido **rel ="nofollow"** para los links incluidos en los comentarios. La idea era que si los enlaces "nofollow" no aparecen en el PageRank, los spammers podrían dejar de tratar de publicar comentarios de spam en blogs. Eso no sucedió, pero **rel ="nofollow"** todavía persiste.

rel ="noreferrer" indica ninguna información de referencia debe ser filtrada al hacer clic en el link. En este momento ningún navegador lo soporta, pero el soporte se añadió por **WebKit**, y ahora aparece en Safari, Google Chrome y otros navegadores WebKit.
(rel="noreferrer" test case).

rel = "pingback" especifica la dirección de un servidor **"pingback"**. Como se explica en la Especificación Pingback, "El sistema de pingback es una manera para que un blog pueda ser notificado automáticamente cuando se llama a los sitios que enlazan con él. ... Permite un enlace inverso. Un modo de volver en una cadena de links al revés de solamente hacer un **drill down**. "Sistemas de blogs, especialmente WordPress, la aplicación del mecanismo de pingback para notificar a los autores que han creado un link hacia la página al crear un nuevo post en su blog.

rel = "prefetch" "Indica que buscar y almacenar un recurso especificado preventiva es probable que sea beneficioso, ya que el usuario lo más probable es que requiera este recurso". Los motores de búsqueda a veces añaden **<link rel = "prefetch" href** = "URL del primer resultado de la búsqueda">** a la página de resultados de búsqueda si presienten que el primer resultado es tremendamente más popular que cualquier otro. Por ejemplo: el uso de Firefox, busque CNN en Google, mire el código fuente, y busque por palabra clave prefetch. Mozilla Firefox es el único navegador que soporte actualmente **rel = "prefetch".**

rel = "search" "indica que el documento de referencia proporciona una interfaz para buscar un documento específico y sus recursos relacionados". Específicamente, si desea que el **rel= "search"** haga algo útil, debe apuntar a un documento **OpenSearch** que describe cómo un navegador podría construir una URL para buscar en el sitio actual para una determinada palabra clave. **OpenSearch** (y rel = "buscar" enlazan aquel punto para documentos OpenSearch) ha contado con el soporte de Microsoft Internet Explorer desde la versión 7 y Mozilla Firefox desde la versión 2.

rel = "sidebar" "indica que el documento referenciado, es recuperado, está destinado a ser mostrado en un contexto de navegación secundaria (si es posible), al revés del mismo contexto de la navegación actual". ¿Qué significa eso? En Opera y Mozilla Firefox, significa que "al hacer clic en este link, se pide al usuario para crear un marcador que, cuando se selecciona el menú Marcadores, abre el documento vinculado en una barra lateral del navegador". Opera llama actualmente a esto el "panel" en lugar de "barra lateral o sidebar". Internet Explorer, Safari y Chrome ignoran **rel = "sidebar"** y sólo lo tratan como un enlace normal. **[rel = "sidebar" test case]**.

rel = "tag" "indica que la etiqueta que el documento referenciado representa se aplica al documento actual". La marcación de **"tags"** (category keywords) con el atributo **rel** fue inventado por Technorati para ayudarles a categorizar la entradas de blog. Los blogs antiguos y tutoriales se referían a ellas como "etiquetas de Technorati". La sintaxis es estandarizada más tarde dentro de la comunidad de microformatos, donde se le llama simplemente **rel = "tag"**. La mayoría de los sistemas de blogs que permiten categorías asociadas, palabras clave o etiquetas con mensajes individuales marcarán con link **rel = "tag"**. Los navegadores no hacen nada especial con ellas, ellas fueron realmente diseñadas para los motores de búsqueda para utilizar como una señal de lo que se trata en la página.

Nuevos elementos semánticos en HTML5

HTML5 no es sólo para reducir las marcas existentes. También establece nuevos elementos semánticos.

<section>

El elemento de **section** representa una sección genérica de un documento o aplicación. Una sección, en este contexto, es una agrupación de contenido, por lo general con un título. Los ejemplos de las secciones pueden ser capítulos, páginas en un cuadro de diálogo con fichas, o las secciones numeradas de una tesis. La página principal de un sitio web puede ser dividida en secciones para su introducción, noticias, información de contacto.

<nav>

El elemento **nav** representa una sección de una página que apunta a otras páginas o a partes dentro de la página: una sección con enlaces de navegación. No todos los grupos de enlaces en una página tiene que ser un elemento **nav**, sólo las secciones que consisten en bloques grandes son adecuados para la navegación con el elemento **nav**. En particular, es común que los pies de página tengan una lista de enlaces a las páginas de un sitio en común, tales como términos de uso, la página principal y la página de derechos de autor. El elemento de pie de página por sí sola es suficiente para estos casos, sin el elemento de navegación.

<article>

El elemento **article** representa un componente de una página que consiste en una composición de contenido propio en un documento, página, aplicación, o en el sitio y que se pretende que sea independiente, reutilizable o distribuible, por ejemplo, en la sindicación. Podría ser un mensaje en un foro, un artículo en una revista o un periódico, el comentario de un usuario, un widget interactivo o un gadget, o cualquier otro elemento independiente de contenido.

<aside>

El elemento **aside** representa una sección de una página que consiste de contenido que es tangencialmente relacionado con el contenido de alrededor del elemento **aside**, y que podría ser considerado por separado a partir de ese contenido. Estas secciones se representan a menudo como barras laterales en la tipografía impresa. El elemento puede ser utilizado para efectos tipográficos como barras laterales y citas, para publicidad, oara de grupos de elementos **nav** y otros contenidos que se considera por separado del contenido principal de la página.

<hgroup>

El elemento **hgroup** representa el título de una sección. El elemento se utiliza para agrupar un conjunto de elementos **h1-h6** cuando el título tiene múltiples niveles, tales como subtítulos, títulos alternativos, o lemas.

<header>

El elemento **header** representa un grupo de ayuda de introducción o de navegación. Un elemento de cabecera está destinado por lo general a tener el título de la sección (un elemento **h1-h6** o un elemento **hgroup**), pero esto no es obligatorio. El elemento **header** también puede ser utilizado para cubrir una sección de la tabla de contenidos de un formulario de búsqueda, o cualquier logotipo relevante.

<footer>

El elemento de **footer** representa un pie de página de la sección de contenido o de la sección más cercana al elemento raíz. El pie de página suele contener información acerca de su sección, como quién lo escribió, enlaces a documentos relacionados, declaración de derechos de autor, etc. Los Pies de página no aparecen necesariamente al final de la sección, aunque por lo general suelen estar ahí. Cuando el elemento de pie de página contiene secciones enteras, constituyen apéndices, índices, términos de uso, y otros contenidos.

<time>

El elemento **time** representa ya sea una hora en un reloj de 24 horas como una fecha precisa en el calendario gregoriano, opcionalmente con un tiempo y una zona horaria.

<mark>

El elemento de **mark** representa la ejecución de texto en un documento marcado o destacado con el propósito de referencia.

Sé que estás ansioso por empezar a utilizar estos nuevos elementos, de lo contrario no estaría leyendo este capítulo. Pero primero tenemos que hacer un pequeño desvío.

Cómo manejan los navegadores los elementos desconocidos

Cada navegador tiene una lista de los elementos HTML que admiten. Por ejemplo, la lista deMozilla Firefox se almacena en **nsElementTable.cpp**. Los elementos que no están en esta lista se tratan como"elementos desconocidos", Hay dos problemas fundamentales con elementos desconocidos:

1. **¿Cómo tiene que ser el estilo del elemento?** De forma predeterminada, **\<p\>** tiene espacio en la parte superior e inferior, **\<blockquote\>** es llevado a un margen izquierdo, y **\<h1\>** es mostrada en una fuente más grande. Pero, ¿qué norma de estilos se debe aplicar a los elementos desconocidos?

2. **¿Cómo debe buscar DOM?** El **elemento nsElementTable.cpp** de Mozilla incluye información sobre qué tipos de otros elementos pueden contener cada uno. Si incluye marcas como **\<p\>\<p\>** el segundo elemento del párrafo cierra implícitamente el primero, por lo que los elementos terminan como hermanos, no padre e hijo. Pero si usted escribe **\<p\> \<span\>** el span no cierra el párrafo, porque Firefox sabe

que **<p>** es un elemento de bloque que puede contener el elemento de línea **<span>**. Entonces, el <span> termina como un hijo del <p> en el DOM.

Diferentes navegadores responden a estas preguntas de diferentes maneras. De los principales navegadores, la respuesta de Microsoft Internet Explorer a ambas preguntas es la más problemática, pero necesitan todo navegador necesita un poco de ayuda aquí.

La primera pregunta debería ser relativamente fácil de responder: No aplique ningún estilo especial de elementos desconocidos. Deja que se heredan independientemente de las propiedades CSS que están en vigor y donde quiera que aparezca, y dejar que el autor de la página especifique todos los estilos con CSS. Además, funciona con la mayoría, pero hay una pequeña captura de la que tiene que ser consciente.

Curiosidad

Todos los navegadores tienen elementos desconocidos como elementos en línea, por ejemplo como si tuvieran la pantalla regla **display: inline** de CSS.

Hay varios elementos nuevos en HTML5 que se definen en el nivel de bloque. Es decir, pueden contener otros elementos a nivel de bloque, y que los navegadores compatibles con HTML5 aplicarán la propiedad **display: block** de forma predeterminada. Si desea utilizar estos elementos en los navegadores antiguos, será necesario establecer la propiedad **display** manualmente:

```
article,aside,details,figcaption,figure,
footer,header,hgroup,menu,nav,section {
  display:block;
}
```

Pero espere, la cosa se pone peor, antes de la versión 9, el Internet Explorer no aplicó cualquier estilo en los elementos desconocidos. Por ejemplo, si usted tenía esta aplicación:

```
<style type="text/css">
  article { display: block; border: 1px solid red }
</style>
...
<article>
<h1>Bienvenido a mi Empresa</h1>
<p>Este es su <span>primer día</span>.</p>

</article>
```

El Internet Explorer, hasta la versión 8, no trataba los elementos **<article>** como un elemento a nivel de bloque, ni colocaba un borde rojo alrededor del artículo. Todas las reglas de estilo eran simplemente ignoradas. El Internet Explorer 9 soluciona este problema.

El segundo problema es el DOM que los navegadores crean cuando se encuentran con elementos desconocidos. Una vez más, el navegador más problemático son las versiones anteriores de Internet Explorer (antes de la versión 9, que también corrige este problema). Si IE 8 no reconoce explícitamente el nombre del elemento, se insertará el elemento en el DOM como un nodo vacío y sin hijos. Todos los elementos que se pueden esperar para ser hijos directos de un elemento desconocido se insertan en realidad como hermanos de la misma.

Aquí podemos ver la diferencia. Este es el DOM que HTML5 ofrece:

```
article
|
+--h1 (hijo de article)
| |
| +--text node "Bienvenido a mi empresa"
|
+--p (hijo de article, hermano de h1)
   |
   +--text node "Este es su "
   |
   +--span
   | |
   | +--text node "Primer día"
   |
   +--text node "".
```

Pero este es el DOM que Internet Explorer crea realidad:

```
article (sin hijos)
h1 (hermano de article)
|
+--text node "Bienvenido a mi Empresa"
p (hermanoo de h1)
|
+--text node "Este es su "
|
+--span
| |
| +--text node "Primer día"
|
+--text node "".
```

Existe una solución maravillosa alternativa para este problema. Si crea un elemento **\<article>** falso con JavaScript antes de utilizarlo en la página, Internet Explorer mágicamente reconocerá elemento **\<article>** y dejar de aplicar un estilo CSS en el. No hay necesidad de insertar el elemento falso en el DOM. Con crear el elemento de una vez (por página) es suficiente para enseñar cómo enseñar al IE como aplicar el estilo al elemento que este no reconoce.

```
<html>
<head>
<style>
```

```
  article { display: block; border: 1px solid red }
</style>
<script>document.createElement("article");</script>
</head>
<body>
<article>
<h1>Bienvenido a mi empresa</h1>
<p>Este es su <span>primer día</span>.</p>
</article>
</body>
</html>
```

Esto funciona en todas las versiones de Internet Explorer, incluso IE 6. Podemos extender esta técnica para crear copias falsas de todos los nuevos elementos HTML5 a partir de ahora, y, nunca serán insertados en el DOM, y nunca verá estos elementos falsos, y comenzará a usarlos sin tener que preocuparse demasiado sobre si los navegadores son compatibles con HTML5.

Remy Sharp fue lo que hizo, con su bien llamado HTML5 **enabling script**. Este script ha pasado por más de una docena de revisiones desde que empecé a escribir este libro, pero la idea es, básicamente, la siguiente:

```
<!--[if lt IE 9]>
<script>
  var e = ("abbr,article,aside,audio,canvas,datalist,details," +
```

```
      "figure,footer,header,hgroup,mark,menu,meter,nav,output," +
      "progress,section,time,video").split(',');
    for (var i = 0; i < e.length; i++) {
    document.createElement(e[i]);

    }
  </script>
  <![endif]-->
```

Los extractos <!--[if lt IE 9]> e <![endif]--> son comentarios condicionales. El Internet Explorer los interpreta como una sentencia **if: "si el navegador actual es una versión anterior de Internet Explorer 9, a continuación, ejecutar este bloque".** Cualquier otro navegador tratará todo el bloque como un comentario HTML. El resultado es que Internet Explorer (hasta e incluyendo la versión 8) ejecuta este script, pero otros navegadores no tendrá en cuenta el script completo. Esto hace que su página cargue más rápido en los navegadores que no necesitan este hack.

El código JavaScript es relativamente simple. La variable y termina como un array de strings como **"abbr"**, **"article"**, **"aside"**, y así sucesivamente. Después recorremos el array y creamos cada elemento nombrado llamando a **document.createElement ().** Pero una vez que pasamos por alto el valor de retorno, los elementos no se insertarán en el DOM. Pero es suficiente para que el Internet Explorer trate estos elementos de la manera en la que queremos ser tratados, ya que los usaremos más adelante en la página.

Esta parte, más adelante es importante. Este script tiene que estar en la parte superior de la página, preferentemente en su **<head>**, y no al final. Por lo tanto, Internet Explorer ejecuta este script antes de analizar sus etiquetas y atributos. Si pones este script al final de la página, se ejecutará más tarde. El Internet Explorer ya habrá malinterpretado su implementación y construyó un DOM erróneo, y no volverá a ajustarse debido a este script.

Remy Sharp alojó este script en Google Project Hosting. Este script es opensource y posee la licencia MIT, con lo que puede ser usado en cualquier proyecto). Si lo prefiere, puede "linkar" el script apuntando directamente a la versión hospedada, así:

```
<head>
  <meta charset="utf-8" />
  <title>My Weblog</title>
  <!--[if lt IE 9]>
  <script
src="http://html5shiv.googlecode.com/svn/trunk/html5.js"></script>
  <![endif]-->
</head>
```

Ahora ya estamos listos para comenzar a utilizar los nuevos elementos de HTML5.

Encabezados (Headers)

Volvamos a nuestra página de ejemplo. En concreto, sólo miraremos los encabezados:

```
<div id="header">
  <h1>Mi Página Web</h1>
  <p class="tagline">Haremos un gran esfuerzo inicial para un
menor esfuerzo final.</p>
  </div>


  ...


  <div class="entry">
  <h2>Viajes day</h2>
  </div>


  ...


  <div class="entry">
  <h2>Estoy en Madrid</h2>
  </div>
```

No hay nada erróneo en esta aplicación. Si le gusta, puede mantenerla. Es válida en HTML5. Pero HTML5 ofrece algunos elementos adicionales para los encabezados y secciones.

En primer lugar, vamos a deshacernos de esa **<div id="header">**. Este es un patrón común, pero eso no significa nada. El elemento **div** no tiene una semántica definida, y el atributo **id** tampoco. Los User Agents no tendrán permiso para inferir cualquier significado del valor del atributo id. Usted puede cambiar esto a **<div id="shazbot">**y tendrá el mismo valor semántico.

HTML 5 define un elemento **<header>** para este propósito. La especificación del HTML5 tiene ejemplos reales para la utilización del elemento **<header>**. Así es cómo se vería en nuestra página de ejemplo:

```
<header>
 <h1>Mi Página Web</h1>
 <p class="tagline"> Haremos un gran esfuerzo inicial para un
menor esfuerzo final.</p>

 ...
 </header>
```

Eso está bien. Pero, que es la etiqueta **tagline**? Otro patrón común, que hasta ahora no tenía una implantación por defecto. Es una cosa difícil de implementar. Una tagline es como un subtítulo, pero está "conectado" al título principal. Es decir, se trata de un subtítulo que no crea su propia sección.

Los elementos de encabezado, como **<h1>** y **<h2>** dan estructura a su página. Juntos crean un esquema que se puede utilizar para visualizar (o navegar) por su página. Los lectores de pantalla utilizan esquemas de documentos para ayudar a los usuarios ciegos a navegar a través de su página. Existen herramientas online y las extensiones para los navegadores para ayudar a visualizar el esquema de su documento.

En HTML 4, el **<h1>** - **<h6>** son la única manera de crear un proyecto de documento. El esquema de la página de ejemplo es el siguiente:

Mi Página Web (h1)
```
   |
   +--Día del Viaje(h2)
   |
   +--Me voy a Madrid (h2)
```

Muy bien, pero tiene que ya sabe lo que tenemos que decir a la hora de implementar el **tagline**: "Se hizo un gran esfuerzo para reducir el esfuerzo" Si tratamos de implementarla como **<h2>**, añadía un nodo para el esquema fantasma del documento:

Mi Página Web (h1)
```
   |
   +--Un Gran esfuerzo para reducir el esfuerzo. (h2)
   |
   +--Día del Viaje (h2)
   |
   +--Me voy a Madrid (h2)
```

Pero esta no es la estructura del documento. El **tagline** no representa a una sección, es sólo un subtítulo.

Tal vez podríamos implementar el **tagline** como <h2> y marcar cada título del artículo como <h3>? No, es aún peor:

Mi Weblog (h1)

  |

  + - Una gran cantidad de esfuerzo para reducir el esfuerzo. (H2)

    |

    + - Día de Viaje (h3)

    |

    + - Me voy a Madrid (H3)

Ahora nos queda un nodo fantasma en el esquema del documento, pero este "robó" a los niños que legítimamente pertenecen al nodo raíz. Y aquí está el problema: HTML 4 no proporciona una forma de implementar un subtítulo sin agregarlo al esquema del documento. No importa lo mucho que trate de cambiar las cosas, "hizo un gran esfuerzo para reducir el esfuerzo" va a terminar en ese gráfico. Esto es el porqué terminamos sin marcaciones semánticas sin significado como **<p class="tagline">**.

HTML5 proporciona una solución a esto: el elemento <hgroup>. El elemento <hgroup> actúa como un contenedor para dos o más elementos de título relacionados. ¿Qué quiere decir "relacionados"?

Significa que en conjunto, crean un único nodo en el esquema del documento.

Dada esta aplicación:

```
<header>
 <hgroup>
   <h1>Mi Página Web</h1>
   <h2>Un gran esfuerzo para reducir el esfuerzo.</h2>
 </hgroup>
 ...
</header>

...

<div class="entry">
 <h2>El Día de Viaje</h2>
</div>

...

<div class="entry">
 <h2>Me voy a Madrid</h2>
</div>
```

Se trata de un proyecto de documento que se crea:

Mi Weblog (h1 de su hgroup)

  |

  + - Días de viaje (h2)

  |

  + - Voy a Praga! (H2)

Usted puede probar sus propias páginas HTML5 offline para asegurarse de que está utilizando los elementos título correctamente.

Artículos (article)

Continuando con nuestra página de ejemplo. Vamos a ver lo que podemos hacer con esta implementación:

```
<div class="entry">
<p class="post-date">12, de Mayo, 2013</p>
<h2>
 <a href="#"
   rel="bookmark"
   title="link a este post">
   El día de Viaje
 </a>
</h2>
 ...
</div>
```

Una vez más, esto es válido para HTML 5. Pero HTML5 aporta elementos más específicos para el caso común de la imiplementación de un artículo en una página, llamado <**article**>.

```
<article>
 <p class="post-date"> 22 de octubre 2009 </ p>
 <h2>
  <A href = "#"
    rel = "bookmark"
    title = "Enlace a este post">
    Día de viaje
  </ A>
 </ H2>

  ...
</ Article>
```

Pero… no es tan simple. Hay un cambio más que debe hacer. Primero se lo muestro, y luego se lo explico:

```
<article>
 <header>
  <p class="post-date">12, de Mayo, 2013</p>
  <h1>
   <a href="#"
     rel="bookmark"
     title="link a mi post">
     El día de Viaje
```

```
      </a>
    </h1>
  </header>
  …
</article>

  …
```

¿Lo entiendes? He cambiado el elemento **<h2>** a un elemento
<h1>, y la puse en un elemento **<header>**. Lo que acabas de ver es el
elemento **<header>** en acción. Su objetivo es implicar a todos los
elementos que componen la cabecera del artículo, en este caso, la
fecha de publicación y el título del artículo. Pero no hay que tener sólo
un elemento **<h1>** por documento? Esto no va a arruinar el esquema
del documento? No, pero para entender por qué no, tenemos que dar
un paso atrás.

En HTML 4 la única manera de crear un esquema del documento
era los elementos **<h1>** - **<h6>.** Si lo que desea es un nodo raíz en su
esquema, tenía que limitarse a un **<h1>** en su implementación. Sin
embargo, la especificación HTML5 define un algoritmo para generar
un esquema del documento que incorpora los nuevos elementos
semánticos de HTML5. El algoritmo de HTML5 dice que un elemento
<article> crea una nueva sección, que es un nuevo nodo en el esquema
del documento. Y en HTML5, cada sección puede tener su propio
elemento **<h1>**.

Se trata de un cambio drástico de HTML 4, y aquí está por qué eso es una buena cosa. Muchas páginas web son realmente generadas con plantillas. Un poco contenido se extrae de una fuente y se inserta en la principal aquí, ligeramente contenido se toma de otra fuente se inserta en la página allí. Muchos tutoriales están estructurados de la misma manera. "Esta es una implementación de código HTML. Simplemente copia y pega en su página. "Está bien para pequeños fragmentos de contenido, pero ¿y si la implementación que está pegando es una sección entera? En este caso, el tutorial será algo así como: "Aquí es una implementación de código HTML. Sólo tienes que copiar y pegar en su editor de texto, y corregir las etiquetas de cabecera para que puedan coincidir con el nivel de anidamiento de las etiquetas para que coincidan con las de la página que está pegando.

Permítanme decirlo de otra manera. HTML 4 no tiene ningún elemento de encabezado genérico. Él tiene seis elementos estrictamente numerada **<h1>**- **<h6>**, que tiene que ser exactamente en ese orden. Este tipo de cosas apesta, especialmente si su página es "montada" en lugar de "creada". Y este es el problema que HTML5 resuelve con los nuevos elementos sección y las nuevas reglas para los elementos de encabezado existentes. Si está utilizando los nuevos elementos de sección, puede usar esta implementación:

```
<article>
 <header>
  <h1>Este es post sindicado</h1>
 </header>
```

```
<p>contenido contenido contenido...</p>
</article>
```

Usted puede copiarlo y pegarlo en cualquier lugar de la página sin modificaciones. El hecho de que contenga elemento **<h1>** no es un problema, porque todo está contenido dentro de un **<article>**. El elemento **<article>** define un nodo contenido en sí mimo en el esquema de documento, el elemento **<h1>** proporciona el título de ese nodo, y el resto de los elementos de la sección de la página se mantendrá en cualquier nivel de anidamiento en el que se encontraban antes.

Curiosidades

Como todas las cosas en la web, la realidad es un poco más complicada de lo que estoy mostrando. Los nuevos elementos de sección "explícitos" (como **<h1>** contenido en **<article>**) pueden interactuar de manera inesperada con los viejos elementos "implícitos" (**h1** - **<h6>**). Tu vida será más sencilla si se utiliza uno u otro, pero no ambos. Si tiene que usar ambas en la misma página, asegúrese de comprobar el resultado en HTML5 offline y compruebe si el esquema de su documento tiene sentido.

Fechas y Horas

Vamos a continuar con nuestra página de ejemplo. La siguiente línea que quiero destacar es esta:

```
<div class="entry">
  <p class="post-date">12, de Mayo, 2013</p>
  <h2>El Día de Viaje</h2>
</div>
```

Un patrón común, la designación de la fecha de publicación de un artículo, que no contiene marcas semánticas para soportarlo, a lo que los autores recurren a las implementaciones genéricas con cambios en los atributos de **class**. Una vez más, esta es válido en HTML5. Pero usted no está obligado a cambiarlo. Pero HTML5 proporciona una solución para este caso concreto: el elemento **<time>**.

```
<time datetime="2013-05-12" pubdate>Mayo 12, 2013</time>
```

Hay tres partes en el elemento **<time>**:

1. Una máquina de lectura para timestamp.
2. Contenido de texto de lectura para humanos.
3. Un flag opcional para **pubdate**.

En este ejemplo, el atributo **datetime** especifica la fecha, no la hora. El formato es el año de cuatro dígitos, mes de dos dígitos y día de dos dígitos, separados por guiones:

```
<hora datetime="2013-05-12" pubdate> 12 de Mayo 2013 </ time>
```

Si desea incluir la hora, , añada la letra **T** después de la fecha, la hora en formato de 24 horas, y después la diferencia de la zona horaria.

```
<time datetime="2013-05-12T12:59:30+1:00" pubdate>
 Mayo 12, 2013 12:59pm EDT
</time>
```

El formato de fecha / hora es bastante flexible. La especificación de HTML5 contiene ejemplos de fecha / hora válidos.

Tenga en cuenta que he cambiado el texto, y entre <hora> </ time>, para que coincida con la máquina de lectura del **timestamp**. Esto no es obligatorio. El contenido puede ser cualquier cosa que desee, siempre y cuando proporcione una máquina de lectura para fecha/fecha y hora en el atributo **datetime**.. Así que esto es válido HTML5:

```
<time datetime="2013-05-12">Jueves pasado</time>
```

Y esto también es válido HTML5:

```
<hora datetime="2013-05-12"> </ time>
```

La pieza final del rompecabezas es el atributo **pubdate**. Es un atributo booleano, por lo que sólo tiene que añadirlo si lo necesita, como esto:

```
<time datetime="2013-05-12" pubdate>Mayo 12, 2013</time>
```

Si no te gusta atributos "vacíos", esto es equivalente a:

```
<time datetime="2013-05-12" pubdate="pubdate">Mayo 12,
2013</time>
```

¿Qué hace el atributo **pubdate**? Significa una de dos cosas. Si el elemento **\<time\>** está en elemento **\<article\>**, significa que este **timestamp** es la fecha de la publicación del artículo. Si el elemento **\<time\>** no se encuentra dentro de un elemento **\<article\>**, significa que este timestamp es la publicación del documento entero.

Este es el artículo completo, reformulado para sacar el máximo provecho de HTML5:

```
<article>
 <header>
  <time datetime="2013-05-12" pubdate>
   Mayo 12, 2013
  </time>
  <h1>
   <a href="#"
    rel="bookmark"
    title="link a mi post">
   El Día de Viaje
  </a>
 </h1>
```

</header>

<p>Contenido contenido contenido…</p>

</article>

Navegación

Una de las partes más importantes de cualquier sitio web es la barra de navegación. La web de la CNN.com tiene "fichas" en la parte superior de cada página que apunta a diferentes secciones de noticias - "Tecnología", "salud", "Deportes", etc. Las páginas de resultados del motor de búsqueda de Google tienen una barra similar en la parte superior de la página para tratar de realizar su búsqueda en diferentes servicios de Google como "Imágenes", "Vídeos", "Mapas" etc.

Y nuestra página de ejemplo tiene una barra de navegación en la cabecera, que incluye enlaces a diferentes secciones de nuestro hipotético sitio como son "Inicio", "blog", "galería" y "Acerca de ...".

Es así como se llevó a cabo originalmente la barra de navegación:

```
<div id="nav">
 <ul>
  <li><a href="#">Inicio</a></li>
  <li><a href="#">blog</a></li>
  <li><a href="#">galería</a></li>
  <li><a href="#">Acerca de ...</a></li>
 </ul>
</div>
```

Nuevamente, eso es HTML5 válido. Pero mientras es hecho como una lista de cuatro ítems, no hay nada sobre la lista que le diga que ella forma parte de la navegación de la web. Visualmente, usted puede adivinarlo por el hecho de que ella forma parte del encabezado de la página, y por el texto de los links. Pero semánticamente, no hay nada para distinguir la lista de links de cualquier otra.

Quién conecta para la semántica de navegación de la web? Por ejemplo, personas con discapacidad. Por qué? Considere este escenario: su movimiento es limitado, y usar el mouse le resulta difícil o imposible. Para compensar, usted puede usar un componente del browser que le permite avanzar hacia la mayoría de los links de navegación. O considere esto: si su visión es limitada, usted puede usar un programa dedicado llamado "lector de pantalla" que usa **text-to-speech** para hablar y resumir las páginas de la web. Una vez que pase del título de la página, los próximos tramos importantes de información sobre una página son los links principales de navegación. Si usted quiere navegar rápido, dirá a su lector de pantalla que pase por la barra de navegación y para comenzar a leer. Si usted quiera consultar rápido, puede decirle a su lector de pantalla que vaya a la barra de navegación y comenzar a leer el contenido principal. De cualquier forma, ser capaz de determinar los links de navegación para la programaci es importante.

Entonces, mientras no hay nada de erróneo en usar <div id="nav"> para crear la navegación de su web, Tampoco hay particularmente nada correcto sobre eso. El HTML5 provee de una manera semántica para implementar secciones de navegación: el elemento <nav>.

```
<nav>
 <ul>
  <li><a href="#">Inicio</a></li>
  <li><a href="#">blog</a></li>
  <li><a href="#">galería</a></li>
  <li><a href="#">Acerca de …</a></li>
 </ul>
</nav>
```

Curiosidad

Omitir vínculos permite la los lectores saltar entre las secciones de navegación. Son útiles para los usuarios con discapacidad que utilicen software de terceros para leer una página web y navegar sin ratón. Aprenda cómo y por qué proporcionar enlaces de salto.

Dado que los lectores de pantalla son actualizados para reconocer el elemento **<nav>,** omita los enlaces que estean obsoletos, ya que el lector de pantalla del software es capaz de saltar de forma automática en una sección de navegación implementado con el elemento **<nav>.** Sin embargo, pasará mucho tiempo antes de que todos los usuarios de Internet con discapacidad tengan el lector de pantalla de actualización de software con HTML5, entonces deberá siguir proporcionando sus propios enlaces de salto para saltar entre las secciones.

Pie de página

Finalmente, llegamos al final de nuestra página de ejemplo. De la última cosa que quiero hablar de lo que es la última parte de la página: el pie de página. El pie de página se implementó originalmente como sigue:

```
<div id="footer">
 <p>&#167;</p>
```

```
<p>&#169; 2001&#8211;9 <a href="#">Aarón Rojo</a></p>
</div>
```

Este HTML5 es válido. Si lo desea, puede continuar con él. Pero HTML5 proporciona un elemento más específico para lo mismo: el elemento **<footer>.**

```
<footer>
<p>&#167;</p>
<p>&#169; 2001&#8211;9 <a href="#">Aarón rojo</a></p>
</footer>
```

Es pertinente colocar en un elemento <footer>? Probablemente cualquier cosa que usted esté colocando ahora en un <div id="footer">. De acuerdo, es una respuesta redundante. Pero en serio, es eso. La especificación del HTML5 dice, "Un **footer** generalmente contiene información sobre su sección como de quién la escribió, links para documentos relacionados, copyright, y así en adelante". Es lo que hay en nuestra página de ejemplo: declaración de copyright y un link para una página de "Sobre el autor". Mirando alrededor en algunas webs populares, veo mucho potencial en los footers.

- La CNN posee un footer que contiene una declaración de copyright, links para traducciones, links para los términos de uso y páginas de privacidad, "Acerca de…," "contacto," y "ayuda". Todas totalmente pertinentes para su <footer>..

- Google posee una página de inicio, pero al final de ella hay links para "Programas de publicidad," "Soluciones para negocios," y "Sobre Google"; una declaración de copyright; y un link para la política de publicidad del Google. Todo eso puede ser incluido en un <footer>.

- Mi Página Web posee un footer con links para mis otras webs, más una declaración de copyright. Definitivamente apropiado para un elemento <**footer**>. Tenga en cuenta que los links no deben ser incluidos en un elemento <**nav**>, porque estos no son los links de navegación de la web; son sólo una colección de links para mis otros proyectos en otras webs.

"Footers grandes" son rabiosos hoy en día. Echando un vistazo en el footer de la web de la W3C. Contiene tres columnas, rotuladas "Navigation," "Contact W3C," y "W3C Updates". La implementación se parece más o menos a esto:

```
<div id="w3c_footer">
 <div class="w3c_footer-nav">
  <h3>Navigation</h3>
  <ul>
   <li><a href="/">Home</a></li>
   <li><a href="/standards/">Standards</a></li>
   <li><a href="/participate/">Participate</a></li>
   <li><a href="/Consortium/membership">Membership</a></li>
   <li><a href="/Consortium/">About W3C</a></li>
  </ul>
```

```
</div>
<div class="w3c_footer-nav">
  <h3>Contact W3C</h3>
  <ul>
    <li><a href="/Consortium/contact">Contact</a></li>
    <li><a href="/Help/">Help and FAQ</a></li>
    <li><a href="/Consortium/sup">Donate</a></li>
    <li><a href="/Consortium/siteindex">Site Map</a></li>
  </ul>
</div>
<div class="w3c_footer-nav">
  <h3>W3C Updates</h3>
  <ul>
    <li><a href="http://twitter.com/W3C">Twitter</a></li>
    <li><a href="http://identi.ca/w3c">Identi.ca</a></li>
  </ul>
</div>
<p class="copyright">Copyright © 2009 W3C</p>
</div>
```

Para convertir esto en HTML5 semántico, me gustaría hacer los siguientes cambios:

- Convertir el **<div id="w3c_footer">** externo en un elemento **<footer>**.

- Convertir las primeras dos instancias de **<div class="w3c_footer-nav">** en elementos **<nav>**, y la tercera instancia a un elemento **<section>**.
- Convertir el <**h3**> a **h1**, ya que cada uno quedará dentro de un elemento de sección. El elemento <**nav**> crea una sección en el esquema del documento, así como el elemento <**article**>.

La implementación final podría ser algo como:

```
<footer>
 <nav>
  <h1>Navigation</h1>
  <ul>
   <li><a href="/">Home</a></li>
   <li><a href="/standards/">Standards</a></li>
   <li><a href="/participate/">Participate</a></li>
   <li><a href="/Consortium/membership">Membership</a></li>
   <li><a href="/Consortium/">About W3C</a></li>
  </ul>
 </nav>
 <nav>
  <h1>Contact W3C</h1>
  <ul>
   <li><a href="/Consortium/contact">Contact</a></li>
   <li><a href="/Help/">Help and FAQ</a></li>
   <li><a href="/Consortium/sup">Donate</a></li>
```

```
        <li><a href="/Consortium/siteindex">Site Map</a></li>
      </ul>
    </nav>
    <section>
      <h1>W3C Updates</h1>
      <ul>
        <li><a href="http://twitter.com/W3C">Twitter</a></li>
        <li><a href="http://identi.ca/w3c">Identi.ca</a></li>
      </ul>
    </section>
    <p class="copyright">Copyright © 2009 W3C</p>
  </footer>
```

Diseño

HTML 5 define el elemento <*canvas> como "una pantalla bitmap de resolución dependiente que puede ser usada para renderizar gráficos, juegos, u otras imágenes en tiempo real". La tag <**canvas**> es un rectángulo en su página, donde usted puede usar JavaScript para diseñar lo que usted quiera.

Soporte Básico del <canvas>

IE	Firefox	Safari	Cromo	Ópera	iPhone	Android
7.0 + *	3.0 +	3.0 +	3.0 +	10.0 +	1.0 +	1.0 +

Internet Explorer 9 soporta de forma nativa el elemento <canvas>.

Entonces, a que se parece el **canvas**? El elemento <canvas> no tiene contenido ni borde.

Canvas Invisible

Su sintaxis se asemeja a eso:

```
<canvas width="300" height="225"></canvas>
```

Vamos añadir un borde puntillado, así puede ver con lo que estamos tratando.

Canvas con borde

Usted puede tener más de un elemento <canvas> en la misma página. Cada **canvas** será mostrado en el DOM, y cada uno mantendrá su propio estado. Si usted asigna a cada **canvas** un atributo **id**, podrá añadirlo cómo otro elemento.

Vamos a ampliar nuestro ejemplo de canvas incluyendo el atributo **id**:

```
<canvas id="a" width="300" height="225"></canvas>
```

Ahora usted podrá encontrar más fácilmente este **<canvas>** dentro del DOM.

```
var a_canvas = document.getElementById("a");
```

Formas simples

Todo canvas comienza en blanco. Qué aburrido no? Vamos a diseñar algo.

Haga clic para diseñar en este canvas

El evento **onclick** activa esta función:

```
function draw_b() {
  var b_canvas = document.getElementById("b");
  var b_context = b_canvas.getContext("2d");
  b_context.fillRect(50, 25, 150, 100);
}
```

La primera línea de esta función no es nada especial, basta con encontrar el elemento **<canvas>** en el DOM.

Además, tenemos esta otra:

```
function draw_b() {
  var b_canvas = document.getElementById("b");
  var b_context = b_canvas.getContext("2d");
  b_context.fillRect(50, 25, 150, 100);
}
```

Todo canvas posee un contexto de diseño, que es donde toda sucede toda la diversión.

Una vez encontrado el elemento **<canvas>** en el DOM, al usar **document.getElementById()** o cualquier otro método que usted quiera, usted llama su método **getContext()**. Y deberá pasar el string **"2d"** para el método **getContext()**.

Aún no existe un canvas en 3D. Algunos proveedores han experimentado sus propias **APIs** para canvas tridimensionales, pero ninguna logró crear ningún estándar o patrón, todavía. De acuerdo con la especificación de HTML5, "Una futura versión de esa especificación definirá probablemente un contexto 3d".

Entonces usted tiene elemento **<canvas>**, y tiene su contexto de diseño. El contexto de diseño es donde todos métodos y propiedades del diseño serán definidos. Hay un banco de propiedades y métodos dedicados al diseño de rectángulos:

La propiedad **fillStyle** puede ser un color, patrón o degradado del **CSS**. Veremos más sobre degradados en breve). El patrón para el **fillStyle** es negro sólido, pero usted puede definir lo que quiera. Cada contexto de diseño guarda sus propias propiedades mientras la página se mantenga abierta, a menos que usted haga alguna acción que la resetee.

- **fillRect(x, *y, longitud, altura)** diseña un rectángulo llenado con el **fillStyle** actual.
- La propiedad **strokeStyle** es cómo **fillStyle**, puede ser un color, un patrón o un degradado.
- **strokeRect(x, *y, longitud, altura)** diseña un rectángulo con el **strokeStyle** actual.
- **strokeRect** no llena el medio, sólo diseña los bordes.
- **clearRect(x, *y, longitud, altura)** limpia los pixels en el rectángulo especificado.

Curiosidad

¿Se puede "reiniciar" un canvas?

Sí. Definiendo la altura y la longitud de un elemento <canvas> se borrará su contenido y reseteará todas las propiedades de su contexto de diseño para los valores patrón. Usted ni siquiera necesitará modificar la anchura; usted puede simplemente definirla para su valor actual, como en:

```
var b_canvas = b_canvas.width">document.getElementById("b");
b_canvas.width = b_canvas.width;
```

Volviendo la vista hacia la muestra de código del ejemplo anterior.

Diseñe un rectángulo:

```
var b_canvas = var">document.getElementById("b");
var b_context = b_b_context.fillRect(50,">canvas.getContext("2d");
b_context.fillRect(50, 25, 150, 100);
```

Llamando al método **fillRect()** se diseña un rectángulo y lo rellena con el estilo de prediseño actual, el cual es negro hasta usted modifique eso. Un rectángulo es limitado por su esquina superior izquierda (50, 25), su longitud (150), y su altura (100). Para tener una visión de cómo funciona todo esto, vamos a ver el sistema de coordenadas de este canvas.

Coordenadas de pantalla

El canvas es una reja bidimensional. La coordenada (0, 0) queda en la esquina superior izquierda del canvas. A lo largo del eje X, los valores aumentan en dirección al borde derecho de la pantalla. A lo largo del eje Y, los valores aumentan en dirección al borde de debajo del canvas.

Diagrama de coordenadas del Canvas

El diagrama de coordenadas fue diseñado con el elemento **<canvas>**. Se comprende de:

- un conjunto de líneas verticales blanquecinas.

- un conjunto de líneas horizontales blanquecinas.

- dos líneas horizontales negras

- dos pequeñas líneas diagonales negras que forman una flecha

- dos líneas verticales negras

- dos pequeñas líneas diagonales negras que forman una flecha

- la letra "x"

- la letra "*y"

- el texto "(0, 0)" próximo a la esquina superior izquierda

- el texto "(500, 375)" próximo a la esquina inferior derecha

- un punto en la esquina superior izquierda, y otro en la esquina inferior derecha

Primero tenemos que definir el elemento <**canvas**>. El elemento <canvas> define la longitud (**width**), la altura (**height**) y el identificador (**id**) para que podamos encontrarlo más adelante.

<canvas id="c" width="500" height="375"></canvas>

Después, necesitamos encontrar el elemento <canvas> en el DOM y buscar su contexto de dibujo.

```
var c_canvas = var">document.getElementById("c");
var context = c_Ahora">canvas.getContext("2d");
```

Ahora podemos comenzar a diseñar las líneas.

Caminos

Imagine que está diseñando un cuadro con pintura. No quiere comenzar indagando y diseñando el cuadro con la pintura, esto es porque usted puede cometer algún error. En vez de eso, usted hace unos bocetos con las líneas y curvas con un lápiz, y cuando está satisfecho con lo que ha hecho, pasará la pintura por encima del borrador.

Cada canvas tiene un camino. Definir un camino es cómo diseñar con un lápiz. Usted puede diseñar lo que quiera, pero no obtendrá su producto final hasta que usted trace su camino con pintura.

Para diseñar líneas rectas con lápiz, use los dos métodos siguientes:

- **moveTo(x, y)** mueve el lápiz hacia el punto inicial especificado.
- **lineTo(x, y)** diseña la línea hacia el punto final especificado.

Mientras más llame a **moveTo()** y a **lineTo(),** mayor será el tamaño del camino. Esos son métodos "lápiz", usted puede llamarlos cuándo quiera, pero usted no verá nada en el canvas hasta que invoque los métodos de "pintura". Vamos a empezar a dibujar nuestra parrilla blanquecino.

```
for (var x = 0.5; x < 500; x += 10) {

  context.moveTo(x, 0);

  context.lineTo(x, 375);

}
```

Dibujar líneas **verticales**

```
for (var y = 0.5; y < 375; y += 10) {

  context.moveTo(0, y);

  context.lineTo(500, y);

}
```

Dibujar líneas **horizontales**

Estos métodos eran "lápiz". No se dibujó nada en el canvas todavía. Necesitamos un método de "pintura" para que sea permanente.

```
context.strokeStyle = "#eee";
```

context.stroke();

Stroke() es uno de los métodos de "pintura". Toma el complejo camino que se establece con todos **los moveTo ()** y **lineTo (),** y realmente los dibuja en pantalla. El **strokeStyle** controla el color de las líneas. Este es el resultado:

Curiosidad

Por qué comenzó con **x** e **y** con 0.5? Por qué no 0?

Imagine cada pixel como un gran cuadrado. Las coordenadas enteras (0, 1, 2…) son aristas de ese cuadrado. Si usted diseña una línea con una unidad de longitud entre coordenadas enteras, esta se sobrepondrá a los lados opuestos del cuadrado del pixel, y la línea resultante será diseñada con dos pixeles de longitud. Para diseñar una línea que en la haya sólo un pixel de longitud, necesita cambiar las coordenadas a 0.5 perpendicular a la dirección de la línea.

Por ejemplo, si intenta diseñar la línea de (1, 0) hacia (1, 3), el navegador diseñará la línea cubriendo 0.5 pixels de la pantalla en ambos lados x=1. La pantalla no consigue mostrar medio pixel, entonces expandirá la línea para cubrir un total de dos pixels:

Pero si intenta dibujar una línea desde (1,5, 0) hacia (1.5, 3), el navegador trazará la línea que cubre 0,5 píxeles de la pantalla en ambos lados x = 1.5, lo que resultará, una línea de 1 píxel de longitud:

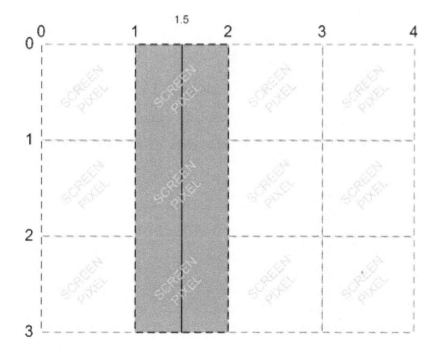

Ahora vamos a diseñar una flecha horizontal. Todas las líneas y curvas en el camino son diseñadas con el mismo color (o degradado). Nosotros queremos diseñar la flecha con una pintura de color diferente, negra en vez de blanquecina, entonces vamos a necesitar un nuevo camino.

Un nueva camino

```
context.beginPath();
context.moveTo(0, 40);
context.lineTo(240, 40);
context.moveTo(260, 40);
context.lineTo(500, 40);
context.moveTo(495, 35);
context.lineTo(500, 40);
context.lineTo(495, 45);
```

La flecha vertical es más o menos igual. La flecha vertical utiliza el mismo color que la flecha horizontal, no vamos a necesitar crear un nuevo camino. Las dos flechas serán parte de un mismo camino.

```
context.moveTo(60, 0);
context.lineTo(60, 153);
context.moveTo(60, 173);
context.lineTo(60, 375);
context.moveTo(65, 370);
context.lineTo(60, 375);
```

context.lineTo(55, 370);

No es un nuevo camino

Yo dije que esas flechas serán negras, pero el **strokeStyle** continúa blanquecino. El **fillStyle** y el **strokeStyle** no son resetados cuando usted comienza un nuevo camino.

Todo bien, porque nosotros vamos a lanzar una serie de métodos "lápiz". Pero antes de diseñar de verdad, en la "pintura", nosotros vamos a necesitar definir el **strokeStyle** con el color negro. De lo contrario, esas dos flechas seguirán blanquecinas, y nosotros apenas seremos capaces de verlas. Las siguientes líneas cambian el color a negro y diseñan las líneas en el canvas:

```
context.strokeStyle = "# 000";
context.stroke ();
```

Texto

Una vez añadidas las líneas del dibujo con canvas, también puede diseñar texto con un canvas. Diferentemente del texto en torno a una página web, no hay **box model**. Esto significa que ninguna de las técnicas familiares de **layout** en **CSS** son válidas: sin **floats**, sin **margins**, sin **padding**, sin **word wrapping**. Tal vez piense que eso es algo bueno. Usted puede definir algunos atributos de fuente, después puede coger un punto en el canvas y comenzar a diseñar su texto allí.

Los atributos de fuente que veremos a continuación están disponibles en el contexto del dibujo:

font puede ser cualquier cosa que colocaría en la regla font del CSS. Incluyendo **font style, font variant, font weight, font size, line height,** y **font family**.

textAlign controla el alineado del texto. Es parecido a la regla text-align del CSS. Los posibles valores son **start, end, left, right,** y **center**.

textBaseline controla donde el texto diseñado es relativo al punto de inicio. Los posibles valores son **top, hanging, middle, alphabetic, ideographic, o bottom**.

textBaseline es complicado, porque … es complicado, ya que usted puede diseñar cualquier caracter Unicode que quiera en el canvas, y Unicode es complicado.

La especificación de HTML5 explica los diferentes **textBaselines**:

"La parte superior del cuadrado "en"se fija aproximadamente en la parte superior de los glifos en una fuente, la línea de base es colgada en el lugar donde algunos glifos como आ son anclados, el medio es mitad del camino entre la parte superior del cuadrado "en" y la base del cuadrado "en", la línea de base alfabética es donde los caracteres como Á, ÿ, f, y Ω son anclados, la línea de base ideográfica es donde los glifos cómo 私 y 達 son anclados, y la base del cuadrado "en" queda aproximadamente en la base del glifo en una fuente. El tope y la base de la caja delimitadora pueden estar lejos de las líneas de base, debido a glifos que se extienden mucho además del cuadrado".

Para alfabetos simples tales como Inglés, puede utilizar con seguridad el **top**, **middle** o **bottom** para la propiedad **TextBaseline**.

Vamos a dibujar un poco de texto, el texto elaborado dentro del canvas hereda el tamaño de la fuente y el estilo del elemento en sí <**canvas**>, puede anular esta estableciendo el tipo de letra para el contexto de diseño.

```
context.font = "bold 12px sans-serif";
context.fillText("x", 248, 43);
context.fillText("y", 58, 165);
```

Cambia el estilo de la fuente

El método **fillText** () dibuja el texto:

```
context.font = "bold 12px sans-serif";
context.fillText("x", 248, 43);
context.fillText("y", 58, 165);
```

Curiosidad

En un **canvas** usted puede usar tamaños de fuentes relativos para diseñar texto.

Como otro elemento HTML de su página, el propio elemento <**canvas**> computa el tamaño de la fuente basado en las reglas CSS de su página. Si usted define la propiedad **context.font** para un tamaño relativo de fuente como 1.5 o 150%, su navegador manipulará eso para el tamaño computado en el propio elemento <**canvas**>.

Para el texto de la esquina superior izquierda, imaginemos que yo quiera colocar el tope del texto en el **y=5**. Pero como soy muy vago, no quiero medir la altura del texto y calcular la línea de base. En vez de eso, yo puedo definir el **textBaseline** para **top** y pasar para la esquina superior izquierda la coordenada de la caja delimitadora del texto.

```
context.textBaseline = "top";
```

```
context.fillText("( 0 , 0 )", 8, 5);
```

Ahora para el texto en de la esquina inferior derecha. Vamos a imaginar que quiero que quede en la coordenada (492,370), solamente hay algunos pixels de distancia de la esquina inferior derecha del canvas, pero yo no quiero medir la altura y longitud del texto. Puedo definir la propiedad **textAlign** en **right** y la **textBaseline** en **bottom**, luego llame a **fillText()** con las coordenadas de la esquina inferior derecha de la caja delimitadora del texto.

context.textAlign = "right";

context.textBaseline = "bottom";

context.fillText("(500 , 375)", 492, 370);

Y el resultado:

Oh, no! nos olvidamos de los puntos en las esquinas. Ahora tenemos que ver cómo diseñar círculos un poco más adelante. De momento, vamos practicando un poco y diseñaremos un rectángulo.

context.fillRect(0, 0, 3, 3);

context.fillRect(497, 372, 3, 3);

Degradados

Anterioremente, usted aprendió como diseñar un rectángulo rellenado con un color sólido, después una línea con el borde de un color sólido. Pero las formas y las líneas no están limitadas solamente a colores sólidos, también puede usar cualquier efecto con degradado. Vamos a ver un ejemplo.

La marcación parece la misma que cualquier otro canvas.

```
<canvas id="d" width="300" height="225"></canvas>
```

Primero, nosotros necesitamos localizar el elemento <**canvas**> y su contexto de diseño.

```
var d_canvas = document.getElementById("d");
var context = d_canvas.getContext("2d");
```

Una vez encontrado el contexto de diseño, comenzamos a definir el degradado. El degradado es una transición suave entre dos o más colores. El contexto de diseño del canvas soporta dos tipos de degradados:

1. **createLinearGradient(x0, y0, x1, y1)** dibuja a través de una línea desde **(x0, y0)** hasta **(x1, y1)**.

2. **createRadialGradient(x0, y0, r0, x1, y1, r1)** dibuja a través de un cono entre dos círculos. Los primeros tres parámetros representan

el inicio del círculo, con origen en **(x0, y0)** y radio **r0**. Los últimos tres parámetros representan el fin del círculo, con origen en **(x1, y1)** y radio **r1**.

Vamos a crear un degradado lineal. Los degradados pueden ser de cualquier tamaño, pero voy a crear este degradado con 300 pixels de longitud, como el canvas.

Creamos un objeto degradado

var my_gradient = context.createLinearGradient(0, 0, 300, 0);

Por cuenta de los valores **y** (los 2° y 4° parámetros) son ambos 0, ese degradado sombreará uniformemente de la izquierda para derecha.

Una vez obtenido el objeto degradado, podemos definir los colores del degradado. El degradado posee dos o más paradas de color. Las paradas de color pueden estar en cualquier lugar a través del degradado. Para añadir una parada de color, necesitará especificar su posición a través del degradado. Las posiciones en el degradado tienen que estar en cualquier lugar entre el 0 y el 1.

Vamos a definir un degradado que irá sombreará del negro al blanco.

my_gradient.addColorStop(0, "black");

my_gradient.addColorStop(1, "white");

Definir un degradado no diseña nada en el canvas. Es sólo un objeto almacenado en algún lugar en la memoria. Para diseñar el degradado, deberá definir su **fillStyle** para el degradado y diseñar la forma, como un rectángulo o línea.

```
context.fillStyle = my_gradient;

context.fillRect(0, 0, 300, 225);
```

Suponiendo que quiera un degradado que sombreará de arriba hacia abajo. Cuando crea un objeto degradado, deje los valores **x** (1° y 3° parámetros) constantes, y haga que los valores **y** (2° y 4° parámetros) alcancen de 0 hasta la altura del canvas.

Los valores **x** son 0, y los valores **y** varían:

```
var my_gradient = context.createLinearGradient(0, 0, 0, 225);

my_gradient.addColorStop(0, "black");

my_gradient.addColorStop(1, "white");

context.fillStyle = my_gradient;

context.fillRect(0, 0, 300, 225);
```

Para crear un degradado diagonal, los valores **x** e **y** varían:

var my_gradient = context.createLinearGradient(0, 0, 300, 225);

my_gradient.addColorStop(0, "black");

my_gradient.addColorStop(1, "white");

context.fillStyle = my_gradient;

context.fillRect(0, 0, 300, 225);

Imágenes

Aquí tenemos un gato, sólo que diseñado en un canvas:

El contexto de diseño del canvas define el método **drawImage()** para diseñar una imagen en el canvas. El método puede tener tres, cinco o nueve argumentos.

drawImage(image, dx, dy) coge una imagen y la diseña en el canvas. La coordenada **(dx, dy)** será la esquina superior izquierda de la imagen. Las coordenadas **(0, 0)** deben diseñar la imagen en la esquina superior izquierda del canvas.

drawImage(image, dx, dy, dw, dh) coge una imagen, escala para la longitud de **dw** y la altura de **dh**, y la diseña en el canvas en las coordenadas **(dx, dy)**.

drawImage(image, sx, sy, sw, sh, dx, dy, dw, dh) coge una imagen, la ajusta para el rectángulo **(sx, sy, sw, sh)**, escala para las dimensiones **(dw, dh)**, y la diseña en el canvas en las coordenadas **(dx, dy)**.

La especificación de HTML5 explica los parámetros de **drawImage()**:
El rectángulo de origen es el rectángulo [en el interior de la imagen fuente] cuyas esquinas son los cuatro puntos **(sx, sy)**, **(sx+sw, sy)**, **(sx+sw, sy+sh)**, **(sx, sy+h)**.

El rectángulo de destino es el rectángulo [en el interior del canvas] cuyas esquinas son los cuatro puntos **(dx, dy)**, **(dx+dw, dy)**, **(dx+dw, dy+dh)**, **(dx, dy+dh)**.

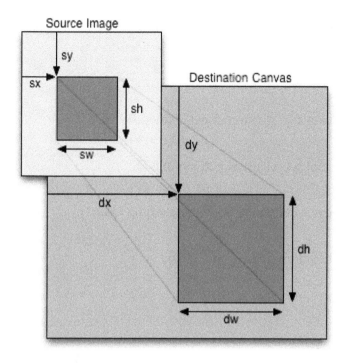

Para diseñar una imagen en el canvas, necesita una imagen. La imagen puede ser un elemento **<img>** existente, o puede ser creada con el objeto **Image()** de JavaScript. De cualquier manera, necesita garantizar que la imagen está completamente cargada antes de diseñarla en el canvas.

Si usted está usando un elemento **<img>** existente, seguramente podrá diseñarla en el canvas con el evento **window.onload**.

<img id="gato" src="images/gato.png" alt="gato dormido" width="177" height="113">

<canvas id="e" width="177" height="113"></canvas>

```
<script>

window.onload = function() {

  var canvas = document.getElementById("e");

  var context = canvas.getContext("2d");

  var cat = document.getElementById("gato");

  context.drawImage(gato, 0, 0);

};

</script>
```

Si va a crear el objeto de imagen completamente en JavaScript, puede dibujar la imagen de forma segura en el canvas con el evento **Image.onload**.

```
<img id="gato" src="images/gato.png" alt="gato dormido" width="177" height="113">

<canvas id="e" width="177" height="113"></canvas>

<script>

  var canvas = document.getElementById("e");

  var context = canvas.getContext("2d");
```

```
var cat = new Image();

cat.src = "images/gato.png";

cat.onload = function() {

    context.drawImage(gato, 0, 0);

};
```

</script>

Los 3° y 4° parámetros opcionales del método **drawImage()**
controlan la escala de la imagen. Esa es la misma imagen, escalada por
la mitad de su longitud y altura y diseñada repetidamente en diferentes
coordenadas en el mismo canvas.

Este es el guión que produce el efecto "MultiGato":

```
cat.onload = function() {

    for (var x = 0, y = 0;

        x < 500 && y < 375;

        x += 50, y += 37) {

        context.drawImage(cat, x, y, 88, 56);
```

```
  }

};
```

Escalar la imagen

Todo ese esfuerzo nos lleva a la siguiente pregunta: por qué debería diseñar una imagen dentro de un canvas? en primer lugar, lo nos lleva a una complejidad extra de una imagen en un canvas que ofrezca encima de un elemento **<img>** y algunas reglas de CSS? Incluso el efecto "multigato" puede ser replicado en 10 elementos **<img>** sobreexpuestos.

La respuesta es simple, por el mismo motivo que usted querría diseñar un texto en el canvas. El diagrama de coordenadas del canvas incluye texto, líneas, y formas; el texto en el canvas es sólo una parte de un gran trabajo. Un diagrama más complejo podría fácilmente utilizar el **drawImage()** para incluir iconos, sprites, y otros gráficos.

Curiosidades del Internet Explorer

Versiones del Internet Explorer antes de la 9.0 no soportan la API de canvas. Sin embargo, esas versiones antiguas del Internet Explorer sí soportan una tecnología propietaria de la Microsoft llamada **VML**, en la cual puede hacer muchas de las cosas que el elemento **<canvas>** hace. Y así, nació el **excanvas.js**.

Explorercanvas (excanvas.js) es una biblioteca JavaScript de código libre, licenciada por Apache que implementa la API de canvas en el Internet Explorer. Para utilizarla, incluya el siguiente elemento <script> en el top de su página.

```html
<!DOCTYPE html>

<html>

<head>

  <meta charset="utf-8">

  <title>Guía de HTML5</title>

  <!--[if lt IE 9]>

    <script src="excanvas.js"></script>

  <![endif]-->

</head>

<body>

  ...

</body>

</html>
```

El **<!--[if lt IE 9]>** y el **<![endif]-->** son dos comentarios. El navegador Internet Explorer lo interpreta como "si el navegador es una versión del Internet Explorer inferior de la versión 9 (pero no incluida), entonces ejecute el bloque".. Cada navegador va a tratar el bloque entero como un bloque de comentario HTML. El resultado en la práctica es que el Internet Explorer 7 y 8 realizarán el **download** del **script excanvas.js** y los ejecutará, pero otros navegadores ignorarán el script (no realizando el download del script, no ejecutándolo, y no haciendo nada). Eso hará que su página cargue más rápidamente en aquellos navegadores que implementen la API de canvas nativamente.

Una vez incluido el **excanvas.js** en el <**head**> de su página, no necesitará hacer nada más para acomodar su página a Internet Explorer. Sólo incluya los elementos <canvas> en su marcación, o créelos dinámicamente con JavaScript. Siga las instrucciones de este capítulo para capturar el contexto de diseño del elemento <canvas>, y podrá diseñar formas, texto, y patrones.

Pero existen algunas limitaciones:

- El degradado sólo pueden ser lineales. Los degradados radiales no son soportados.
- Los patrones deben repetirse en ambas direcciones.
- Las regiones clipping no son soportadas.
- La escala no uniforme no funciona correctamente con escalas de bordes.

Es lento ya que el **parser** de JavaScript del Internet Explorer es más lento del que de los demás navegadores. Una vez empecemos a diseñar formas complejas usando la biblioteca JavaScript library que traduce comandos para otras tecnologías completamente diferentes. Usted notará la degradación en el rendimiento en ejemplos simples, como diseñando algunas líneas y transformando una imagen, pero lo notará rápidamente una vez que empice a realizar animaciones basadas en canvas u otras cosas locas.

Hay más una advertencia sobre el uso de **excanvas.js**, y es un problema que pase mientras creaba el ejemplo de ese capítulo. El **ExplorerCanvas** inicializa su propia interfaz de falso-canvas automáticamente, una vez incluido el script **excanvas.js** en su página HTML. Pero esto no significa que el Internet Explorer esté preparado para usarlo inmediatamente. En algunas situaciones, puede rodar bajo una condición donde la interfaz de falso-canvas casi está, pero aún no, lista para ser usada. El principal síntoma de este estado es que el Internet Explorer reclamará que el "objeto no soporta esta propiedad o método" siempre que intente hacer cualquier cosa con el elemento <canvas>, como coger su contexto de diseño.

La solución más simple para hacer esto es aplazar todas sus manipulaciones relacionadas al canvas hasta después de que el evento **onload** sea disparado. Esto puede llevar un tiempo, si su página posee muchas imágenes o vídeos, atrasará del **onload**, pero dará al **ExplorerCanvas** tiempo para trabajar en su mágica.

Un ejemplo completo en directo

Halma es un juego de tablero de hace muchos siglos. Existen muchas variaciones. En este ejemplo, creé una versión solitaria de Halma con 9 piezas en un tablero de 9 × 9. En el inicio del juego, las piezas forman un cuadrado de 3 × 3 en la esquina interior izquierda del tablero. El objetivo del juego es mover todas las piezas hasta que formen un cuadrado de 3 × 3 en la esquina superior derecha del tablero, en el menor número de movimientos.

Existen dos tipos de movimientos legales en el Halma:

- Coger una pieza y moverla hacia cualquier cuadrado vacío adyacente. Un cuadrado "vacío" es uno que no contiene ninguna pieza en él. Un cuadrado "adyacente" es un cuadrado inmediatamente al norte, sur, este, oeste, noroeste, nordeste, suroeste o sudeste de la pieza en su posición actual. Si una pieza está en la columna más la izquierda, no puede moverse para oeste, noroeste o suroeste. Si una pieza está en la línea más abajo, no puede moverse para el sur, sudeste o suroeste.

- Coja una pieza y salta por encima de una pieza adyacente, y posiblemente repita. Eso es, si usted salta por encima de una pieza adyacente, entonces salta por encima de otra pieza adyacente hacia su nueva posición, eso cuenta como un único movimiento. En realidad, cualquier salto por encima siempre cuenta como un movimiento único. Ya que el objetivo es minimizar el número total de movimientos, ir bien en el Halma significa construir, y después usar, largas cadenas escalonadas para que entonces otras piezas puedan saltar por encima en una larga secuencia.

Así es el juego propiamente dicho. Usted también puede desarrollarlo en una página separada si usted quiera hacerlo con sus herramientas de desarrollo.

Moves: 0

Cómo funciona esto? No mostraré todo código aquí. En realidad saltaré la mayoría del código de jugabilidad, pero quiero resaltar algunas partes del código que realmente menean el dibujo en el canvas, así como la respuesta a los clics del mouse en el elemento canvas.

Durante la carga de la página, inicializamos el juego, definimos las dimensiones en el <**canvas**> y guardamos las referencias en su contexto de diseño.

```
gCanvasElement.width = kPixelWidth;

gCanvasElement.height = kPixelHeight;

gDrawingContext = gCanvasElement.getContext ("2d");
```

Entonces hacemos algo que aún no hemos visto: añadimos un detector de eventos al elemento <canvas> para escuchar eventos de clic.

```
gCanvasElement.addEventListener ("click", halmaOnClick, false);
```

La función **HalmaOnClick ()** se llama cuando el usuario hace clic en cualquier lugar del canvas. Su argumento es un objeto **MouseEvent** que contiene información acerca de dónde el usuario hizo clic.

```
function halmaOnClick(e) {

  var cell = getCursorPosition(e);

  // el resto de la lógica del juego

  for (var i = 0; i < gNumPieces; i++) {

    if ((gPieces[i].row == cell.row) &&

      (gPieces[i].column == cell.column)) {

      clickOnPiece(i);

      return;
```

```
                }

        }

        clickOnEmptyCell(cell);

    }
```

El próximo paso es coger el objeto **MouseEvent** y calcular en que cuadrado del tablero Halma acaba de ser clicado. El tablero Halma contempla todo el canvas, es decir, cada clic en cualquier lugar del tablero. Nosotros sólo necesitamos descubrir donde. Es complicado, porque los eventos del mouse son implementados de manera diferente en casi todos los navegadores.

```
    function getCursorPosition(e) {

        var x;

        var y;

        if (e.pageX != undefined && e.pageY != undefined) {

            x = e.pageX;

            y = e.pageY;

        }
```

```
else {

    x = e.clientX + document.body.scrollLeft +

    document.documentElement.scrollLeft;

    y = e.clientY + document.body.scrollTop +

    document.documentElement.scrollTop;

}
```

En este punto, tenemos las coordenadas **x** e **y** que están en relación con el documento (es decir, toda la página HTML). Esto todavía no es muy útil. Queremos que las coordenadas relativas a la pantalla.

```
x -= gCanvasElement.offsetLeft;
y -= gCanvasElement.offsetTop;
```

Ahora tenemos las coordenadas **x** e **y** en el canvas. Es decir, si **x** es 0 e **y** es 0, en este punto, sabemos que el usuario hizo clic píxel de la esquina superior izquierda del canvas.

De aquí en adelante, podemos calcular en que cuadrado del Halma clicó el usuario y entonces actuamos de acuerdo con esto.

```
var cell = new Cell(Math.floor(y/kPieceHeight),

    Math.floor(x/kPieceWidth));
```

```
    return cell;

}
```

Los eventos del mouse son difíciles. Pero puede usar la misma lógica en todas sus aplicaciones basadas en canvas. Recuerde: el mouse clic → coordenadas relativas al documento → coordenadas relativas al canvas → código específico de aplicación.

Vamos a mirar hacia la rutina principal del dibujo. Como los gráficos son simples, decidí limpiar y rediseñar el tablero cada vez que haya cualquier cambio en el juego. Eso no es estrictamente necesario. El contexto de diseño del canvas retendrá cualquier cosa que usted haya diseñado anteriormente en él, incluso si el usuario realizar un **scroll** hacia fuera del campo de visión o si cambia de una pestaña para otra y después vuelve.

Si está desarrollando una aplicación basada en canvas con gráficos más complejo, como un juego de arcade, usted puede optimizar el rendimiento al identificar que regiones del canvas están "sucias" y rediseñar sólo las regiones sucias. Pero eso está fuera del marco de ese libro.

```
gDrawingContext.clearRect (0, 0, kPixelWidth, kPixelHeight);
```

La rutina de diseño del tablero le parecerá familiar. Es similar a como diseñamos el diagrama de coordenadas del canvas anteriormente en este capítulo.

```
gDrawingContext.beginPath();

/* lineas verticales */
for (var x = 0; x <= kPixelWidth; x += kPieceWidth) {
    gDrawingContext.moveTo(0.5 + x, 0);
    gDrawingContext.lineTo(0.5 + x, kPixelHeight);
}

/* lineas horizontales */
for (var y = 0; y <= kPixelHeight; y += kPieceHeight) {
    gDrawingContext.moveTo(0, 0.5 + y);
    gDrawingContext.lineTo(kPixelWidth, 0.5 +  y);
}

/*diseño */
gDrawingContext.strokeStyle = "#ccc";
gDrawingContext.stroke();
```

Lo complicado comienza de verdad cuando nosotros vamos a diseñar cada pieza individualmente. Una pieza es un círculo, algo que aún no hemos diseñamos antes. Además de eso, si el usuario selecciona la pieza anticipándose a su movimiento, nosotros queremos diseñar la pieza en forma de un círculo relleno. Aquí, el argumento **p** representa la pieza, la cual posee las propiedades de línea y columna que marcan la posición actual de la pieza en el tablero. Nosotros usamos algunas constantes del juego para traducir (**columna, línea**) en coordenadas (**x, y**) relativas al canvas, entonces diseñamos el círculo, y llenamos el círculo con un color sólido.

```
function drawPiece(p, selected) {
    var column = p.column;
    var row = p.row;
    var x = (column * kPieceWidth) + (kPieceWidth/2);
    var y = (row * kPieceHeight) + (kPieceHeight/2);
    var radius = (kPieceWidth/2) - (kPieceWidth/10);
```

Este es el final de la lógica específica del juego. Ahora nosotros tenemos las coordenadas (x, y), relativas al canvas, en el centro del círculo que queremos diseñar. No hay ningún método **circle()** en la **API** del canvas, pero hay un método **arc().** Que realmente no es un círculo, si no un arco que hace una vuelta completa. Se acuerda de la geometria básica? El método **arc()** coge el punto céntrico (**x, y**), el radio, el ángulo inicial y final (en radianos), y la dirección. Usted puede usar el módulo **Math** que está dentro del JavaScript para calcular en radianos.

```
gDrawingContext.beginPath();
gDrawingContext.arc(x, y, radius, 0, Math.PI * 2, false);
```

```
gDrawingContext.closePath();
```

Todavía no diseñamos nada. Como **moveTo()** y **lineTo**, el método **arc()** es un método "lápiz". Para diseñar el círculo, necesitamos definir el **strokeStyle** y llamar a la función **stroke()** para trazar la "pintura".

```
gDrawingContext.strokeStyle = "# 000";
gDrawingContext.stroke ();
```

Y si se ha seleccionado el documento? Podemos reutilizar el mismo camino que hemos creado para dibujar el contorno de la pieza, para rellenar el círculo con un color sólido.

```
if (selected) {
    gDrawingContext.fillStyle = "# 000";
    gDrawingContext.fill ();
}
```

Bien, eso es todo. El resto del programa es la lógica específica del juego, distinguiendo entre movimientos válidos y no válidos, registrando el número de movimientos, detectando si el juego ha terminado. Con 9 círculos, algunas líneas, y un **onclick handler**, nosotros podemos crear un juego completamente en <canvas>.

Vídeo en la Web

Quien haya visitado Youtube.com últimos cuatro años sabe que puede incrustar un vídeo en una página web. Pero antes de HTML5, no había ningún patrón basado en vídeo para poder hacerlo. Prácticamente todos los videos vistos en la"web, fueron canalizados por un plugin de terceros, como QuickTime, RealPlayer o Flash. (YouTube utiliza Flash). Estos plugins se integran en el navegador lo suficientemente bien, pero se recomienda precaución al usarlos. Es decir, es posible que intente ver un video en una plataforma que no sea compatible con este plugin.

HTML5 define una manera estándar para incrustar el vídeo en una página web, utilizando el elemento **<video>**. El soporte para el elemento **<video>** todavía se está desarrollando, que es una forma educada de decir que aún no está funcionando. Al menos, no funciona en todos los navegadores correctamente. Pero no se desespere, hay alternativas y retrocesos, un montón de opciones.

Elemento <video> de soporte

IE	Firefox	Safari	Cromo	Ópera	iPhone	An droid
9.0 +	3.5 +	3.0 +	3.0 +	10.5 +	1.0 +	2,0 +

Pero el soporte a elementos <**video**> en sí es en realidad una pequeña parte de la historia. Antes de hablar del HTML5 vídeo, es necesario primero entender un poco sobre el vídeo en sí.

Contenedor del vídeo

Usted puede pensar en archivos de vídeo como "AVI" o "archivos MP4". En realidad, "AVI" y "MP4" son los formatos de contenedor de video. Así como un archivo ZIP puede contener cualquier tipo de archivo dentro de los formatos de contenedor de vídeo sólo definen cómo almacenar cosas en el interior, no se qué tipo de datos se almacenan. Es un poco más complicado que eso, porque no todas las secuencias de vídeo son compatibles con todos los formatos de contenido, pero olvide esto por ahora.

Un archivo de vídeo normalmente contiene múltiples pistas, una pista de vídeo (sin audio), además de una o más pistas de audio (sin vídeo). Las pistas normalmete se intercalan. Una pista de audio contiene marcaciones dentro de ella para ayudar en la sincronización entre el audio y el vídeo. Las pistas individuales pueden tener metadatos, como relaciones de aspectos de una pista de vídeo, o el lenguaje de una pista de audio. Esos contenedores también pueden tener metadatos, como el propio título del vídeos una capa para el vídeo, números de episodios (para programas de televisión), y por ahí van las cosas.

Hay varios formatos de vídeo para el embalaje. Los más populares son

- **MPEG-4**. Por lo general, con la extensión .**Mp4** o.**M4V**. El contenedor de MPEG-4 está basado en el antiguo contenedor de Apple **QuickTime** (. **MOV**). Los trailers de películas en los sitios web de Apple siguen utilizando el antiguo contenedor QuickTime, pero si usted alquila películas desde **iTunes** se entregan en contenedor **MPEG-4.**

- **Flash**. Por lo general, con la extensión .**Flv**. Los vídeos flash, como era de esperar, utilizan **Adobe Flash**. Antes de flash 9.0.60.184 (más conocido como Flash Player 9 Update 3), este fue el único formato de contenedor de Flash compatible. Las nuevas versiones de Flash también soportan el contenedor de **MPEG-4.**

- **Ogg**. Por lo general, con la extensión .**Ogv**. **Ogg** es un patrón estándar, de código libre. Firefox 3.5, Chrome 4 y Opera 10.5 soportan (de forma nativa, sin ningún tipo de plugin específico de la plataforma) el formato contenedor **Ogg**, Ogg video (llamado "**Theora**"), y audio Ogg (llamado "**Vorbis**"). En el escritorio, Ogg es compatible por las principales distribuciones de Linux, y se puede usar en Mac y Windows instalando componentes de QuickTime o filtros de DirectShow, respectivamente. Aún es ejecutado por el excelente VLC en todas las plataformas.

- **WebM** es un nuevo formato contenedor. Técnicamente es similar a otro formato, llamado **Matroska**. **WebM** fue anunciado en mayo de 2010. Fue diseñado para ser utilizado exclusivamente con el códec de vídeo **VP8** y el códec de audio **Vorbis**. El formato es nativo sin plugins específicos de la plataforma en las últimas versiones de Google Chrome, Mozilla Firefox y Opera. Adobe también anunció que una futura versión de flash soportará vídeos WebM.

- **Audio Video Interleave**. Por lo general, con la extensión .**Avi**. El formato contenedor AVI fue inventado por Microsoft en una época más simple, cuando el hecho de que las computadoras podían reproducir vídeos ya era considerado increíble. Oficialmente es compatible con las características de los nuevos formatos de contenedor como metadatos incrustados. Oficialmente es compatible incluso el sonido más moderno y los codecs de video utilizados en la actualidad. Sigue siendo el formato de contenedor estándar para encoders como **MEncoder**.

Codecs de vídeo

Cuando se habla de "ver un video," es probable que estés hablando de la combinación de una secuencia de vídeo y otro de audio. Pero usted no tiene dos archivos diferentes, usted sólo tiene "un video". Tal vez podría ser un archivo AVI o MP4. Estos son sólo los formatos de contenedores, como un archivo ZIP que contiene varios tipos de archivos que contiene. El formato de contendor define cómo almacenar el vídeo y el audio en un solo archivo.

Cuando "mira un video," su reproductor de video está haciendo por lo menos tres cosas a la vez:

1. Interpretar el formato de contenedor para saber qué vídeo y pistas de audio están disponibles, y cómo se almacenan en el archivo para que pueda encontrar los datos que necesitan ser decodificados después

2. La decodificación de la secuencia de vídeo y la visualización de una serie de imágenes en la pantalla

3. Descifrar el flujo de audio y enviar el sonido a los altavoces

Los **códec de vídeo** son un algoritmo que codificado en una secuencia de vídeo, es decir, se especifica que hacer a continuación. El reproductor de vídeo **decodifica** la secuencia de vídeo de acuerdo con el **códec de vídeo**. A continuación se muestra una serie de imágenes en la pantalla. Los codecs de vídeo más modernos utilizan varias formas de minimizar la cantidad de información necesaria para mostrar un fotograma tras otro. Por ejemplo, en lugar de almacenar cada fotograma individual (por ejemplo, una captura de pantalla), se almacenan sólo las diferencias entre tramas. La mayoría de los vídeos en realidad no cambian completamente entre un fotograma y otro, lo que permite un alto grado de compresión, el resultado son tamaños de archivo más pequeños.

Hay códecs de vídeo **con pérdida** y **sin pérdidas**. Los vídeos sin pérdidas son demasiado grandes para su uso en la web, por lo que se concentrarán en los códecs con pérdidas. La **lossy codec** significa que la información está irremediablemente perdida en el proceso de codificación. Como copiar audio de una cinta de cassette, que se está perdiendo información sobre el origen del video, y se degrada la calidad, cada vez que codifica. De ahí, el "silbido" de una cinta de cassette de audio o de un vídeo de re-re-re-codificación puede parecer que está bloqueado, especialmente durante las escenas con mucha acción. En realidad, esto puede ocurrir incluso si codifica directamente de la fuente original, si usted elige un códec de vídeo pobre. El lado bueno es que los codecs de vídeo pueden ofrecer tipos de compresión con pérdida increíblemente suavizados sin bloqueos durante la reproducción, para hacer que la pérdida sea lo menos perceptible posible para el ojo humano.

Los tres codecs más relevantes son H.264, Theora y VP8.

H.264

H.264 más conocido como **MPEG-4**, también conocido como **"MPEG-4 Advanced Video Coding"**. H.264 fue desarrollado por Grupo MPEG y estandarizado en el año 2003. Tiene como objetivo proporcionar un único códec de banda ancha a dispositivos de CPU de bajo rendimiento como los móviles, de alta banda ancha, dispositivos de alto rendimiento de CPU (ordenadores modernos), y todo tipo de medios. Para lograr esto, el estándar H.264 se divide en "perfiles", donde cada uno define un conjunto de funciones opcionales que negocia la complejidad por tamaño de archivo. Los altos perfiles utilizan características más opcionales, ofrecen una mejor calidad visual de archivos más pequeños y tardan más tiempo para codificar, y requieren más potencia de CPU para codificar en tiempo real.

Para que os hagáis una idea de la variedad de perfiles, El **iPhone** de Apple soporta perfil básico A. **AppleTV** soporta perfiles de línea de base y principal. Y **Adobe Flash** en un soporte de PC **AVRCP** de línea de base, principal y alto. **YouTube** ahora utiliza el H.264 para codificar Videos de Alta Definición, rodando en Adobe Flash, YouTube también ofrece vídeo codificado en H.264 para dispositivos móviles, incluyendo el iPhone y los teléfonos que utilizan el sistema operativo móvil **Android**. Además de ser uno de los codecs de video H.264, agentes especificos de los Blu-Ray, los discos Blu-ray que utilizan por lo general utilizan el perfil Alto.

La mayoría de los dispositivos que no son PC, reproducen vídeo en formato H.264 (incluyendo iPhones y reproductores de Blu-Ray) La mayoría de los dispositivos que no son PC en realidad realizan decodificación en un chip dedicado, ya que sus principales CPUs están lejos de tener suficiente rendimiento para decodificar en tiempo real. En la actualidad, incluso las tarjetas gráficas de bajo nivel H.264 soportan decodificación de hardware. H.264 se puede incorporar en el más popular de los formatos de contenedor, incluyendo MP4 (utilizado principalmente por iTunes de la Apple Store) y MKV (utilizado por primera vez por los entusiastas del vídeo no comercial).

Theora

Theora ha evolucionado desde VP3 codec y ha sido desarrollado posteriormente por la Fundación Xiph.org. **Theora es un códec libre de regalías y no está cubierto por ninguna patente conocida** a menos que la patente original VP3, que fue licenciada libre de regalías. Aunque la norma ha sido "congelado" desde el año 2004, el proyecto Theora (que incluye un codificador de referencia y el decodificador de código abierto) acaba de lanzar la versión 1.0 en noviembre de 2008 y la versión 1.1 en septiembre de 2009.

Los vídeos Theora se pueden incrustar en cualquier formato contenedor, aunque se observa más en Ogg, mayoría de las distribuciones de Linux son compatible con Theora, y Mozilla Firefox 3.5 también incluye soporte nativo para los videos Theora en el contenedor Ogg. Y por "nativos", me dicen ", disponible en cualquier plataforma sin plugins específicos de la plataforma". también puede reproducir videos Theora en Windows o en Mac OS X después de instalar el software de código abierto Xiph.org decodificador.

VP8

VP8 es otro códec de vídeo de **On2**, la misma compañía que desarrolló originalmente la VP3 (Theora más adelante). Técnicamente, se produce una salida a la par con H.264 High Profile, mientras se mantiene una baja complejidad de decodificación a la par con el perfil básico de H.264.

En 2010, Google adquirió On2 y publicó la especificación del códec de vídeo y una muestra del codificador y decodificador de código abierto. Como parte de eso, Google también se "abrió" todas las patentes de On2. VP8 siguió cuando realmente la licencia fue gratuita. Eso es lo mejor que se puede esperar de las patentes. En realidad no se pueden "tirar" o cancelar una vez emitidos. Para que sean de código abierto, una licencia libre de regalías, entonces cualquier persona puede utilizar la tecnología patentada se puede hacer sin pagar nada o negociar licencias. Desde el 19 de Mayo de 2010, **VP8 convirtió el codec libre de regalías moderno y no sujeto a ninguna patente conocida.** Las diferentes patentes de **On2** (ahora Google) se licencian libre de regalías.

Los códecs de audio

Como codecs de vídeo, los **codecs de audio** son algoritmos en el que se codifican los flujos de audio. Cómo los codecs de vídeo, codecs de audio son **con pérdida** y **sin pérdida**. Y como los codecs de vídeo sin pérdida, los audios sin pérdidas son realmente demasiado grandes para incrustar en la web. Así que me concentraré en los códecs de audio con pérdida.

De hecho, es incluso más estrecho que, debido a que están en diferentes categorías de códecs de audio con pérdidas. El audio se utiliza en lugares en los que el vídeo no está (telefonía, por ejemplo) y hay toda una categoría de codecs de audio optimizados para la codificación de voz. Usted no utilizará ninguno de estos codecs para un CD de música, ya que el resultado sería como el canto de un niño de 4 años en un altavoz. Pero lo haría en un Asterix PBX, ya que la banda es preciosa, y estos códecs de voz humana puede comprimir a una fracción del tamaño que los codecs en general. Sin embargo, debido a la falta de soporte en ambos navegadores de plugins nativos o códecs de audio de terceros optimizados para voz, nunca llegó a la web. A continuación me centraré en los codecs de audio de propósito general.

He mencionado anteriormente, cuando "mira un video," el equipo está haciendo por lo menos tres cosas a la vez:

1. Interpretar el formato contenedor
2. Descifrar la secuencia de vídeo
3. Descifrar el flujo de audio y enviar el sonido a los altavoces

Los **codec de audio** decodifican el flujo de audio y la convierten en ondas digitales después de que sus altavoces convierten el sonido. Al igual que los codecs de vídeo, hay todo tipo de trucos para minimizar la cantidad de información almacenada en una secuencia de audio. Y ya que estamos hablando acerca de los codecs de audio **con pérdida,** la información que se pierde durante la grabación $\rightarrow$ $\rightarrow$ codificación decodificación $\rightarrow$ escucha del ciclo de vida. Los diferentes codecs de audio tiran cosas diferentes, pero tienen el mismo objetivo: engañar a sus oídos para no notar las partes que faltan.

Estamos enviando el sonido a los altavoces, ¿no? Bueno, ¿cuántos altavoces tienes? Si usted está sentado frente a una computadora, sólo debe tener dos: uno a la izquierda y otro a la derecha. Mi escritorio tiene tres: a la izquierda, derecha y el otro en el suelo, el llamado del "sonido envolvente". Los sistemas pueden tener seis o más altavoces, colocados estratégicamente por el lugar. Cada altavoz alimenta un **canal** en particular, la grabación original. La teoría es que te puedes sentar en el medio de los seis altavoces, literalmente, rodeado de seis diferentes canales de sonido, y su cerebro los sintetiza y parece que estás en el medio de la acción. Esto funciona? Una industria de miles de millones de dólares parece pensar que sí.

Los codecs de audio pueden manejar sanos propósitos generales de dos canales. Durante la grabación, el sonido se divide en el canal izquierdo y derecho; durante la codificación, ambos canales almacenan el mismo flujo de audio; durante la decodificación, ambos canales se decodifican y cada uno se envía al altavoz apropiado. Algunos codecs de audio pueden manejar más de dos canales, y controlarán qué canal es el que a continuación, el reproductor de audio puede enviar el sonido a través del altavoz derecho a la derecha.

Hay muchos códecs de audio. Le dije que había muchos códecs de vídeo? Olvídelo. Hay decenas y decenas de codecs de audio. Pero en la web, sólo hay que debe saber sobre: **MP3, AAC y Vorbis.**

MPEG-1 Audio Layer 3

MPEG-1 Audio Layer 3 coloquialmente se conoce como "MP3". Si usted nunca ha oído hablar del MP3, no sé qué hacer con usted...

El MP3 puede contener hasta dos canales de sonido. Estos pueden ser codificados en varios **bitrate**: 64 kbps, 128 kbps, 192 kbps, y otra variedad de 32 a 320. Las altas tasas de bits significan archivos de mayor tamaño y de mayor calidad de audio, pero la relación de la calidad precio con la velocidad de bits no es lineal. (128 kbps suena mejor que dos veces 64 kbps, pero 256 kbps no es mejor que dos veces 128 kbps). Además, el formato MP3 permite codificar la tasa de bits variable, lo que significa que algunas partes de la codificación de flujo están más comprimidos que los demás. Por ejemplo, el silencio entre las notas se pueden codificar a una velocidad de bits baja, entonces la tasa de bits puede aumentar en un momento más adelante, cuando varios instrumentos comienzan a tocar un acorde complejo. Los MP3 también pueden ser codificados en un bitrate constante, que, como era de esperar, se llamará para codificar las tasas de bits constantes.

El estándar MP3 no define exactamente cómo codificar los archivos MP3, los diferentes codificadores utilizan diferentes modelos psicoacústicos que producen resultados muy diferentes, pero todos ellos son decodificados por los mismos reproductores. El proyecto de código abierto **LAME** es el mejor codificador, y posiblemente el mejor codificador gratuito, el mejor…menos a velocidades de bits bajas.

El formato MP3 (estandarizado en 1991) está recogido en las patentes, lo que explica por qué Linux no puede reproducir archivos MP3 out-of-the-box. Casi todos los reproductores de música portátiles soportan archivos MP3 y las secuencias de audio MP3 se pueden incrustar en cualquier contenedor de vídeo. Adobe Flash puede empaquetar archivos MP3 y audio MP3 en un contenedor de vídeo MP4.

Advanced Audio Coding

Advanced Audio Coding es conocida como "**AAC**" (Advanced Audio Coding). Estandarizado en 1997, dio un "elevado" auge cuando Apple eligió el MP3 como formato predeterminado para la tienda iTunes. Originalmente, todos los archivos "AAC" "comprados" por la tienda iTunes se cifraban con el esquema DRM propietario de Apple, llamado **FairPlay**. La selección de canciones de la tienda iTunes ya están disponibles como archivos AAC sin protección, lo que Apple llama "iTunes Plus". Derecos de licencia disponibles en línea.

AAC fue desarrollado para promover una mejor calidad de sonido que el MP3 a la misma bitrate, y que pudiera codificar cualquier velocidad de bits de audio. El MP3 se limita a un número fijo de velocidad de bits, con un límite superior de 320 kbps. AAC puede codificar hasta 48 canales de audio, aunque en la práctica nadie lo hace. El formato AAC también difiere de la definición de los múltiples perfiles MP3, al igual que de H.264, por las mismas razones. El perfil de "baja complejidad" está diseñado para ser reproducido en tiempo real en dispositivos con una capacidad limitada de la CPU, mientras que los perfiles superiores ofrecen una mejor calidad a la misma tasa de bits con el precio de la lentitud en la codificación o decodificación.

Todos los productos de Apple actuales, incluyendo iPod, AppleTV y QuickTime son compatibles con ciertos perfiles, tanto en archivos de audio AAC como flujos de audio en un contenedor de vídeo MP4. Adobe Flash admite todos los perfiles de AAC en MP4, al igual que el reproductor de video MPlayer y VLC. Para la codificación, la biblioteca FAAC es la mejor opción de código abierto, ofrece una opción en tiempo de compilación en **ffmpeg** y **mencoder**.

Vorbis

Vorbis también llamado "**Ogg Vorbis**", no está cubierto por ninguna patente conocida y por lo tanto se admite out-of-the-box por la mayoría de las distribuciones de Linux y dispositivos portátiles que ejecutan el software libre Rockbox firmware. Mozilla Firefox 3.5 es compatible con archivos de audio en un contenedor Ogg Vorbis o Ogg vídeos con una pista de audio Vorbis. Los teléfonos Android también pueden reproducir archivos de audio Vorbis. Los flujos de audio Vorbis son generalmente incorporados en un contenedor Ogg o WebM, pero también pueden ser incrustados en un contenedor MP4 o MKV (o, con un poco de piratería, AVI). Vorbis admite un número arbitrario de canales de sonido.

Hay codificadores y decodificadores Vorbis de código abierto, incluyendo OggConvert (Encoder) ffmpeg (Decodificador), aoTuV (Encoder) y libvorbis (Decodificador). También hay componentes QuickTime para Mac OS X y Filtros DirectShow para Windows.

Lo que funciona en la Web

Como se puede ver, el vídeo (y audio) es un tema complicado, pero estoy seguro de que usted se está preguntando cómo se relaciona todo esto con HTML5. Bueno, HTML5 incluye un elemento <**video**> para incrustar el vídeo en una página web. No hay ninguna restricción en el códec de vídeo, el códec de audio o formato contenedor que puede utilizar para su video. Un elemento <**video**> puede tener un enlace a varios archivos de vídeo, y elegir qué navegador reproducirá el primer video. Esto es bueno para usted, ya no tiene porque saber qué navegadores soportan que contenedores o codecs.

Como se ha dicho, este es el panorama de vídeo HTML5:

- **Mozilla Firefox** (3.5 y posteriores) admite vídeo Theora y audio Vorbis en contenedor Ogg .Firefox 4 también soporta WebM.
- **Opera** (10.5 y posterior) soporta Theora video y audio Vorbis en un contenedor Ogg. Opera 10.60 también es compatible con WebM.
- **Google Chrome** (3.0 y posterior) soporta Theora video y audio Vorbis en un contenedor Ogg. Google Chrome 6.0 también es compatible con WebM.
- **Safari** en Mac y PC con Windows (3.0 y superiores) soportará cualquier cosa que **QuickTime** soporte. En teoría, no se puede exigir a sus usuarios instalar plugins de terceros como QuickTime. En la práctica, algunos usuarios están haciendo

esto. Así que se quedan con los formatos compatibles con QuickTime "out-of-the-box". Esta es una lista larga, pero no incluye WebM, Theora, Vorbis, o el contenedor Ogg. Sin embargo, QuickTime proporciona soporte para video H.264 (perfil principal) y audio AAC en un contenedor MP4.

- Los teléfonos como el **iPhone** de Apple y los teléfonos **Android** de Google, soportan el vídeo H.264 (perfil de base) y AAC (perfiles de "baja complejidad") en un contenedor MP4.

- **Adobe Flash** (9.0.60.184 y posteriores) admite vídeo H.264 (todos los perfiles) y audio AAC (todos los perfiles) en un contenedor MP4.

- **Internet Explorer 9** es compatible con todos los perfiles de vídeo H.264 o audio MP3 o AAC en un contenedor MP4. También sirve para reproducir vídeo WebM si se instala una códec de terceros que no está instalado de forma predeterminada en cualquier versión de Windows. El IE9 no es compatible con otros códecs de terceros.

- **Internet Explorer 8** no es compatible con vídeo HTML5 en general, pero prácticamente todos los usuarios de Internet Explorer tienen el plugin Flash. Más adelante en este capítulo, te voy a mostrar cómo utilizar el HTML5 video y generar un retorno en Flash.

Esto debería ser más fácil de digerir con una tabla.

Soporte de codecs de video en los navegadores actualmente

Códec / contenedor	IE	Firefox	Safari	Cromo	Ópera	iPhone	Android
Ogg Theora + Vorbis +	·	3.5 +	†	5.0 +	10.5 +	·	·
H.264 + AAC + MP4	·	·	3.0 +	5.0-? ‡	·	3.0 +	2,0 +
WebM	·	·	†	6.0 +	10.6 +	·	·

* Safari reproducirá todos los formatos de QuickTime. QuickTime viene pre-instalado con soporte para H.264/AAC/MP4. Hay plugins de terceros que tiene soporte instalable para Theora y WebM, pero cada usuario debe instalar estos plugins.

* Google Chrome perderá el soporte a H.264 pronto. Lea acerca de por qué.

Así, el paisaje se verá significativamente diferente con WebM implementado en varios navegadores, estas versiones de navegadores permitirán a WebM dejar de ser experimental, y las actualizarán a los usuarios con las nuevas versiones.

Soporte de codecs de vídeo en los futuros navegadores

Códec / contenedor	IE	Firefox	Safari	Cromo	Ópera	iPhone	Android
Ogg Theora + Vorbis +	·	3.5 +	†	5.0 +	10.5 +	·	·
H.264 + AAC + MP4	9.0 +	·	3.0 +	·	·	3.0 +	2,0 +
WebM	9,0 + *	4.0 +	†	6.0 +	10.6 +	·	2.3 ‡

* Internet Explorer 9 sólo soportará WebM "cuando el usuario haya instalado un códec VP8"Lo que implica que Microsoft no incorporará el códec en el sistema.

* Safari no reproducirá nada que QuickTime puede reproducir, pero QuickTime sólo se admitirá H.264/AAC/MP4 preinstalado.

* Mientras que el soporte de Android 2.3 a WebM, habrá descodificadores de hardware, por lo que la duración de la batería es una preocupación.

Y ahora para el golpe definitivo:

Curiosidad

Hay combinaciones únicas de contenedores y códecs que funcionan en todos los navegadores HTML5.

Y eso no va a cambiar en el futuro cercano.

Para hacer que el vídeo se deje ver a través de todos estos dispositivos y plataformas, es necesario codificar el vídeo más de una vez.

Para conseguir la máxima compatibilidad, aquí está el flujo de trabajo con la que el vídeo deberá trabajar.

1. Hacer una versión que utiliza WebM (VP8 + Vorbis).
2. Haga otra versión que utiliza líneas de base H.264 video y audio AAC "baja complejidad" en un contenedor MP4.
3. Haga otra versión que utiliza Theora video y audio Vorbis en un contenedor Ogg
4. Vincular los tres archivos de vídeo de un solo elemento <video>, y un "retorno" de un reproductor de vídeo flash.

Problemas de licencia con el vídeo H.264

Antes de continuar, tengo que señalar que hay un coste al codificar el vídeo dos veces. Bueno, hay un coste obvio, hay que codificar el vídeo en dos ocasiones, que consume más tiempo de computadora que si se hace sólo una vez. Pero hay otros costes reales asociados a los productos con el vídeo H.264: los costes de las licencias.

Recuerda cuando le expliqué el Vídeo H.264, y ¿mencioné que el códec de vídeo tiene licencias incrustadas y que fueron rotas por el consorcio **MPEG LA**. Esto termina siendo algo importante. Para entender por qué esto es importante, voy a dirigirme al laberinto de las licencias H.264:

MPEG LA divide la cartera de licencias H.264 en dos sub-licencias: una para los fabricantes de codificadores y decodificadores, y la otra a los distribuidores de contenidos. …

El sub-licenciar del lado de los distribuidores está subdividido en cuatro categorías principales, dos de ellas (las suscripciones y la compra del título por título o del uso remunerado) están relacionados con el hecho de que el usuario final paga directamente por el servicio de video, y dos de ellas (de televisión "gratis" y el broadcast de internet) están obligados a pagar por otras fuentes que no sean el espectador final. …

La licencia para la televisión "libre" se basa en una de las dos opciones de royalties. El primero es un pago de $ 2,500 por transmisión codificada AVC, que cubre un codificador AVC "utilizado por o en nombre de la licencia de emisión para el video AVC para el usuario final" que es quien lo decodifica y lo ve. Si usted se pregunta si se trata de una doble carga, la respuesta es sí: El canon ya fu cobrada en el codificador fabricado, y la emisión se desplazará una de las dos opciones para pagar las royalties.

La segunda es una cuota anual de concesión de licencias. La emisión anual se divide por el tamaño de la audiencia:

- $ 2.500 al año por emisiones de mercado para hogares con televisión 100,000-499,999
- $ 5,000 por año por emisiones de mercado para hogares con televisión 500,000-999,999
- $ 10,000 al año por emisiones de mercado para 1.000.000 o más hogares con televisión

Como he mencionado antes, las tasas de participación son aplicables para cada entrega de contenido. Después de establecer que la televisión "gratis" significa algo más que "over-the-air", MPEG LA comenzó a fijar los derechos de licencia para la transferencia a través de Internet, "el video AVC que se entrega en todo el mundo para que el usuario final no pague por el derecho a recibir o ver". En otras palabras, cualquier transmisión pública, es "over-the-air", cable, satélite o Internet están sujetos a las tasas de participación. ...

Las tarifas son potencialmente más altas para las transmisiones de Internet, tal vez a sabiendas de que la entrega a través de Internet va a crecer mucho más rápido que la OTA o la televisión por cable o satélite "gratis". Añadiendo a la televisión "gratis" las tasas del mercado de la transmisión juntas con una tasa adicional. MPEG LA se aseguró un respiro durante el tiempo de la primera licencia, que terminó el 31 de Dic de 2010 y tenga en cuenta que "después de los primeros los royalties será más que el equivalente económico de las royalties pagados durante el mismo tiempo de televisión gratis".

El MPEG LA anunció que el streaming de Internet no se cobrará. Que no significa que H.264 sea libre de royalties para todos los usuarios, en particular, los codificadores (como el que procesa el video para subir a YouTube) y codificadores (como la incluida en Microsoft Internet Explorer 9) siguen siendo cuestiones de derechos de licencia.

Codificación de vídeo

Hay muchas herramientas para la codificación de vídeo, y hay un montón de opciones de codificación de vídeo que afectan a su calidad. Si usted no desea tomar el tiempo de conocer nada acerca de la codificación de vídeo, esta sección es para ti.

Miro Video Converter es el programa de código abierto para la codificación de vídeo en múltiples formatos con licencia **GPL**. Puede descargarlo gratuitamente para Mac OS X o Windows. Es compatible con todos los formatos de salida mencionados en este capítulo. No ofrece más soluciones que simplemente elegir un archivo de vídeo y seleccionar un formato de salida. Puede recibir prácticamente cualquier archivo de vídeo como entrada, incluyendo el vídeo DV producido por las videocámaras. Produce una salida con una calidad razonable como la mayoría de los vídeos. Debido a su falta de opciones, si usted no está satisfecho con el resultado, ya no tiene recursos más allá de probar otro programa.

Para empezar, simplemente inicie la aplicación Miro Video Converter.

Pantalla principal Miro Video Converter

Haga clic en "**Choose File**" y seleccionar el vídeo que desea
codificar.

"**Choose File**"

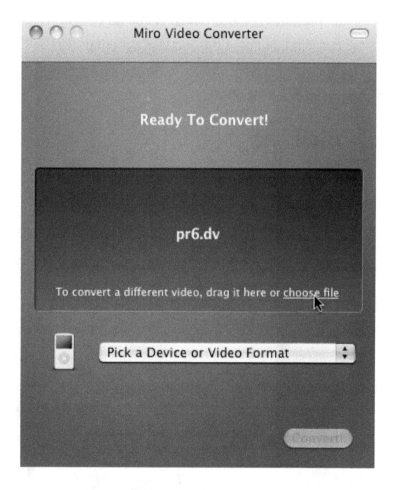

El menú desplegable "Seleccione un dispositivo o un formato de
vídeo" lista una variedad de dispositivos y formatos. De los cuales, tres
son interesantes:

1. **WebM (VP8)** es el vídeo WebM (VP8 vídeo y Vorbis audio en un contenedor WebM).

2. **Theora** es Theora vídeo y audio Vorbis en un contenedor Ogg

3. **iPhone** es Perfil básico H.264 de vídeo y Audio AAC de baja complejidad en un contenedor MP4.

Primero seleccione "**WebM**".

Elija el **WebM (vp8)**

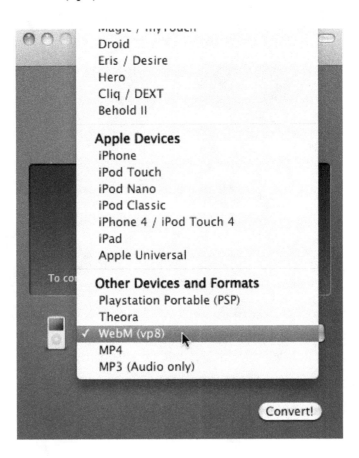

Haga clic en el botón **"Converting"** y el Miro Video Converter comenzará inmediatamente la codificación de vídeo. El archivo de salida será nombrado **ARCHIVOFUENTE.webm** y será guardado en el mismo directorio de la fuente de vídeo.

Se quedará un rato mirando esta pantalla...

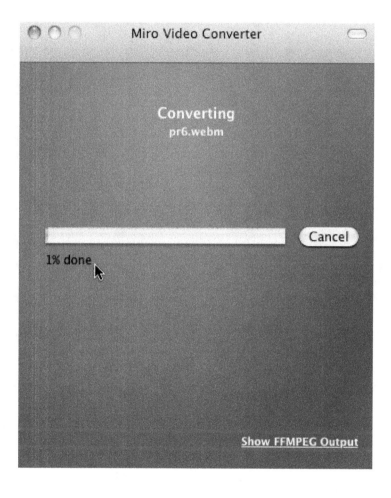

Una vez que el código se haya completado, se le enviará de vuelta a la pantalla principal. Esta vez, seleccione **"Theora"** en la lista de dispositivos y formatos.

Tiempo de **Theora**

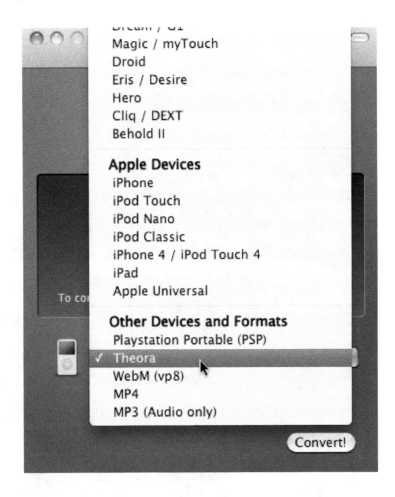

Es decir, presionar el botón "Converting" de nuevo para codificar el vídeo Theora. El vídeo se llama **ARCHIVOFUENTE.theora.ogv** y se guardará en el mismo directorio que el archivo de origen.

Ahora esperamos un …buen rato.

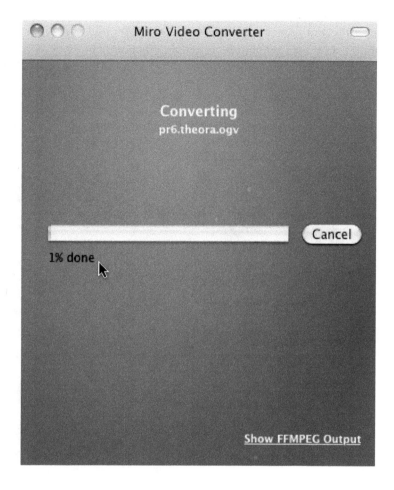

Por último, vamos a codificar el vídeo con H.264 compatible con iPhone. Seleccionamos **"iPhone"** en la lista de dispositivos y formatos.

iPhone, iPhone 4

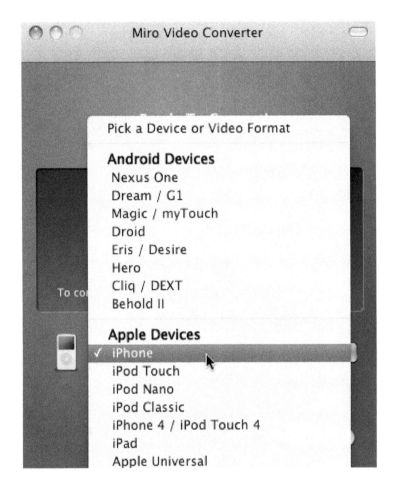

Para el vídeo Compatible con iPhone, Miro Video Converter le dará la opción de enviar el archivo codificado a tu biblioteca de iTunes. No tengo ninguna opinión sobre esto, si usted desea hacer esto, hágalo, pero esto no es necesario para publicar vídeos en la Web.

Yo No lo envíe a iTunes

Pulse el botón mágico "Converting" y a esperar. El archivo codificado se llamará **ARCHIVOFUENTE.iphone.mp4** y será guardado en el mismo directorio que el archivo de origen.

Ahora esperamos …otro buen rato

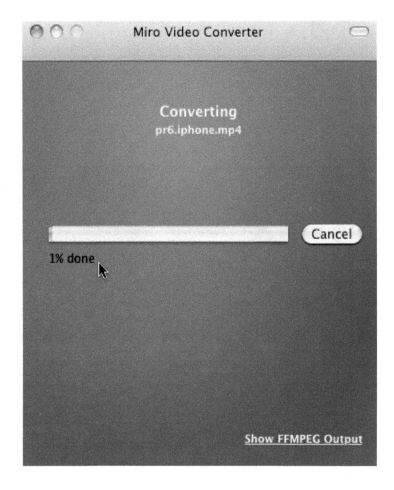

Usted debe tener tres archivos de vídeo junto con el archivo de vídeo de origen. Si está satisfecho con la calidad del video, vaya a ver la marcación para ver cómo montar en un elemento solo **<vídeo>** que funcione a través del navegador.

Codificación de vídeo Ogg con Firefogg

En esta sección, voy a utilizar "**video Ogg**" como forma abreviada de "**Theora video y audio Vorbis en un contenedor Ogg**". Esta es la combinación de codecs + contenedores que se ejecutan de forma nativa en Mozilla Firefox y Google Chrome.

Firefogg es una extensión de código abierto de Firefox, es video con licencia GPL para codificar Ogg. Para utilizar esto, usted tendrá que instalar Mozilla Firefox 3.5 o superior, y visite la página firefogg.org.

Inicio Firefogg

Haga clic en **"Install Firefogg"**. Firefox le preguntará si realmente
desea que el sitio web le instale una extensión. Haga clic en
"Permitir" para continuar.

Permitir la instalación de Firefogg

Firefox mostrará la ventana del software estándar de instalación.
Haga clic en **"Install"** para continuar.

Instale Firefogg

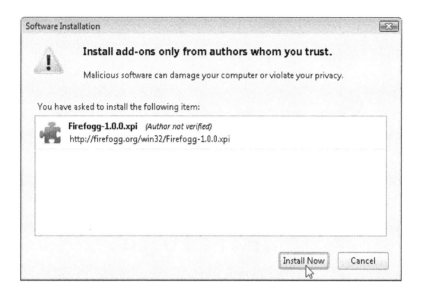

Haga clic en **"Reiniciar Firefox"** para completar la instalación.

Reiniciar Firefox

Después de reiniciar Firefox, firefogg.org confirmará que Firefogg se ha instalado correctamente.

Instalación completada con éxito

Haga clic en "**Make Ogg Video**" para iniciar el proceso de codificación.

Vamos a crear un video

Haga clic en "**Seleccionar archivo**" para seleccionar la fuente de vídeo.

Seleccione el archivo de vídeo

Firefogg tiene seis "**fichas**":

1. **Predefiniciones**. Una predefinición por defecto es "vídeo web," lo que es bueno para nuestro propósito.

2. Limite de Codificación. Codificar vídeo puede tardar mucho tiempo. Cuando estás empezando, es posible que desee cifrar sólo partes del vídeo, como los primeros 30 segundos, hasta que encuentre la combinación de ajustes que te gusta.

3. Calidad básica y control de la resolución. Aquí es donde están las opciones más importantes.

4. Metadatos. No voy a hablar de esto aquí, pero usted puede añadir metadatos a su codificador de vídeo, como el título y el autor. Probablemente usted ha añadido metadatos a

su colección de música con iTunes o algún otro gestor de música. Es la misma idea.

5. Control de codificación de vídeo avanzadas. No se meta con esto a menos que sepas lo que estás haciendo. Firefogg ofrece ayuda interactiva en la mayoría de estas opciones. Haga clic en el símbolo "**i**" al lado de cada opción para obtener más información al respecto.

6. Control de codificación avanzada de audio. Una vez más, no te metas con esto a menos que sepas lo que estás haciendo.

La única opción que voy a cubrir está sobre la mesa "Calidad básica y control de la resolución" ya que contiene todas las opciones importantes:

- Calidad de vídeo. Se mide en una escala de 0 (calidad más baja) a 10 (la más alta calidad). Los números más altos significan mayores tamaños de archivo, por lo que tendrá que experimentar para determinar la mejor relación tamaño / calidad que cubra sus necesidades.
- Calidad de audio. Se mide en una escala de 1 (menor calidad) a 10 (la más alta calidad). Los números más altos significan mayores tamaños de archivos, de igual manera que la configuración de calidad de vídeo.
- Video Codec. Siempre debe ser "Theora"
- Códec de audio. Siempre debe ser "Vorbis"
- Anchura y longitud del vídeo. Este es el ancho estándar actual y la duración de la fuente de vídeo. Si desea cambiar el tamaño del vídeo durante la codificación, puede cambiar la anchura (o longitud) aquí. Firefogg ajustará automáticamente las otras dimensiones para mantener las proporciones originales, para que su vídeo no termine ni estirado ni arrugado.

En este ejemplo, voy a cambiar el tamaño del vídeo a la mitad del tamaño original de su ancho. Observe cómo Firefogg ajusta automáticamente la longitud.

Ajuste de longitud y anchura de vídeo

Una vez ampliada con todos los botones, haga clic en "**Guardar Ogg**" para comenzar el proceso de la codificación actual. Firefogg le preguntará por un nombre de archivo para el vídeo codificado.

"Guardar Ogg"

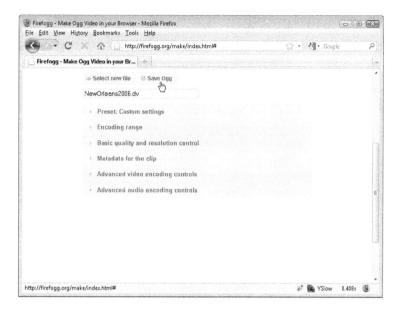

Firefogg mostrará una agradable barra de progreso mientras se codifica el vídeo. Todo lo que tienes que hacer es esperar (y esperar y esperar).

Proceso de codificación

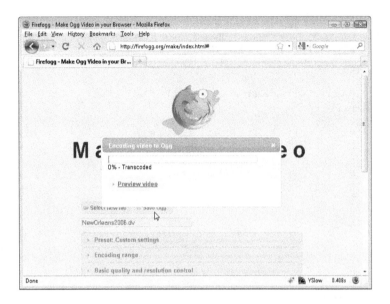

Codificación por lotes de video Ogg con ffmpeg2theora

Al igual que en la sección anterior, en esta voy a usar "video Ogg" como un acortamiento del "Theora video y audio Vorbis en un contenedor Ogg". Esta es la combinación de codecs + contenedores que funciona de forma nativa en Mozilla Firefox y Google Chrome.

Si usted está buscando una codificación de archivos de vídeo por lotes de varios Ogg y desea automatizar el proceso, debería echar un vistazo a **ffmpeg2theora**.

El **ffmpeg2theora** es una aplicación para la codificación de vídeo Ogg de licencia GPL y código abierto. Los binarios precompilados están disponibles para Mac OS X, Windows y las distribuciones modernas de Linux. Éste puede elegir prácticamente cualquier tipo de archivo como entrada, incluyendo el vídeo DV producido por cámaras simples, no profesionales.

Para utilizar ffmpeg2theora, es necesario llamar a la línea de comandos. En Mac OS X, abra Aplicaciones → Utilidades → Terminal. En Windows, abra el menú Inicio → Programas → Accesorios → Símbolo del sistema.

El ffmpeg2theora tiene varios parámetros de línea de comandos pero solamente me centraré en tres de ellos.

- **--video-quality Q**. Donde "Q" es un número entre 0-10.
- **--audio-quality Q**. Donde "Q" es un número entre -2-10.
- **--max_size=WxH**. Donde "W" y "H" son la máxima anchura y la altura que desee para el vídeo (la "x" entre ellos es realmente sólo la letra "x"). El ffmpeg2theora cambia el tamaño del vídeo proporcionalmente para adaptarse a estas dimensiones, por lo que se espera que el vídeo codificado a ser menor que W × H. Por ejemplo, la realización codifica un vídeo de720 × 480 con un tamaño

máximo - **max_size** de 320x240 que producirá un archivo que es de 230 × 213.

Así, es como debe codificar un video con la misma configuración que utilizamos en la sección anterior (codificación **Firefogg**).

you@localhost$ ffmpeg2theora --videoquality 5

--audioquality 1

--max_size 320x240

pr6.dv

El vídeo codificado se guardará en el mismo directorio que el archivo de vídeo original con la extensión .Ogv. Puede especificar una ubicación diferente y / o un nombre diferente pasando los siguientes parámetros **--output=/path/to/encoded/video** para ffmpeg2theora.

Codificación de vídeo H.264 con HandBrake

En esta sección, voy a utilizar "video H.264" como una abreviatura de "Establecer las especificaciones y perfiles del perfil de vídeo H.264 y audio AAC de baja complejidad en un contenedor MPEG-4". Esta es la combinación de los codificadores + contenedores que se ejecutan de forma nativa en Safari, Adobe Flash, iPhone y dispositivos con Android de Google.

Retomando los problemas de licencia. La forma más fácil de codificar un vídeo con el H.264 es **HandBrake**. **HandBrake** es una aplicación para la codificación H.264 de código abierto, con licencia GPL, las versiones anteriores también realizaban codificaciones con otros formatos de vídeo, pero en la última versión los desarrolladores decidieron retirar su soporte a la mayoría de los formatos y centraron todos sus esfuerzos en H.264. La binarios precompilados están disponibles para Windows, Mac OS X y las distribuciones modernas de Linux.

HandBrake tiene dos versiones: la línea gráfica y de comandos. Voy a hacer una interfaz gráfica paso a paso, y luego veremos cuáles son los ajustes recomendados para la versión traducida de la línea de comandos.

Después de abrir la aplicación HandBrake lo primero que debe hacer es seleccionar la fuente de vídeo. Haga clic en el menú desplegable **"Source"** y seleccione el botón **"Video File"** para seleccionar un archivo. HandBrake puede elegir teóricamente cualquier archivo de vídeo como fuente, incluyendo el vídeo DV producido por las cámaras sencillas.

Seleccione la fuente de vídeo

HandBrake se queja de que no se ha establecido un directorio predeterminado para guardar los archivos codificados. Puede pasar por alto esta advertencia y abra la ventana de opciones (en el menú **"Herramientas"**) y establecer el directorio de salida por defecto.

Ignorarlo

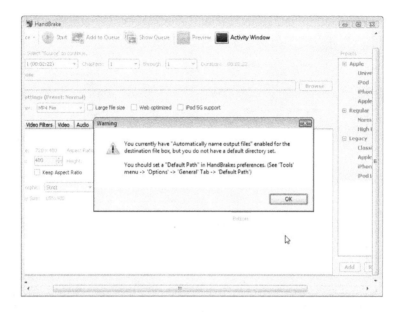

En el lado derecho hay una lista de **presets**. Seleccione el "**iPhone & iPod Touch**" y se configurarán la mayor parte de las opciones que necesitará.

Seleccione el iPhone por defecto

Una opción importante, que está desactivada por defecto, es la de
"Web optimized". Al seleccionar esta opción los metadatos del vídeo
codificado se reordenan, para que puedas ver el principio del video,
mientras que el resto se está descargando en segundo plano.
Recomiendo siempre marcar esta opción. No afecta a la calidad o el
tamaño de archivo de vídeo codificado, así que no hay razón para no
utilizarlo.

Siempre optimizar para web

En la pestaña "**Image**" puede ajustar la altura y la anchura máxima de vídeo codificado. También debe seleccionar la opción "**Keep Aspect Ratio**" para asegurarse de que el HandBrake no se expandirá ni estirará el vídeo mientras cambia el tamaño.

Configure la anchura y la altura

En la pestaña "**Video**" puede configurar cuatro opciones
importantes.

- **Video Codec**. Asegúrese de que es "H.264 (x264)"
- **Codificación en dos pasos**. Si se selecciona esta
opción, el HandBrake ejecutará el doble de codificación de
vídeo. Al principio, esta analizará el video, buscando cosas
como el difuminado, detener el movimiento y la escena. La
segunda vez es la que realmente el vídeo codificará utilizando
la información obtenida durante el primer tiempo. Como era de
esperar, se tarda el doble de tiempo en codificar en un solo
paso, pero el resultado es una mejor calidad de vídeo sin
aumentar el tamaño del archivo. Siempre puedo habilitar la
codificación en dos pasos H.264. A menos que usted esté

haciendo la esta codificación de videos para YouTube durante las 24 horas del día, probablemente tendrá que usar la codificación en dos pasos.

- **Primer pase turbo**. Después de habilitar el cifrado en dos pasos, es posible recuperar a la vez que se permite el " primer pase turbo". Esto reducirá la cantidad de trabajo realizado en el primer paso (análisis de vídeo), mientras que degrada ligeramente la calidad. Por lo general puedo habilitar esta opción, pero si la calidad es lo más importante para usted, usted debe dejar deshabilitada.

- **Calidad**. Hay diferentes maneras de especificar la "calidad" de sus videos codificados. Puede configurar el tamaño final del archivo y HandBrake hará lo mejor para el vídeo codificado no sea mayor de lo que define. Puede establecer el promedio de la "tasa de bits", que es, literalmente, el número de bits necesarios para almacenar un segundo valor del vídeo codificado (esto se llama el "medio" de la tasa de bits por unos segundos que requerirán más bits que los demás). O bien, puede especificar una calidad constante en una escala de 0 a 100%. Los números más altos se traducirán en una mejor calidad, pero los archivos serán más grandes. Sólo hay una respuesta correcta a la calidad que debe utilizar.

Curiosidad

¿Puedo usar codecs en en la codificación de dos pasos de vídeo Ogg?

Sí, pero debido a diferencias fundamentales en el funcionamiento del codificador, es probable que no necesite hacerlo. De loos códecs H.264 en dos pasos casi siempre resultan vídeos de mayor calidad. Ogg Codecs en dos pasos de vídeos Ogg sólo es útil si está tratando de obtener un vídeo codificado que tenga un tamaño específico. Tal vez esto es algo en lo que usted este interesado, pero no es lo que se muestra en estos ejemplos, y probablemente no vale la pena el tiempo extra de codificación del video. Para obtener la mejor calidad de vídeo Ogg, utilice la configuración de calidad de vídeo, y no se preocupe acerca de los codecs en dos pasos.

En este ejemplo, he elegido una velocidad media de 600 kbps, que es bastante alta para un video codificado a 320x240. Más adelante en este capítulo, voy a mostrar un ejemplo de vídeo codificado a 200 kbps. También recogí codecs en dos pasos con el primer paso **"Turbo"**.

Las opciones para la calidad de vídeo

En la pestaña "**Audio**", es probable que no tenga que cambiar nada. Si su fuente de vídeo tiene varias pistas de audio, es posible que tenga que seleccionar la que desee en el video. Si el vídeo es todo un discurso personal (en contraposición a la música genérica o sonidos ambientales), es probable que pueda reducir la tasa de bits de 96 kbps para audio o algo así. Por otro lado, el preset por defecto que se hereda el "iPhone" debe ser bueno.

Las opciones en la calidad de audio

A continuación, haga clic en el botón **"Examinar"** para elegir el nombre del directorio y de archivo para guardar el vídeo codificado.

Establezca el destino y el nombre del archivo

Por último, haga clic en **"Start"** para comenzar la codificación.

Vamos a hacer algunos videos

HandBrake mostrará el progreso estadística mientras codificación de vídeo.

Mucha Paciencia

Lote Codificación H.264 de vídeo con HandBrake

(Al igual que en el apartado anterior, en esta sección voy a utilizar "H.264 Video" como forma abreviada de "perfil básico H.264 video y audio AAC de baja complejidad en un contenedor MP4". Esta es la combinación de codecs + contenedor que funciona de forma nativa en Safari, Adobe Flash, iPhone y dispositivos Android).

HandBrake también viene en una edición en la línea de comandos. Tal como ffmpeg2theora, la edición de línea de comandos HandBrake ofrece una increíble variedad de opciones, pero me centraré en sólo algunas:

- - Preset "X", Donde "X" es el nombre del handBrake estándar. La memorización que desee para el vídeo H.264 en la web se llama "iPhone" y "iPhone Touch", y es importante poner el nombre entre comillas.
- - width W. Donde "W" es el ancho del vídeo codificado. HandBrake lo ajusta automáticamente para mantener la relación de aspecto original del video.
- - Vb Q, Donde "Q" es la tasa de bits media (medido en kilobits por segundo).
- - Two-pass. Capacita la codificación en dos pasos.
- - Turbo. Capacita primer pase turbo para la codificación en dos pasos.
- - input F. Donde "F" es el nombre de su fuente de vídeo.

- - output E. Donde "E" es el destino para el vídeo codificado.

He aquí un ejemplo de una llamada al HandBrake en la línea de comandos con las marcas de la línea de comandos que se encuentran en los valores que elegimos con la versión gráfica del HandBrake.

you@localhost$ HandBrakeCLI --preset "iPhone y iPod Touch"

--width 320

--vb 600

--two-pass

--turbo

--input pr6.dv

--output pr6.mp4

De arriba a abajo, éstos se ejecutan con los HandBrake presets **"iPhone & iPhone Touch"**, cambiar el tamaño del vídeo a 320x240, ajustar la velocidad promedio a 600 kbps, permite la codificación en dos pasos con el primer pase turbo, lee el archivo PR6. dv, y lo codifica como **pr6.mp4**.

Codificación de vídeo WebM con ffmpeg

WebM es totalmente compatible con **ffmpeg** 0.6 +. En la línea de comandos, ejecute **ffmpeg** sin parámetros y compruebe que se ha compilado con soporte VP8:

you@localhost$ ffmpeg

FFmpeg version SVN-r23197, Copyright (c) 2000-2010 the FFmpeg developers

  built on May 19 2010 22:32:20 with gcc 4.4.3

   configuration: --enable-gpl --enable-version3 --enable-nonfree --enable-postproc --enable-pthreads --enable-libfaac --enable-libfaad --enable-libmp3lame --enable-libopencore-amrnb --enable-libopencore-amrwb --enable-libtheora --enable-libx264 --enable-libxvid --enable-x11grab --enable-libvorbis --enable-libvpx

Si no ves las palabras mágicas **"- enable-libvorbis"** y **"- enable-libvpx"**, es que no tiene la versión correcta de ffmpeg. Si ha compilado con ffmpeg, asegúrese de que hay dos versiones instaladas. **Tranquilo**, que no entran en conflicto entre sí. Sólo tiene que utilizar la ruta completa de la versión de **ffmpeg** del **VP8**.

Voy a hacer una codificación de dos pasos. **Paso 1**, sólo para comprobar el archivo de vídeo insertado **(pr6.dv-i)** y escribimos algunos datos en el archivo de registro que se ha auto-nombrado

pr6.dv-0.log. Que especifique el códec de vídeo con la opción -**vcodec**:

you@localhost$ ffmpeg -pass 1 -passlogfile pr6.dv -threads 16 -keyint_min 0 -g 250 -skip_threshold 0 -qmin 1 -qmax 51 -i pr6.dv -vcodec libvpx -b 614400 -s 320x240 -aspect 4:3 -an -y NUL

La mayor parte de la línea de comandos de ffmpeg no tiene nada que ver con **VP8** y **WebM**. **libvpx** soporta un número de opciones específicas de VP8 que se pueden pasar a ffmpeg, pero todavía no sé cómo trabajar con ellas. Una vez que encuentre una buena explicación acerca de ellas, las incluiré en la siguiente versión de este libro.

Paso 2, ffmpeg leerá las estadísticas que fueron escritos durante el primer pase al codificar el vídeo y el audio. Escribirá un archivo .**WebM**.

you@localhost$ ffmpeg -pass 2 -passlogfile pr6.dv -threads 16 -keyint_min 0 -g 250 -skip_threshold 0 -qmin 1 -qmax 51 -i pr6.dv -vcodec libvpx -b 614400 -s 320x240 -aspect 4:3 -acodec libvorbis -y pr6.webm

Hay cinco parámetros importantes aquí:

* -Vcodec libvpx. Especifica que se está codificando el códec de vídeo VP8. Siempre usa vídeo WebM VP8.
* -b 614400. Especifica la velocidad de bits. A diferencia de otros formatos **libvpx** espera que sea la misma velocidad de

bits en bits, no kilobits. Si desea un vídeo de 600 kbps, multiplique 600 por 1024 y tiene 614.400.

- -s 320x240. Especifica el tamaño deseado, la anchura por la altura.

- -Aspect 04:03. Especifica la proporción del vídeo. El vídeo de definición estándar suele ser 4:3, pero los videos más alta definición son 16:9 o 16:10. En mis pruebas, descubrí que tengo que especificarlo explícitamente en la línea de comandos en lugar de utilizar el ffmpeg para auto-detectar.

- -Acodec libvorbis. Especifica que estamos codificando con el códec de audio **Vorbis**. **WebM** siempre utiliza audio Vorbis.

Curiosidad

Estoy seguro de que esto iba a ser un libro sobre HTML. ¿Y dónde están las marcas?

HTML5 le ofrece dos maneras de incluir el vídeo en su página web. Ambos implican el elemento <**video**>. Si sólo tiene un archivo de vídeo, sólo tiene que crear un link a este con el atributo **src**. Esto es muy similar a incluir un vídeo con una etiqueta <**img src=".."**>.

Un archivo de vídeo

<**video src="pr6.webm"**> </ **video**>

Técnicamente, esto es todo lo que necesita. Pero como **<img>**, siempre podrá incluir atributos de anchura y altura a sus etiquetas **<video>**. Los atributos de anchura y altura pueden ser los mismos atributos de anchura y altura que especificó como máxima durante el proceso de codificación. No se preocupe si una de las dimensiones del video es un poco más pequeña que eso. Su navegador se centrará en el video dentro de la caja definida por **<video>**. Nunca será ni estirado o ni aplastado fuera de proporción.

<video src="pr6.webm" width="320" height="240"> </ video>

De forma predeterminada, el elemento no se expondrá a que ningún reproductor controle el **<video>**. Usted puede crear sus propios controles con HTML, CSS y JavaScript. El elemento **<video>** tiene métodos como **play ()** y **pause ()** y la propiedad de lectura / escritura denominado **currentTime**. También hay propiedades de lectura / escrita como **volume** y **muted**. Así que realmente tiene todo lo necesario para crear su propia interfaz.

Si usted no quiere construir su propia interfaz, puede decirle al navegador que muestre los controles preestablecidos. Para ello, sólo se incluirá la tag **controls** en su elmento **<video>.**

<video src="pr6.webm" width="320" height="240" controls> </ video>

Hay otros dos atributos opcionales que quiero mencionar antes de seguir adelante: el **preload** y el **autoplay**. No mate al mensajero, permítanme explicar por qué son útiles. El atributo **preload** indica al navegador que desea empezar a descargar el archivo de vídeo tan pronto como se carga la página. Esto tiene sentido si el único propósito de la página es una pantalla de vídeo. Por otro lado, es un material complementario que pocos visitantes podrán ver, a continuación, se puede establecer el **preload** en **none** para indicar al navegador que minimice el tráfico de red.

He aquí un ejemplo de un vídeo que comenzará a descargar tan pronto como se carga la página:

```
<video src="pr6.webm" width="320" height="240" preload>
</ video>
```

Y aquí está un ejemplo de un video que no se inicia la descarga tan pronto como se carga la página:

```
<video src="pr6.webm" width="320" height="240"
preload="none"> </ video>
```

El atributo **autoplay** hace exactamente lo que parece: indica al navegador que desea empezar a descargar el video tan pronto como se carga la página, y que le gustaría comenzar a reproducir el video lo más pronto posible. Algunas personas lo aman, otros lo odian. Pero permítanme explicar por qué es importante contar con este tipo de atributo en HTML5. Algunas personas quieren que sus vídeos se reproduzcan automáticamente, incluso si eso molestar a sus visitantes. Si HTML5 no definiera una forma estándar para reproducir automáticamente un video, la gente recurriría a JavaScript para hacerlo de todas maneras. Por ejemplo, llamar a la tag del vídeo **play()** durante el evento de la ventana **load**. Esto podría ser muy difícil que los usuarios lo contrarrestaran. Por otra parte, basta con añadir una extensión para el navegador (o escribir una si es necesario) para decir "ignorar el atributo **autoplay**, no quiero volver a ver los vídeos se reproducen automáticamente".

He aquí un ejemplo de un vídeo que comenzará a descargar y a reproducirse tan pronto como sea posible después de la carga de la página:

```
<video src="pr6.webm" width="320" height="240" autoplay> </
video>
```

Y aquí está una secuencia de comandos de **Greasemonkey** que puede instalar localmente en el Firefox para predefinir que el vídeo HTML5 no se reproduzca automáticamente. Se utiliza el atributo de reproducción automática DOM definido en HTML 5, que es equivalente a la reproducción automática de su atributo de formato HTML. [**disable_video_autoplay.user.js**]

```
// Script

// @name        desahabilita el video autoplay

// @namespace    http://diveintomark.org/projects/greasemonkey/
```

```
// @descripcion    asegura que los elementos video HTML5 no
hagan

// autoplay

// @include

// ==/Script==


var arVideos = document.getElementsByTagName('video');

for (var i = arVideos.length - 1; i >= 0; i--) {

    var elmVideo = arVideos[i];

    elmVideo.autoplay = false;

}
```

Pero espere un segundo... Usted habrá visto a lo largo de este capítulo, que no sólo existe un archivo de vídeo, tiene tres. Uno de ellos es el **.Ogv** creado con Firefogg o ffmpeg2theora. El segundo es el **.Mp4** creado con HandBrake. El tercero es el **.WebM** creado con ffmpeg. HTML5 ofrece una manera de crear vínculos los tres: con el elemento <**source**>. Cada elemento <**video**> puede contener más de un elemento <**source**>. Su navegador tendrá una lista de vídeos, en orden, y reproducirá sólo el primero que esté habilitado para ello.

Esto plantea otra pregunta: ¿cómo sabe el navegador que video elegir? Bueno, en el peor de los casos, se carga cada uno de los videos e intenta cambiar entre ellos. Sin embargo, esta es una tremenda pérdida de ancho de banda. Usted ahorrará una gran cantidad de tráfico de red si le dice primero al navegador de cada vídeo. Esto se dice con el atributo **type** en el elemento **<source>**.

Aquí está:

Tres. Los archivos de vídeo

<video width="320" height="240" controls>

  <source src="pr6.mp4" type='video/mp4; codecs="avc1.42E01E, mp4a.40.2"'>

  <source src="pr6.webm" type='video/webm; codecs="vp8, vorbis"'>

  <source src="pr6.ogv" type='video/ogg; codecs="theora, vorbis"'>

</video>

Vamos a descomponerlo. El elemento **<video>** especifica la anchura y la altura del video, pero no lo vincula a un archivo de vídeo. En el interior del elemento **<video>** existen 3 elementos **<source>**. Cada elemento **<source>** hace link a un archivo de vídeo (con el atributo **src**), y también da información sobre el formato de vídeo (el atributo **type**).

El atributo **type** se ve complicado… y es complicado. Hay una combinación de tres tipos de información: el formato de contenedor, el códec de vídeo, y codec de audio. Vamos a empezar en la parte inferior. Para el archivo de video .Ogv, el formato contenedor de Ogg está representado por **video/ogg**. Técnicamente hablando, este es el **MIME type** para los archivos de vídeo Ogg). El codec de video codec es Theora, y el codec de audio codec es Vorbis. Es bastante simple, salvo por el formato del valor del atributo que parece un poco extraño. El valor propio Sí se debe incluir en las marcas para las cotizaciones, lo que significa que usted tiene que utilizar un tipo diferente para marcar citas para cualquier valor.

```
<source src="pr6.ogv" type='video/ogg; codecs="theora, vorbis"'>
```

WebM es prácticamente lo mismo, pero con un tipo MIME diferente (**video/WebM** en vez de **video/ogg**) y el códec de vídeo diferente (VP8 lugar de Theora) que figura en los códecs de parámetros.

```
<source src="pr6.webm" type='video/webm; codecs="vp8, vorbis"'>
```

H.264 video es aún más complicado. ¿Recuerdas cuando dije que tanto Vídeo H.264 como AAC puede venir con diferentes "perfiles"?

codificamos con el perfil "de referencia" del perfil H.264 y de "baja complejidad" de AAC, cuando participó en un contenedor **MPEG-4**. Toda la información se incluye en el atributo **type**.

```
<source src="pr6.mp4" type='video/mp4;
codecs="avc1.42E01E, mp4a.40.2"'>
```

La ventaja de ir a través de todos estos problemas es que el navegador obtendrá primero el atributo **type** para poder reproducir un archivo de vídeo en particular. Si un navegador decide que no puede reproducir un vídeo en concreto, no se presentará el archivo de descarga. Ni siquiera una parte de ella. Usted ahorrará ancho de banda, y sus visitantes verán el video que vinieron a ver, más rápido.

Si usted sigue las instrucciones de este capítulo para codificar sus vídeos, puede simplemente copiar y pegar los valores de los atributos de este tipo de instancia. O de lo contrario.

Curiosidad

Los iPads con iOS 3.x tienen un error que impide que informen otra cosa que la primera fuente de vídeo en la lista. En el iOS 4 se corrige este error. Si desea entregar el vídeo a los usuarios de iPad que no se han actualizado a iOS 4, que tendrá que incluir el archivo MP4 en primer lugar, seguido de los formatos de vídeo de forma gratuita.

Tipos MIME

Hay muchas piezas en el rompecabezas del video. Pero es importante, ya que una configuración incorrecta en un servidor web puede dar lugar a un incontable número de frustraciones al intentar depurar errores por qué el vídeo reproduce de forma local en su computadora, pero falla al intentar reproducirlo al realizar el despliegue en el sitio web de producción. Si se encuentra con este problema, la causa principal es, probablemente los **MIME type**.

En este libro ya hemos hablado de la historia de los MIME type. Pero probablemente fue sin darle la debida importancia.

Curiosidad

Los archivos de video deben ser servidos con el tipo **MIME** Correcto.

¿Cuál es el tipo MIME correcto? Usted ya lo ha visto, es una parte del valor del atributo type en el elemento <**source**>. Pero establecer el atributo de tipo en el código HTML no es suficiente. Usted también necesita asegurarse de que su servidor web incluye el tipo MIME correcto en el **Content-Type** del encabezado **HTTP**.

Si está utilizando un servidor web Apache o cualquier derivado de Apache, puede usar una directiva **AddType** en el **httpd.conf** de su sitio o en un archivo. **htaccess** en el directorio donde se almacenan los archivos de vídeo. Si utiliza otro servidor web, consulte la documentación sobre cómo establecer Content-Type en el encabezado HTTP para tipos de archivo específicos.

AddType video/ogg .ogv

AddType video/mp4 .mp4

AddType video/webm .webm

La primera línea es para videos con contenedor Ogg La segunda línea es para videos con contenedor MPEG-4. La tercera es para WebM. Establezca una vez y olvídese de eso. Si se olvida de ponerlo, los vídeos no se reproducirán en algunos navegadores, incluso si se incluye el MIME en el atributo **type** de su código HTML.

Para más detalles sobre cómo configurar el servidor web, dirijo su atención a este excelente archivo en el Centro de desarrollo de Mozilla: Configuración de servidores de medios Ogg. El consejo en este artículo se aplica también para el vídeo MP4 y el video WebM.

¿Qué pasa con IE?

El Internet Explorer 9 soporta el elemento de **<video>** de HTML5. Pero Microsoft ha prometido públicamente que la versión final de

Internet Explorer 9 será compatible con vídeo H.264 y audio AAC en un contenedor MPEG-4, así como Safari y el iPhone.

Pero ¿qué pasa con las versiones anteriores de Internet Explorer? Al igual que, ya sabes, todas las versiones anteriores, incluyendo IE 8, la mayoría de las personas que utilizan Internet Explorer también tiene un plugin de Adobe Flash plugin instalado. Las versiones modernas de Adobe Flash (empezando por 9.0.60.184) tienen soporte de vídeo H.264 y audio AAC en un contenedor MPEG-4, así como Safari y el iPhone. Una vez codificados con H.264 para Safari, puede reproducirlo en un reproductor de vídeo basado en Flash si detecta que uno de sus visitantes no tienen navegadores que soportan HTML5.

FlowPlayer es de código abierto, con licencia GPL, con reproductor de vídeo basado en Flash. Las Licencias comerciales también están disponibles. FlowPlayer no sabe nada acerca de su elemento <**video**>. No transformará mágicamente un <**video**> en un objeto Flash. Pero unHTML5 bien hecho sabe cómo manejar esto, porque se puede colocar un elemento <**object**> dentro del <**video**>. Los navegadores que no soportan HTML5 video ignorarán el elemento <**video**> y simplemente renderizan el elemento <**object**>, e invocarán el plugin de Flash y reproducirán el vídeo con FlowPlayer. Los navegadores que soportan HTML5 video se encontrarán con el origen del vídeo que se puede reproducir y tocar, e ignorará el elemento <object> junto con esta.

Esto último es la clave de todo el rompecabezas: HTML5 especifica que todos los elementos (más allá de los elementos <**source**>) que son hijos de un elemento <**video**> deben ser ignorados. Esto permite el uso de vídeos HTML5 en los navegadores más recientes y proporciona una caída de nuevo en flash para los navegadores más antiguos sin ningún hack de JavaScript. Usted puede leer más sobre esta técnica: Videos para Todos.

Problemas en iPhones e iPads

El iOS es el sistema operativo de los iPhones de Apple, el iPod Touch y los iPads. El iOS 3.2 tiene un gran número de cuestiones con vídeo HTML5.

1. iOS no reconocerá el video si incluye un atributo **poster**. El atributo **poster** del elemento <**video**> le permite mostrar una imagen personalizada mientras se carga el video, o hasta que el usuario pulse el "play". Este error se corrigió en el iOS 4.0, pero se necesitará tiempo para que todos los usuarios se actualicen.

2. Si tiene varios elementos <**source**>, iOS reconocerá cualquier cosa menos el primero. Dado que los dispositivos iOS sólo admiten **H.264 + AAC + MP4**, lo que esto significa en la práctica es que usted necesitará listar tu MP4 primero. Este error también se corrige en iOS 4.0.

Los problemas en los dispositivos Android

Android es el sistema operativo de Google que se instala en los diferentes teléfonos y dispositivos móviles. Las versiones anteriores a Android 2.3 existían un montón de problemas con el vídeo HTML5.

1. El atributo **type** en elementos <**source**> confunden mucho a Android. La única forma de reconocer a una fuente de vídeo es, irónicamente, omitiendo el atributo **type** y asegurarse de que los archivos son de vídeo H.264 + AAC + final con formato MP4 .Mp4. También puede incluir el atributo **type** en las otras fuentes de vídeo, ya que H.264 es el único formato de vídeo que Android 2.2 soporta. (Este error se corrigió en Android 2.3).

2. El atributo **controls** no es soportado. Hay efectos problemáticos en él, pero Android no mostrará ninguna interfaz de control para un video. Usted deberá tener sus propios controles para la interfaz. Como mínimo, deberá proporcionar una secuencia de comandos para iniciar la reproducción del vídeo cuando el usuario hace clic en el video. Este error también se soluciona en Android 2.3.

Un ejemplo completo

Este es un ejemplo de un video que utiliza estas técnicas. Un código "Video para Todos". Extendí el soporte de vídeo a WebM. He codificado la misma fuente de vídeo en tres formatos, con los siguientes comandos:

Theora/Vorbis/Ogg

```
you@localhost$ ffmpeg2theora --videobitrate 200 --max_size
320x240 --output pr6.ogv pr6.dv
```

H.264/AAC/MP4

```
you@localhost$ HandBrakeCLI --preset "iPhone & iPod Touch" --
vb 200 --width 320 --two-pass --turbo --optimize --input pr6.dv --
output pr6.mp4
```

VP8/Vorbis/WebM

```
you@localhost$ ffmpeg -pass 1 -passlogfile pr6.dv -threads 16 -
keyint_min 0 -g 250 -skip_threshold 0 -qmin 1 -qmax 51 -i pr6.dv -
vcodec libvpx -b 204800 -s 320x240 -aspect 4:3 -an -f webm -y NUL
```

you@localhost$ ffmpeg -pass 2 -passlogfile pr6.dv -threads 16 -
keyint_min 0 -g 250 -skip_threshold 0 -qmin 1 -qmax 51 -i pr6.dv -
vcodec libvpx -b 204800 -s 320x240 -aspect 4:3 -acodec libvorbis -ac
2 -y pr6.webm

La etiqueta final utiliza el elemento <**video**> para HTML5, un
elemento <**object**> dentro de un fallback de flash, y un pequeño trozo
de script para beneficiar a los dispositivos Android:

<video id="movie" width="320" height="240" preload controls>

<source src="pr6.webm" type='video/webm; codecs="vp8,
vorbis"' />

<source src="pr6.ogv" type='video/ogg; codecs="theora, vorbis"'
/>

<source src="pr6.mp4" />

<object width="320" height="240" type="application/x-
shockwave-flash"

data="flowplayer-3.2.1.swf">

<param name="movie" value="flowplayer-3.2.1.swf" />

<param name="allowfullscreen" value="true" />

```
<param name="flashvars" value='config={"clip": {"url":
"http://wearehugh.com/dih5/pr6.mp4", "autoPlay":false,
"autoBuffering":true}}' />

<p>Descargar el video como <a href="pr6.mp4">MP4</a>, <a
href="pr6.webm">WebM</a>, o <a href="pr6.ogv">Ogg</a>.</p>

</object>

</video>

<script>

  var v = document.getElementById("movie");

  v.onclick = function() {

    if (v.paused) {

      v.play();

    } else {

      v.pause();

    }

  };

</script>
```

Con esta combinación de HTML5 y Flash, usted debería ser capaz de reproducir el video en casi todos los navegadores y dispositivos:

La Geolocalización

La Geolocalización es el arte de descubrir en que lugar del mundo está usted y (opcionalmente) compartir esa información con personas de confianza. Hay más de una manera de averiguar dónde se encuentra, la dirección IP, la conexión a la red inalámbrica, en la que se localiza la torre celular del teléfono que está hablando, o hardware GPS dedicado que calcula la latitud y la longitud enviadas por los satélites.

Curiosidad

La geolocalización parece desalentadora. ¿Puedo desactivarla? La privacidad es una preocupación obvia cuando se está hablando de compartir su ubicación física en un servidor web remoto. La **API de Geolocalización** dice explícitamente: "los agentes de un usuario no deben enviar información de ubicación a los sitios web sin el consentimiento expreso del usuario". En otras palabras, compartir su ubicación es siempre es opcional. Si no lo hace, no tiene por qué hacerlo.

La API de Geolocalización

La **API de Geolocalización** te permite compartir tu ubicación desde sitios web de confianza. La latitud y la longitud están disponibles en la página web a través de JavaScript, que a su vez se puede enviar la información a un servidor web y hacer cosas como encontrar lugares a tu alrededor o mostrar su ubicación actual en un mapa.

Como se puede ver en la siguiente tabla, la API de geolocalización tiene el soporte de la mayoría de los navegadores de escritorio y de dispositivos móviles. Además, varios navegadores y dispositivos más antiguos pueden proporcionar soporte a través de bibliotecas de terceros, como veremos más adelante en este capítulo.

Soporte Geolocalización API						
IE	Firefox	Safari	Cromo	Ópera	iPhone	Android
9.0 +	3.5 +	5.0 +	5.0 +	10.6 +	3.0 +	2,0 +

Junto con la API de geolocalización de soporte estándar, también hay varias API específicas de dispositivos para otras plataformas móviles. Voy a hablar de todo esto más adelante.

Veamos el código

La API de geolocalización se centra alrededor de su nueva propiedad global llamada **navigator** como del objeto de: **navigator.geolocation**.

La mera utilización de la API de geolocalización se ve así:

```
function get_location() {

navigator.geolocation.getCurrentPosition(show_map);

}
```

Pero no detecta la posición (latitud y longitud), no hay control de errores y no tiene opciones. Puede incluir una comprobación para detectar si hay soporte para la API de geolocalización. Para detectar si existe un soporte, puede utilizar el **Modernizr**:

```
function get_location() {

if (Modernizr.geolocation) {

navigator.geolocation.getCurrentPosition(show_map);

} else {

// no tiene soporte nativo, intentamos Gears?

}
```

}

¿Tengo geolocalización?

Voy a explicar cómo hacer una reserva en un minuto, pero primero quiero hablar de lo que sucederá durante la llamada al método **getCurrentPosition ()**. Como He mencionado anteriormente en este capítulo, el soporte para la geolocalización es opcional. Esto significa que su navegador no le obligará a revelar su ubicación física actual a ningún servidor remoto. La experiencia del usuario es diferente de un navegador a otro. En Mozilla Firefox, la llamada al método **getCurrentPosition ()** de la API de geolocalización hará que el navegador muestre una "barra de notificaciones" en la parte superior de la ventana del navegador. Esta barra es la siguiente:

Hay mucho que hacer aquí. Usted, como usuario final,

- dice que un sitio web pide su ubicación
- dice que sitio le pide su ubicación
- en la "Navegación con reconocimiento de ubicación" de Mozilla explica qué demonios está ocurriendo (recuerde, Google ofrece su ubicación y guarda los datos en función de su Política de privacidad para servicios de localización)
- puede optar por compartir su ubicación

- puede optar por no compartir su ubicación
- puede solicitar a su navegador que recuerde su elección, así no volverás a ver la barra de notificaciones de nuevo en este sitio

Por otra parte, esta barra es:

- no es modal, por lo que no le impide cambiar a otra ventana o pestaña
- la ficha específica desaparecerá si se cambia a otra ventana o pestaña y reaparecerá cuando regrese a la ventana o pestaña en la que estaba
- seguro, no hay ninguna posibilidad de que un sitio determine su ubicación mientras este a la espera de su respuesta

Usted acaba de ver el código JavaScript que hace que aparezca esta barra de notificaciones. Es una sola llamada a la función que tiene una función de devolución de llamada (que llamé **show_map**). La llamada al método **getCurrentPosition ()** devolverá el lugar de inmediato, pero eso no significa que vaya a tener la ubicación del usuario. El primer lugar que está garantizado para que pueda acceder la ubicación del usuario se encuentra en la función de devolución de llamada. La función de devolución de llamada es la siguiente:

```
function show_map(position) {

    var latitude = position.coords.latitude;
```

```
var longitude = position.coords.longitude;

// permitimos mostrar un mapa o hacer algo interesante

}
```

La función **callback** será llamada en un solo parámetro y devolverá un objeto con dos propiedades: **coords** y **timestamp**. El **timestamp** es sólo la fecha y la hora en la que se calcula la ubicación. Una vez que todo esto está sucediendo de forma asíncrona, realmente no se puede saber cuándo va a suceder con antelación. Podría llevar algún tiempo para que el usuario pueda ver la barra de notificaciones y aceptar compartir su ubicación. Los dispositivos con GPS dedicados pueden tardar más tiempo en conectarse a los satélites GPS, y así sucesivamente. El objeto **coords** tiene propiedades como la latitud y longitud que son exactamente lo que parece: la ubicación física de un usuario en el mundo.

Posición del objeto

Propiedad	Tipo	Observación
coords.latitude	**doble**	**grados decimales**
coords.longitude	**doble**	**grados decimales**
coords.altitude	**doble o nula**	**metros elipsoide de referencia**
coords.accuracy	**doble**	**metros**
coords.altitudeAccuracy	**doble o nula**	**metros**
coords.heading	**doble o nula**	**grados en la dirección True North**
coords.speed	**doble o nula**	**m / segundo**
timestamp	**DOMTimeStamp**	**como un objeto Date ()**

Sólo tres de las propiedades están garantizadas (**coords.latitude,
coords.longitude y coords.accuracy**). El resto puede devolver **null**,
dependiendo de la capacidad de su dispositivo y de si el servidor está
lejos de ti. Las propiedades **heading** y **speed** se calculan en base a la
posición anterior del usuario, si es posible.

Manejar errores

La geolocalización es complicada. Las cosas pueden salir mal. Me
dijeron que el "consentimiento del usuario" es extraño. Si su aplicación
necesita la ubicación del usuario, y el usuario no lo consiente, estás
jodido. El usuario siempre gana. Si no lo hacen, lo que parece como un
mensaje? Véase el segundo parámetro del método **getCurrentPosition
():** un error es llamado en la función de devolución de llamada.

navigator.geolocation.getCurrentPosition(

  show_map, handle_error)

Si algo sale mal, la función de devolución de llamada de error se
llama con un objeto **PositionError**.

Objeto PositionError

Propiedad	Tipo	Comentarios
código	shorts	**un valor enumerado**
mensaje	DOMString	**no se utiliza para los usuarios finales**

La propiedad devuelve un código de estos resultados

- **PERMISSION_DENIED (1)** si el usuario hace clic "no compartir" o cualquier otra cosa que pueda bloquear su acceso y su ubicación.

- **POSITION_UNAVAILABLE (2)** si la red se cae o la posición del satélite no puede ser detectada.

- **TIMEOUT (3)** si la red no se cae, pero el tiempo para calcular la posición del usuario es demasiado largo. ¿Cómo saber lo que es "demasiado largo"? Yo te mostraré cómo hacer esto en la siguiente sección.

Sea cortés en la derrota

```
function handle_error(err) {
  if (err.code == 1) {
    // Ohh nooo
  }
}
```

Curiosidad

La API de Geolocalización recoge información de la Estación Espacial Internacional, la Luna o de otros planetas?
Los estados específicos de geolocalización"El sistema de coordenadas geográficas utilizadas por los atributos hace referencia al Sistema Geodésico Mundial (2d) [WGS84]. Ningún otro sistema de referencia es compatible. "La Estación Espacial Internacional está orbitando la Tierra, entonces los astronautas de la estación pueden decir sus lugares

de latitud, longitud y latitud. Sin embargo, el Sistema Geodésico Mundial se centra sólo en la Tierra, por lo que no se puede utilizar para encontrar lugares en la Luna u otros planetas.

¿Qué opciones tenemos?

Algunos dispositivos como iPhone y Android admiten dos métodos para mostrar su ubicación. El primer método triangula su posición en función de su ubicación relativa de las diferentes torres de su proveedor de telefonía móvil. Este método es rápido y no requiere ningún hardware GPS dedicado, sólo se necesita una idea aproximada de dónde se encuentra.

El segundo método, actualmente utiliza un hardware de GPS dedicado en su dispositivo para comunicarse con un satélite GPS que se dedica a orbitar alrededor de la Tierra. El GPS por lo general puede señalar su ubicación con pocos metros de error. La desventaja de tener un chip GPS dedicado en su dispositivo es que consume mucha energía, por lo que los teléfonos y otros dispositivos suelen apagar el chip cuando se necesita. Eso significa que tiene un retraso cuando el chip comienza a conectar con el satélite. Si alguna vez ha utilizado Google maps en un iPhone u otro smartphone, habrávisto los dos métodos de acción. En primer lugar se ve un gran círculo que se aproxima a su posición (en busca de una torre celular cercana), a continuación, un círculo más pequeño (triangulación con otras torres celulares), a continuación, un único punto con su posición exacta (tomada por un satélite GPS).

La razón por la que menciono esto es que, dependiendo de la aplicación web, puede que no tenga una gran precisión. Si sólo está buscando algunos cines cercanos, una menor precisión es suficiente para usted. Hay muchas salas de cine, incluso en las ciudades más grandes, y es probable que haya más de una lista. Por otro lado, si usted está buscando direcciones en tiempo real, de las que realmente necesita saber exactamente donde está el usuario para poder dedirle "gire a la derecha en 20 metros" o cualquier otra cosa.

El método **getCurrentPosition ()** tiene como tercer argumento opcional, un objeto **PositionOptions**. Hay tres propiedades que se pueden establecer en el objeto **PositionOptions**. Todas las propiedades son opcionales. Puede configurar cualquiera o todos, o ninguno de ellos.

PositionOptions Object

Propiedad	Tipo	Estándar	Comentarios
enableHighAccuracy	Boolean	falso	verdadera podría ser más lento
timeout	long	(Valor predeterminado)	en milisegundos
maximumAge	long	0	en milisegundos

La propiedad **enableHighAccuracy** es exactamente lo que parece. Si el dispositivo tiene soporte para ello, y permite a los usuarios compartir su posición, el dispositivo intentará proporcionar la mayor precisión posible. Tanto los iPhones como los Androids tienen un permiso separado para baja y alta precisión, por lo que es posible que el método **getCurrentPosition ()** con **enableHighAccuracy: true** puede fallar, pero llamarlo con **enableHighAccuracy: false** si podría funcionar.

La propiedad **timeout** es un número en milisegundos que la aplicación va a esperar por la posición. Este tiempo no es contado antes de que el usuario dea permiso para intentar calcular su posición. No es en tiempo de usuario, es tiempo de la red.

La propiedad **maximumAge** permite a los dispositivos responder inmediatamente con una posición en la **caché**. Por ejemplo, vamos a llamar el **getCurrentPosition ()** durante un período, el usuario ha permitido, y la función de devolución de llamada llama la posición que se calcula exactamente a las 10:00 am, se llama al método **getCurrentPosition ()** de nuevo estableciendo el **maximumAge** en **75000**.

```
navigator.geolocation.getCurrentPosition (
success_callback, error_callback, {maximumAge: 75000});
```

Lo que está diciendo es que no necesita necesariamente la posición actual del usuario. Probablemente estará satisfecho al saber donde estaba hace 75 segundos (75000 milisegundos). El equipo sabe que el usuario fue 60 segundos por detrás (60000 milisegundos), ya que su posición se calculó antes de la primera llamada al método **getCurrentPosition ().** Así que el dispositivo no necesitará calcular de nuevo para devolver la ubicación del usuario. Él equipo solamente está devolviendo exactamente la misma información que se devuelve en la primera llamada: la misma latitud, la misma longitud, la misma precisión, incluso el mismo **timestamp** (10:00 am).

Antes de pedir la ubicación del usuario, debe pensar en la cantidad de precisión que necesita, y definir **enableHighAccuracy** de acuerdo a ello. Si necesita encontrar su ubicación más de una vez, deberá pensar en cómo la información antigua puede llegar a ser útil, y establecer **maximumAge** de acuerdo a ello. Si necesita encontrar su ubicación continuamente, entonces el método **getCurrentPosition ()** no es para ti. Será necesario utilizar el método **watchPosition ().**

El método **watchPosition ()** tiene la misma estructura que el método **getCurrentPosition ()**. Tiene dos funciones de devolución de llamada, una condición necesaria para el éxito y una opcional para los errores que se puedan producir, y también puede tener un objeto **PositionOptions** opcional que tenga las mismas propiedades que ya aprendió. La diferencia es que la función de devolución de llamada se llamará cada vez que el usuario cambie de ubicación. No hay necesidad de buscar su posición en todo momento. El dispositivo determinará el mejor intervalo para preguntar por la ubicacion, y llamará a la función de devolución de llamada cada vez que el usuario cambie la posición. Se puede utilizar para actualizar un marcador en un mapa, con instrucciones sobre a dónde ir, o lo que quieras.

El método **watchPosition ()** siempre devolverá un número. Probablemente debería guardar este número en alguna parte. Si quieres dejar de ver el cambio de la ubicación del usuario, se puede llamar al método **clearWatch ()** y pasar este número, y el dispositivo dejará de llamar a la función de devolución de llamada. Esto funciona como las funciones **setInterval ()**y **clearInterval ()** de Javascript.

¿Qué pasa con el IE?

Antes de la versión 9 (técnicamente 9.0RC1), Internet Explorer no admitía la API de geolocalización del W3C. Pero no se desespere, **Gears** es un plugin de código abierto de Google que se ejecuta en Windows, Mac, Linux, Windows Mobile y Android, que ofrece recursos para los navegadores más antiguos. Una de estas características es que los **Gears** proporcionan la API de geolocalización. No como la API de geolocalización del W3C, pero tiene el mismo resultado.

Sobre la cuestión de las plataformas heredadas, me gustaría dejar claro que las viejas plataformas tienen su propia API geolocalización. BlackBerry, Nokia Palm o OMTP BONDI ofrecen sus propias documentaciones de las APIs, todas funcionan de manera diferente a **Gears**, que a su vez funciona de forma diferente a la API de geolocalización del W3C.

geo.js al rescate

geo.js es una biblioteca de JavaScript de código abierto, con licencia del MIT para facilitar el uso entre las diferentes API de geolocalización del W3C, la API **Gears**, y las APIs proporcionadas por las propias plataformas. Para usarlo, tendrá que añadir dos guiones en el pie de la página. Técnicamente, se pueden poner en cualquier lugar, pero en los scripts <**head**> hará que su carga de página sea más lenta. Entonces, mejor no lo hagas.

La primera secuencia de comandos es la **gears_init.js,** que inicializa Gears si está instalado. El segundo guión es **geo.js.**

<!DOCTYPE html>

<html>

<head>

  <meta charset="utf-8">

  <title>Profundizando en HTML5</title>

</head>

<body>

  ...

```
<script src="gears_init.js"></script>

<script src="geo.js"></script>

</body>

</html>
```

No dejen estó en el **<head>**.

Ahora ya está listo para utilizar cualquier API de geolocalización.

```
if (geo_position_js.init ()) {
  geo_position_js.getCurrentPosition (geo_success, geo_error);
}
```

Vamos a empezar poco a poco. En primer lugar, es necesario llamar al método **init ().** El método **init ()** devuelve **true** si el soporte para la API de Geolocalización está disponible.

```
if (geo_position_js.init ()) {
```

Al llamar al método **init ()** no tendrá su ubicación. Sólo se comprueba que se puede buscar su ubicación. Para encontrar su ubicación, es necesario llamar al método **getCurrentPosition ().**

```
geo_position_js.getCurrentPosition (geo_success, geo_error);
```

El método **getCurrentPosition ()** hará que su navegador pida permiso para buscar y compartir su ubicación. Si la geolocalización está siendo soportada por **Gears**, aparecerá una ventana que le solicitará que permita a **Gears** utilizar algunos datos. Si su navegador tiene soporte nativo para la geolocalización, la ventana que aparecerá, será diferente. Por ejemplo, Firefox 3.5 tiene soporte nativo para la geolocalización. Si usted trata de buscar su ubicación en Firefox 3.5, verá una barra de notificaciones en la parte superior de la página le pide que comparta su ubicación con este sitio.

El método **getCurrentPosition ()** pasa dos parámetros, ambas funciones. Si el método **getCurrentPosition ()** no logró encontrar su ubicación, es decir, si ha dado permiso, la API de geolocalización funcionará como por arte de magia, la función pasada en el primer parámetro será llamada. En este ejemplo, una función de devolución de llamada con éxito se llama **geo_success**.

```
geo_position_js.getCurrentPosition (geo_success, geo_error);
```

La función de devolución de llamada toma un único parámetro, que contiene la posición del usuario.

La llamada del éxito

```
function geo_success(p) {
  alert("Usted está en la latitud " + p.coords.latitud +
    ", longitud " + p.coords.longitud);
}
```

Si el método **getCurrentPosition ()** no encuentra su ubicación porque usted no ha dado permiso, o porque la API de geolocalización falló por alguna razón, llame a la función en el segundo parámetro. En este ejemplo, la devolución de llamada se llama **geo_error**.

geo_position_js.getCurrentPosition (geo_success, geo_error);

La devolución de llamada errónea no tiene parámetros

La llamada de error

```
function geo_error() {
  alert("No fue posible encontrarle");
}
```

geo.js no es compatible con el método **watchPosition ().** Si usted necesita la localización continua, tendrá que activar el método **getCurrentPosition ()** usted mismo.

Un ejemplo completo y real

He aquí un ejemplo real, utilizando la **geo.js** para tratar de obtener su ubicación y poder mostrar el mapa de dónde se encuentra casi al instante:

Su navegador no soporta la geolocalización. Haga clic para ver su ubicación.

¿Cómo funciona esto? Vamos a echar un vistazo. En la carga de la página, esta página requiere **geo_position_js.init** () para determinar si la geolocalización está disponible en cualquiera de las interfaces que soporta **geo.js**. Si tiene el soporte que permite un vínculo para que pueda hacer clic para ver su ubicación. Al hacer clic en el enlace, a continuación, se llama al método **lookup_location** (), que vemos aquí:

```
function lookup_location() {
  geo_position_js.getCurrentPosition(show_map, show_map_error);
}
```

Si permite realizar un seguimiento de su ubicación, y el servicio **backend** puede determinar su ubicación, **geo.js** llamará a la primera función de devolución de llamada **show_map** (), con un parámetro único, **loc**. El objeto **loc** tiene una propiedad en la que contiene las coordenadas de latitud, longitud y precisión. Este ejemplo no utiliza la precisión. El resto del método **show_map** () utiliza la API de Google Maps para mostrar un mapa.

```
function show_map(loc) {

  $("#geo-wrapper").css({'width':'320px','height':'350px'});

  var map = new GMap2(document.getElementById("geo-wrapper"));

  var center = new GLatLng(loc.coords.latitude,
loc.coords.longitude);
```

```
map.setCenter(center, 14);

map.addControl(new GSmallMapControl());

map.addControl(new GMapTypeControl());

map.addOverlay(new GMarker(center, {draggable: false, title:
```
"Usted está aqui (poquito arriba…poquito abajo)"}));

```
}
```

Si **geo.js no** determinan su ubicación, llama a la segunda devolución de llamada, **show_map_error ().**

```
function show_map_error() {
```
$("#live-geolocation").html('No fue posible encontrar su ubicación');

```
}
```

Pasado, Presente y Futuro del almacenamiento local para aplicaciones Web

El almacenamiento local persistente es una de las áreas en las que las aplicaciones cliente nativas han mantenido una ventaja sobre las aplicaciones web. Para las aplicaciones nativas, el sistema operativo normalmente proporciona una capa de abstracción para almacenar y recuperar datos específicos de la aplicación tales como las preferencias o estado de tiempo de ejecución. Estos valores pueden ser almacenados en el **registro**, archivos **INI**, archivos **XML**, o en cualquier otro lugar, de acuerdo con la plataforma de convenciones. Si la aplicación cliente nativa necesita almacenar una ubicación diferente para los pares clave / valor, puede insertar su propia base de datos, inventar su propio formato o cualquier otro número de soluciones.

Históricamente, las aplicaciones web han tenido esos lujos. Las cookies se inventaron en la historia de la web a temprana edad y, de hecho, pueden ser utilizados para el almacenamiento local de pequeñas cantidades de datos persistentes. Pero tienen tres desventajas potenciales:

- Las cookies se incluyen en cada petición HTTP, retrasando así la aplicación web mediante la transmisión innecesaria de los mismos datos una y otra vez
- Las cookies se incluyen en cada petición HTTP, enviando así los datos no cifrados a través de Internet (a menos que se sirvan de la aplicación web completa a través de SSL)
- Las cookies se limitan a 4KB de datos, suficiente para retrasar la aplicación , pero no lo suficiente como para ser útil

Lo que realmente queremos es

- suficiente espacio de almacenamiento
- un cliente

- que persista después de la actualización de la página
- y no se transmite al servidor

Antes de HTML5, todos los intentos para lograrlo fueron insatisfactorios de formas fundamentalmente diferentes.

Una breve historia de antes de ver HTML5 de almacenamiento local

Al principio, sólo había Internet Explorer. O al menos eso es lo que Microsoft quiere que el mundo crea. Para este fin, como parte de la Primera Gran Guerra de los Navegadores, Microsoft inventó un montón de cosas y la incluyó en su "ganador de todas las batallas," Internet Explorer. Una de esas cosas era conocida como los comportamientos **DHTML** y una de esos comportamientos era conocido como **userData**.

userData permite a las páginas web almacenar hasta 64 KB de datos por dominio, en una estructura jerárquica basada en XML. Los dominios de confianza, tales como sitios de la intranet, puede almacenar 10 veces esta cantidad, y, 640 KB deberían ser suficientes para cualquiera. Internet Explorer no muestra ningún tipo de diálogo de permisos y no se prevé aumentar la cantidad de almacenamiento disponible.

En 2002, Adobe presentó una característica de Flash 6 que ganó el nombre desafortunado y engañoso de "cookies de Flash". Dentro del entorno de Flash, la funcionalidad se conoce propiamente como **Local Shared Objects - Objetos Locales Compartidos**. En pocas palabras, que permiten a los objetos flash de datos almacenar 100KB por dominio. Brad Neuberg desarrolló un prototipo de pre-flash de puente denominado JavaScript AMASS (Sistema de Almacenamiento Masivo AJAX), pero se vio limitado por algunas peculiaridades de diseño Flash. En 2006, con la llegada de **ExternalInterface** presente en Flash 8, el acceso LSO de JavaScript se ha convertido en una cosa de gran magnitud más rápida y más fácil. Brad reescribió AMASS lo integró en el popular **Dojo Toolkit** con el nombre de **dojox.storage**. Flash asegura 100 KB de almacenamiento "libre" para cada dominio. Además, se pide al usuario para que dé una orden de magnitud de aumento en el almacenamiento de datos (1 Mb, 10 Mb, y así sucesivamente).

En 2007, Google lanzó **Gears**. Un plugin de código abierto con el fin de proporcionar capacidades adicionales a los navegadores. Ya habíamos discutido en el contexto de las velocidades al proporcionar una API de geolocalización para Internet Explorer. Google Gears facilita una API para una base de datos SQL incorporada basado en SQLite. Después de obtener el permiso de un usuario una vez, Gears puede almacenar una cantidad ilimitada de datos para un campo de una tabla de la base de datos SQL.

Sin embargo, Brad Neuberg y otros continuaron trabajando en la **dojox.storage** para proporcionar una interfaz unificada para todos estos plugins y APIs en 2009, **dojox.storage** puede detectar automáticamente y proporcionar una interfaz unificada sobre Adobe Flash , Gears, Adobe AIR y HTML5 de almacenamiento prototipo que se implementó sólo en las versiones anteriores de Firefox.

Al analizar estas soluciones, surge un patrón: todos ellos son específicos de un solo navegador, o dependientes de plugins de terceros. A pesar del esfuerzo heroico para hacer claras las diferencias (en **dojox.storage**), todos ellos tienen completamente diferentes interfaces que tienen diferentes limitaciones de almacenamiento, y tienen diferentes experiencias de usabilidad. Así que este es el problema que HTML5 pretende resolver: proporcionar una API estándar, implementada de forma nativa y consistente en todos los navegadores, sin la necesidad y la dependencia de plugins de terceros.

Introducción a HTML5 de almacenamiento

A lo que me refiero con "HTML5 de almacenamiento" es a la especificación llamada **Web Storage**, que estaba en la especificación HTML5 durante un tiempo, pero se maneja por separado por razones de falta de interés y la política. Algunos navegadores aluden como "Almacenamiento local" o "almacenamiento DOM". El nombramiento se complicó aún más en los navegadores relacionados con los estándares emergentes, a los que me referiré más adelante en este capítulo.

Entonces, ¿qué es HTML5 de almacenamiento? Simplemente almacenar, es la forma que tienen las páginas web de almacenar los pares **de clave / valor** localmente, en el navegador del cliente. Al igual que las cookies, estos datos persisten incluso después de salir del sitio, cerrar la pestaña o el navegador. A diferencia de las cookies, estos datos nunca se transmiten al servidor (a menos que quiera enviarlos de forma manual). Es diferente de todos los intentos anteriores, el suministro de almacenamiento local persistente, esto se implementa de forma nativa en los navegadores, por lo que está disponible incluso cuando los plugins de terceros no están.

¿Qué navegadores? Bueno, las últimas versiones de casi todos los navegadores soportan HTML5 de almacenamiento ... incluso Internet Explorer.

Soporte HTML5 de almacenamiento

IE	Firefox	Safari	Cromo	Ópera	iPhone	Android
8.0 +	3.5 +	4.0 +	4.0 +	10.5 +	2,0 +	2,0 +

Directo desde el código JavaScript, el acceso HTML5 de almacenamiento será a través del objeto **localStorage** en el objeto global **window**. Antes de utilizarlo, debe detectar si soporta el navegador.

Comprobación de HTML5 de almacenamiento

```
function supports_html5_storage() {

    try {

        return 'localStorage' in window && window['localStorage'] !==
null;

    } catch (e) {

        return false;

    }

}
```

En lugar de escribir esta función, se puede utilizar **Modernizr** para detectar el soporte de HTML5 de almacenamiento.

```
if (Modernizr.localstorage) {

    // window.localStorage es soportado por el navegador

} else {

    // no hay soporte para HTML5 almacenamiento en su navegador

    // inténtelo con dojox.storage u otro plugin

}
```

Usando HTML5 de almacenamiento

HTML5 de almacenamiento se basa en **clave / valor** con nombre. Puede almacenar los datos en una clave nombrada, y con esa misma clave, recuperar los datos almacenados. La clave con nombre es un string y su valor es compatible con JavaScript, incluyendo strings, booleanos, enteros o flotantes. A continuación los datos se almacenan como una secuencia de strings. Si va a almacenar y recuperar cualquier tipo de datos distinto de string, será necesario utilizar funciones como **parseInt ()** o **parseFloat ()** para recuperar los datos en un tipo esperado por JavaScript.

```
interface Storage {
  getter any getItem(in DOMString key);
  setter creator void setItem(in DOMString key, in any data);
};
```

Llamando a **setItem ()** con el nombre de una clave que ya exista, se sobrescribe el valor anterior. Llamando a **getItem ()** con el nombre de una clave no existe, devolverá **NULL** en lugar de una excepción.

Al igual que otros objetos de JavaScript, se puede tratar el objeto **localStorage** como una matriz asociativa. En lugar de utilizar los métodos **getItem ()** y **setItem (),** puede utilizar soportes más simples. Por ejemplo, el siguiente fragmento:

```
var foo = localStorage.getItem("bar");
```

```
// ...
```

```
localStorage.setItem("bar", foo);
```

Puede ser reescrito para usar la sintaxis de corchetes en su lugar:

```
var foo = localStorage ["bar"];
```

```
// ...
```

```
localStorage ["bar"] = foo;
```

Hay métodos para eliminar un valor dado ya una clave, y limpiar todo el almacenamiento local.

```
interface Storage {

  deleter void removeItem(in DOMString key);

  void clear();

};
```

Llamando a **removeItem ()** con una clave que no existe, no devolverá nada.

Por último, hay una propiedad para obtener el número total de pares clave / valor en el área de almacenamiento local, y también para ir a través de todas las claves de su índice (y devolver el nombre de cada uno).

interface Storage {

readonly attribute unsigned long length;

getter DOMString key(in unsigned long index);

};

Si se llama a la **key ()** con un índice que no esté entre el 0 - (length-1), la función devolverá un valor **NULL**.

El control de cambios en el área de almacenamiento HTML5

Si desea realizar un seguimiento constante de los cambios en el almacenamiento local, puede capturar el evento **storage**. El evento **storage** está habilitado en el objeto **window** cada vez que **setItem (), removeItem ()** o **desactive ()** son llamados, y normalmente, cambian alguna cosa. Por ejemplo, si se establece un valor a una clave existente o para llamar a **clear ()** en las clave no nombradas, el evento **storage** no será llamado, porque en realidad, nada ha cambiado en el área de almacenamiento local.

El evento **storage** es soportado en todos los lugares en los que el objeto **localStorage** funciona, incluyendo el Internet Exporer 8. IE 8 no soporta el patrón W3C **addEventListener** (se añadirán, por último, en IE 9). Por lo tanto, para coger el evento **storage**, tendrá que comprobar qué mecanismo de eventos soporta el navegador. Si ha hecho esto antes con otros eventos, podrá omitir esta sección. Tomando el evento **storage**, funciona de la misma manera que el resto de los eventos, siempre estará atrapado. Si prefiere usar **jQuery** o cualquier otra librería de JavaScript para registrar los eventos de manipulación, podrá hacer eso con el evento storage, también.

```
if (window.addEventListener) {
  window.addEventListener("storage", handle_storage, false);
} else {
  window.attachEvent("onstorage", handle_storage);
};
```

La función de devolución de llamada **StorageEvent** es llamada conjuntamente con el objeto **handle_storage**, excepto en el Internet Explorer donde los objetos de eventos se almacenan en **window.event.**

```
function handle_storage(e) {

  if (!e) { e = window.event; }

}
```

En este punto, la variable **e** es el objeto **StorageEvent**, que tiene las siguientes propiedades:

Objeto StorageEvent

Propiedad	Tipo	Descripción
key	cadena	el nombre de la clave que se ha añadido, eliminado o modificado
oldValue	cualquier	el valor antiguo (ahora actualizado), o null si un nuevo elemento es añadido
newValor	cualquier	el nuevo valor, o null si un artículo se ha eliminado
url*	cadena	la página que llama al método que hizo el cambio

* Nota: la propiedad url se llamaba originalmente uri. Algunos navegadores han puesto en marcha esta propiedad antes de los cambios en la especificación. Para conseguir la máxima compatibilidad, se debe comprobar si existe la propiedad url, si no es así, compruebe si existe la propiedad uri.

El evento **storage** no se puede cancelar. Dentro de la función de devolución de llamada **handle_storage**, no hay manera de parar este cambio. Es una forma sencilla de decirle al navegador, "bueno, eso ha sucedido. No hay nada que puedas hacer, yo sólo quería advertirte al respecto".

Las limitaciones en los navegadores actuales

Cuando se habla de la historia de los hacks en el almacenamiento local usando plugins de terceros, quisieron mencionar las limitaciones de cada técnica, tales como los límites de almacenamiento. Sólo me di cuenta que no había mencionado nada sobre las limitaciones del almacenamiento de HTML5. Te voy a dar las respuestas primero y luego explicarlos. Las respuestas, en orden de importancia, son los **"5 megabytes"**, **"QUOTA_EXCEEDED_ERR"** y **"No"**

"5 megabytes" es la cantidad que cada espacio origen tiene por defecto. Esto es sorprendentemente consistente a través de todos los navegadores, a pesar de que se formula como no, más de una sugerencia en la especificación de HTML5 de almacenamiento local. Una cosa a tener en cuenta es que usted está almacenando strings, no la información en su formato original. Si va a guardar muchos enteros o floats, la representación de diferencia puede realmente aumentar. Cada dígito en aquel flota está siendo almacenando como un carácter, no en la representación habitual de un número de coma flotante.

"QUOTA_EXCEEDED_ERR" es la excepción que se produce si se excede el límite de almacenamiento de 5 megabytes. "No" es la respuesta a la siguiente pregunta obvia: "¿Puedo pedir permiso al usuario para utilizar más espacio de almacenamiento?". Hasta ahora no hay ningún navegador compatible con cualquier mecanismo para que los desarrolladores web puedan solicitar más espacio almacenamiento. Algunos navegadores, como Opera permiten al usuario controlar la cuota de almacenamiento de cada sitio, pero esto es puramente una acción iniciada por el usuario, no es algo que como desarrollador puede construir en la aplicación web.

HTML5 de almacenamiento en Acción

Veamos el almacenamiento de HTML5 en acción. Recuerde el juego Halma que hemos visto en el capítudo del canvas. Hay un pequeño problema con el juego: si se cierra el navegador en medio del juego, perderá su progreso. Sin embargo, con el almacenamiento de HTML5, podemos guardar el progreso a nivel local dentro del propio navegador. Aquí tiene una demostración. Puede hacer algunos movimientos, y luego cerrar la pestaña del navegador, y vuelva a abrirlo. Si su navegador soporta el almacenamiento HTML5 de la página de prueba, deberá recordar mágicamente su posición exacta dentro del juego, incluyendo el número de movimientos que ha realizado, la posición de cada una de las piezas en el tablero, e incluso si una determinada pieza estaba seleccionada.

¿Cómo funciona esto? Cada vez que se produce un cambio en el juego, se llama a esta función:

```
function saveGameState() {

    if (!supportsLocalStorage()) { return false; }

    localStorage["halma.game.in.progress"] = gGameInProgress;
```

```
for (var i = 0; i < kNumPieces; i++) {

    localStorage["halma.piece". + i + ".row"] = gPieces[i].row;

    localStorage["halma.piece". + i + ".column"] =
gPieces[i].column;

  }

    localStorage["halma.selectedpiece"] = gSelectedPieceIndex;

    localStorage["halma.selectedpiecehasmoved"] =
gSelectedPieceHasMoved;

    localStorage["halma.movecount"] = gMoveCount;

    return true;

  }
```

Como puede ver, utiliza el objeto **localStorage** para guardar un juego en progreso (**gGameInProgress**, un booleano). Si es así, atraviesa partes (**gPieces** un array de JavaScript) y guardará el número de fila y columna de cada uno. A continuación, se ahorra algunos estados adicionales del juego, incluyendo la pieza que se ha seleccionado (**gSelectedPieceIndex**, un entero), si la pieza se encuentra en medio de una potencialmente larga serie de saltos (**gSelectedPieceHasMoved**, un valor lógico), y el número total de movimientos realizados hasta el momento, (**gMoveCount**, un número entero).

En la carga de la página, en lugar de llamar automáticamente a la función **NewGame ()** que resetaria estas variables a los valores de "**hard-coded**", se llamará a una función **resumeGame ()**. Usando el almacenamiento de HTML5, la función **resumeGame ()** comprueba si un estado relacionado con el juego en curso se almacena localmente. Si es así, recupera estos valores utilizando el objeto **localStorage**.

```
function resumeGame() {

    if (!supportsLocalStorage()) { return false; }

    gGameInProgress = (localStorage["halma.game.in.progress"] ==
"true");

    if (!gGameInProgress) { return false; }

    gPieces = new Array(kNumPieces);

    for (var i = 0; i < kNumPieces; i++) {

        var row = parseInt(localStorage["halma.piece". + i + ".row"]);

        var column = parseInt(localStorage["halma.piece". + i +
".column"]);

        gPieces[i] = new Cell(row, column);
```

```
    }

    gNumPieces = kNumPieces;

    gSelectedPieceIndex =
parseInt(localStorage["halma.selectedpiece"]);

    gSelectedPieceHasMoved =
localStorage["halma.selectedpiecehasmoved"] == "true";

    gMoveCount = parseInt(localStorage["halma.movecount"]);

    drawBoard();

    return true;

}
```

La parte más importante de esta función es la excepción que he
mencionado anteriormente en este capítulo, la voy a repetir aquí: La
información se almacena como un string. Si está almacenando algo
distinto a un string, deberá forzar una conversión cuando usted la
quiera. Por ejemplo, el indicador para ver si hay un juego en progreso
(**gGameInProgress**) es un valor lógico. En la función
SaveGameState (), sólo almacenamos y no nos preocupamos por el
tipo de datos:

```
localStorage ["halma.game.in.progress"] = gGameInProgress;
```

Sin embargo, en la función **resumeGame ()**, tenemos que tratar el valor que recibimos de la memoria local como un string y construir manualmente el valor booleano apropiado:

gGameInProgress = (localStorage ["halma.game.in.progress"] == "true");

Del mismo modo, el número de movimientos se almacena como un número entero en **gMoveCount**. La función **SaveGameState ()** sólo guarda:

localStorage ["halma.movecount"] = gMoveCount;

Pero en la función **resumeGame ()**, tenemos que forzar el valor de un número entero, utilizando la función nativa JavaScript **parseInt ():**

gMoveCount = parseInt (localStorage ["halma.movecount"]);

Pares de valores/clave

Mientras el pasado está lleno de trucos y soluciones, en la actualidad del Almacenamiento HTML5 es sorprendentemente optimista. Una nueva API se ha estandarizado y aplicada en todos los principales navegadores, plataformas y dispositivos. Como desarrollador web, esto no es algo que se ve todos los días, ¿no es así? Pero hay más en la vida que "5 megabytes de pares de claves / valores con nombre" y el futuro del almacenamiento local es persistente ...

Una vista es un acrónimo que usted probablemente ya sabe: SQL. En 2007, Google lanzó **Gears**, un plugin de código abierto que incluyó una base de datos integrada con la base de datos **SQLite**. Este prototipo inicial influyó en la creación de la especificación de la Base de datos SQL Web. Web SQL Database (anteriormente conocido como "WebDB") proporciona una capa fina alrededor de una base de datos SQL, que le permite hacer cosas como esta en JavaScript:

Código actual que se ejecuta en 4 de los navegadores

```
openDatabase('documents', '1.0', 'Local document storage',
5*1024*1024, function (db) {

  db.changeVersion('', '1.0', function (t) {

    t.executeSql('CREATE TABLE docids (id, name)');

  }, error);

});
```

Como puede ver, la mayor parte de la acción se encuentra en la secuencia que se pasa al método **ExecuteSQL**. Esta cadena puede ser cualquier comando con el soporte de SQL, incluyendo **SELECT, UPDATE, INSERT** y **DELETE**. Es como una base de datos **back-end** de programación, excepto que usted está haciendo esto a través de JavaScript.

Esta especificación de la base de datos SQL es ejecutada por cuatro navegadores y plataformas.

Web de soporte de base de datos SQL

IE	Firefox	Safari	Cromo	Ópera	iPhone	Android
·	·	4.0 +	4.0 +	10.5 +	3.0 +	2,0 +

Por supuesto, si usted ha usado más de una base de datos en su vida, ya es consciente de que "SQL" es más un término de marketing que una norma estricta. Algunos podrían decir lo mismo de "HTML5", pero no importa. Por supuesto, no existe una especificación actual de SQL (se llama SQL-92), pero no hay un servidor de base de datos en el mundo que cumpla con esta y sólo esta especificación. Hay SQL, Oracle, Microsoft SQL, SQL, MySQL, PostgreSQL y SQL del SQLite SQL. De hecho, cada uno de estos productos añade nuevas características para SQL, por lo que incluso diciendo " SQL del SQLite" no es suficiente para determinar exactamente de lo que estás hablando. Tienes que decirle a la versión de SQL que viene con SQLite versión WXYZ".

Todo esto nos lleva a la siguiente advertencia, que reside actualmente en el tipo de la especificación de la Base de Datos SQL Web:

Esta especificación llegó a un callejón sin salida: los ejecutores interesados han utilizado el mismo servidor SQL (SQLite), pero necesitamos múltiples implementaciones independientes para continuar por una senda de normalización. Incluso para que un implementador esté interesado en la aplicación de esta especificación, la descripción del lenguaje SQL se dejó como una simple referencia a SQLite, lo cual no es aceptable para un patrón.

Es en este contexto que voy a presentarles a otro visión avanzada, concurrente, persistente, almacenamiento local para aplicaciones web: La API "base de datos indexada". Formalmente conocida como **"WebSimpleDB"** ahora se conoce como **"IndexedDB"**.

La API "base de datos indexada" expone lo que se llama un objeto de almacenamiento. Un objeto de almacenamiento comparte muchos conceptos con la base de datos del SQL. Hay "base de datos" por "registros", y cada registro tiene un número determinado de "campos". Cada campo tiene un determinado "tipo de datos", que se establece cuando se crea la base de datos. Puede seleccionar un subconjunto de registros, entonces hará una lista con un "índice". Los cambios en el almacenamiento de objetos se manejan dentro de **"transacciones"**.

Si usted ha hecho alguna base de datos de programación SQL, estos términos le resultarán familiares. La principal diferencia es que el objeto de almacenamiento no tiene un lenguaje de consulta estructurado. No se construye una declaración como **"SELECT * FROM usuarios WHERE ACTIVO = 'S'".** En su lugar, utilice los métodos proporcionados por el almacenamiento de objetos para añadir un índice en la base de datos llamada "usuarios", enumerar los registros, filtrar los registros de usuarios inactivos, y use métodos de acceso para obtener los valores de cada campo en los registros restantes. Una visión general de **IndexedDB** es un buen tutorial sobre cómo contruir IndexedDB, y hacer comparaciones lado a lado entre la base de datos IndexedDB y SQL.

El primer navegador en implementar **IndexedDB** fue Firefox 4 beta. (Por el contrario, Mozilla dijo que nunca van a poner en práctica la base de datos SQL Web)., Google dijo que están considerando el soporte a **IndexedDB** en Google Chrome. Incluso Microsoft dijo que la IndexedDB "Es una gran solución para la web".

Vamos a volver al Offline

Que son las aplicaciones web offline? Al principio, parece que hay una contradicción en los términos. Las páginas Web son las cosas que se descargan y renderizan. Descargar consiste en conectarse a la red. Cómo se puede descargar cuando no estés conectadoa la red? Por supuesto, no se puede. Pero si puede descargar cuando esté conectado. Y es así como funcionan las aplicaciones HTML5 sin conexión.

En pocas palabras, una plicaciones web offline es una lista de URLs - HTML, CSS, JavaScript, imágenes, o cualquier tipo de recurso. La página de inicio de una aplicación web offline apunta hacia esa lista, llamado el archivo de manifiesto, que es sólo un archivo de texto que se encuentra en cualquier lugar en el servidor web. Un navegador web que implementa aplicaciones offline HTML5 leerá la lista de direcciones URL del archivo de manifiesto, descargará recursos, realizará el almacenamiento en caché de forma local, y actualizará automáticamente para mantener los archivos locales a medida que se modifican. Cuando llegue el momento en que se intenta acceder a las aplicaciones web sin conexión de red, su navegador web apuntará automáticamente a las copias locales.

A partir de esto, la mayor parte del trabajo está en usted, el desarrollador web. Hay una indicación en DOM de que le dirá si está online u offline. Hay eventos que se desencadenan cuando el estado offline es modificado (en un minuto estás en línea y al minuto siguiente no están en línea, o viceversa). Pero es más básico que esto. Si la aplicación crea datos o estados guardados, estás con la misión de almacenar datos localmente mientras está sin conexión y sincronizar con el servidor remoto una vez que esté en línea de nuevo. En otras palabras, HTML5 pueden tener sus aplicaciones web offline. Qué hace cuando llega a ese punto? pues depende de usted.

Soporte Online

IE	Firefox	Safari	Cromo	Ópera	iPhone	Android
·	3.5 +	4.0 +	5.0 +	10.6 +	2.1 +	2,0 +

El manifiesto de la caché

Las aplicaciones web utilizan un archivo de manifiesto de la caché sin conexión. ¿Qué es un archivo de manifiesto? Es una lista de todos los recursos que necesitará la aplicación web para acceder cuando se desconecta de la red. Para iniciar el proceso de descarga y almacenamiento en caché de estos recursos, deberá apuntar al archivo de manifiesto mediante el atributo **manifest** en el elemento **<html>**.

<!DOCTYPE HTML>

<html manifest="/cache.manifest">

<body>

...

</body>

</html>

El archivo de manifiesto de la caché se puede ubicar en cualquier lugar de su servidor web, pero necesita ser servido bajo el el tipo de contenido **text/cache-manifest**. Si está ejecutando un servidor web basado en Apache, es probable que tenga que agregar una directiva **AddType** en su **.htaccess** en la raíz de su directorio web:

AddType text/cache-manifest .manifest

A continuación, asegúrese de que el nombre de su archivo de manifiesto de la caché termina en .**manifest**. Si utiliza un servidor web diferente o una configuración de Apache diferente, consulte la documentación de su servidor del control del encabezado **Content-Type**.

Curiosidad

Mi aplicación web abarca más de una página. Necesito un atributo manifest en cada página, o puedo ponerla sólo en la página de inicio?

Todas las páginas de la aplicación web necesita un atributo **manifest** que apunte al manifiesto de la caché para cada aplicación.

Bien, entonces cada una de las páginas HTML que apuntan a su archivo de manifiesto de la caché, así como su archivo de manifiesto y el servidor de caché con el encabezado **Content-Type** adecuado. Pero lo que sucede en el archivo de manifiesto? Aquí es donde las cosas empiezan a ponerse interesantes.

La primera línea de cada archivo de manifiesto de caché es la siguiente:

CACHE MANIFEST

Después de eso, todos los archivos de manifiesto se dividen en tres partes: el "explícito", el "reserva", y la "lista blanca en línea". Cada sección tiene un encabezado, en su propia línea. Si el archivo de manifiesto no tiene alguno de los siguientes encabezados de sección, todas las características enumeradas van implícitamente en el "explícito". Trate de no pensar en la terminología, de lo contrario su cabeza explotará.

Este es un archivo de manifiesto válido. Enumera tres características: a una imagen JPEG, archivos CSS, JavaScript y un archivo.

CACHE MANIFEST
/ Clock.css
/ Clock.js
/ Clock-face.jpg

Este archivo de manifiesto de caché no tiene encabezados de sección, a continuación, todos los recursos se encuentran en el "explícito" por defecto. Los recursos en la descarga "explícita" y la caché se realizarán a nivel local, y se pueden utilizar en lugar de sus semejantes cuando se desconecta de la red. Una vez que se carga el archivo de manifiesto de caché, el navegador descarga el **clock.css, clock.js y clock-face.jpg** en el directorio raíz de tu servidor web. A continuación, puede desconectar el cable de red y actualizar la página, y todas esas características estarán disponibles sin conexión.

Curiosidad

Tengo que anunciar mis páginas HTML en mi manifiesto de caché? Sí y no. Si la aplicación web completa se encuentra en una sola página, sólo asegúrese de que la página señala el manifiesto de la caché mediante el atributo **manifest**. Cuando explora una página HTML con el atributo **manifest**, la página en sí supone que es parte de la aplicación web, entonces usted no tiene que incluirla en el archivo de

manifiesto. Sin embargo, si la aplicación web se compone de
múltiples páginas, debe incluir todas las páginas HTML en el archivo
de manifiesto, de lo contrario el navegador no sabrá que hay otras
páginas HTML en las que hay elementos que descargar.

Secciones Network

Este es un ejemplo un poco más complicado. Supongamos que
desea que la aplicación del reloj rastree a los visitantes, utilizando un
script **tracking.cgi** que se carga dinámicamente por un atributo <**img.
src**>. Al darse cuenta la caché de ese recurso pondrá fin a la finalidad
de ese rastreamiento, entonces ese recurso nunca deberá realizar caché
y nunca deberá de estar disponible sin conexión. Esto es lo que debe
hacer:

```
CACHE MANIFEST
NETWORK:
/ Tracking.cgi
CACHE:
/ Clock.css
/ Clock.js
/ Clock-face.jpg
```

Este archivo de manifiesto de caché incluye encabezados de
sección. La línea marcada **NETWORK:** es el comienzo de esta

sección "**lista blanca en línea**". Los recursos de esta sección no sufrirán caché y no estarán disponibles sin conexión. Si trata de cargarlos sin conexión se producirá un error. La línea marcada **CACHE:** es el comienzo de la "**explícita**". El resto de la caché de archivo de manifiesto es el mismo que el ejemplo anterior. Cada una de las tres características mencionadas estarán en caché y disponibles offline.

Secciones de reserva

Esto es más que una sección de un archivo de manifiesto de la caché: es la sección de reserva. En la sección de reserva, puede definir anulaciones de recursos en línea que, por cualquier razón, no deben realizar la caché o que no realicen la caché debe con éxito. La especificación HTML5 ofrece este ejemplo usando la sección de reserva:

```
CACHE MANIFEST
FALLBACK:
/ /offline.html
NETWORK:

*
```

¿Qué hace esto? En primer lugar, considere un sitio que contiene millones de páginas, como la Wikipedia. No se puede descargar todo el sitio, o lo que quieras. Pero supongamos que usted puede dejar que parte de ella estén disponibles sin conexión. ¿Cómo decidir qué páginas serán caché? Qué tal esto: todas las páginas que ya ha visto en una hipotética Wikipedia harían caché sin conexión y descarga. Esto incluiría cada entrada de la enciclopedia que ha visitado, cada página de discusión, donde se encuentran los debates improvisados sobre una entrada en particular de la enciclopedia, y cada página de edición, donde puede realmente hacer cambios en una entrada en particular.

Eso es lo que hace la caché de manifiesto. Supongamos que cada página HTML (entrada, discusión, edición, historia) en Wikipedia apunte a este archivo de manifiesto de caché. Cuando usted visita una página que apunta al manifiesto de la caché, su navegador dice "oye, esta página es parte de una aplicación web offline, esto es algo que yo sé?" Si tu navegador no descarga el archivo manifiesto de caché, se creará un nuevo "**appCache**" offline, (nombre corto de "caché de la aplicación"), descargará todos los recursos que aparecen en el manifiesto dc caché y, a continuación, agregará la página actual a **appCache**. Si su navegador apunta al manifiesto de la caché, se limitará a añadir la página actual a la **appCache** existente. Por lo tanto, la página que acaba de visitar acabará en la **appCache** existente. Esto es importante. Esto significa que puede tener una aplicación web offline, por lo "perezoso", añade cada página que se visita. Así no será necesario enumerar cada una de sus páginas HTML en el manifiesto de la caché.

Ahora vea la sección de reserva. La sección de reserva del manifiesto de caché sólo tiene una línea. La primera parte de la línea (antes del espacio) no es una dirección URL. En realidad, es un patrón de URL. El único carácter (/) establecerá cualquier página de su sitio, no sólo la página principal. Cuando intente visitar la página sin conexión, el explorador buscará la **appCache**. Si el navegador encuentra la página en **appCache** (porque usted la visitó mientras esta en línea y la página se añadió implícitamente a la **appCache** en ese momento), entonces el navegador mostrará una copia de la página en caché. Si su navegador no encuentra la página en **appCache**, en lugar de mostrar un mensaje de error se mostrará la página **/offline.html**, según lo especificado en la segunda parte de esa línea en la reserva.

Por último, se analiza la sección de **Network**. La sección de **Network** en este archivo de manifiesto de caché también tiene una sola línea, la línea que contiene sólo un único carácter **(*).** Este caracter tiene un significado especial en la sección **Network**. Se llama **"comodín lista blanca en línea"**. Es una manera elegante de decir que todo lo que no está en la **appCache** todavía se puede llevar a cabo descargando desde la dirección web original, siempre que disponga de una conexión a Internet. Esto es importante para una aplicación web en línea de composición abierta. Esto significa que mientras que usted está navegando en línea en esta hipotética Wikipedia, el navegador buscará las imágenes, vídeos y otros recursos embebidos normalmente, incluso si se encuentran en un dominio diferente. Esto es común en los sitios web grandes, incluso si no son parte de las aplicaciones web offline. Las páginas HTML se generan y se sirven a nivel local, mientras que las imágenes y los vídeos se ofrecen en forma de **CDN** en otro dominio, sin este comodín, nuestra hipotética línea Wikipedia se comportaría de forma extraña mientras estuviera en línea, en concreto, no cargaría las imágenes o los videos alojados externamente.

Este es un ejemplo completo? No. Wikipedia es más que archivos HTML. En ella normalmente se utilizan CSS, JavaScript, y las imágenes de cada página. Cada una de estas características tienen que ser enumeradas explícitamente en la sección **CACHE:** en el archivo de manifiesto para cada página y de esta manera se comportará correctamente en el modo offline. Pero el punto de la sección de reserva es que usted puede tener una aplicación web en línea de composición abierta que se extienda más allá de los recursos que enumeró de manera explícita en el archivo de manifiesto.

El Flujo de Eventos

Hasta ahora, he hablado de las aplicaciones web offline, sobre el caché **manifest** y vagamente sobre la de las aplicación web offline ("**appCache**"), con términos casi mágicos. Las cosas se cargan, los navegadores toman decisiones y todo funciona. Usted sabe mejor que esto es cierto, ¿verdad? Es decir, que estamos hablando de desarrollo web. Nada "simplemente funciona".

En primer lugar, vamos a hablar sobre **el flujo de eventos**. En concreto, los eventos **DOM**. Cuando su navegador web accede a una página que apunta a un archivo de manifiesto de caché, se desencadenan una serie de eventos en el objteto **window.applicationCache**. Sé que suena complicado, pero confíe en mí, esta es la versión más simple lo que se me ocurrió y que no dejará fuera la información importante.

1. Una vez que el navegador percibe el atributo manifest en el elemento **<html>**, se dispara un evento **checking**. Todos los eventos mencionados aquí son accionados por el objeto **window.applicationCache**. El evento **checking** siempre es lanzado, independientemente de si usted ha visitado esta página u otra página que apunta al mismo archivo de manifiesto de caché.

2. Si el navegador nunca había visto antes el manifiesto de caché...

    o   Se va a activar el evento **downloading**, y luego empezará a descargar los archivos que aparecen en el manifiesto de la caché.

    o   Mientras se descarga, el navegador disparará periódicamente el evento **progress**, que contiene información sobre la cantidad de archivos que se han descargado y cuántos archivos se encuentran todavía en la cola de descargas.

o   Una vez que todos los archivos que aparecen en el manifiesto de la caché se descargan correctamente, el navegador dispara un evento final, el **cached**. Esta es la señal de que la aplicación web fuera de línea está completamente en caché y listo para ser utilizado sin conexión. Vale, ya está.

3.   Por otro lado, si usted ha visitado esta página antes, o alguna otra página que apuntan al mismo archivo de manifiesto de caché, el navegador web ya reconoce este manifiesto de la caché. Es posible que ya tenga algunos archivos en la **appCache**. Incluso **appCache** puede contener toda la aplicación web que se ejecuta en línea. Entonces la pregunta es, el manifiesto de caché ha cambiado desde la última vez que accedió el navegador?

o   Si la respuesta es no, el manifiesto de la caché no ha cambiado, su navegador activará inmediatamente el evento **noupdate**, y eso es todo.

o   Si la respuesta es sí, el manifiesto de la caché ha cambiado, su navegador activará el evento **downloading** y empezará a descargar todos los archivos que aparecen en el manifiesto de la caché de nuevo.

o   Mientras que los archivos son descargados, su navegador disparará periódicamente el evento **progress**, que contiene información tal como el número de archivos que se han descargado hasta el momento y la cantidad de archivos que todavía están en la cola para ser descargados.

o Una vez que todos los archivos que aparecen en el manifiesto de la caché se descargan de nuevo con éxito, el navegador activará un evento llamado final **updateready**. Esta es la señal de que una nueva versión de su línea de aplicaciones web está totalmente en caché y listo para su uso sin conexión. No se está utilizando todavía la nueva versión. Para hacer un "cambio rápido" a la nueva versión sin obligar al usuario a actualizar la página actual, puede llamar manualmente la función **window.applicationCache.swapCache ().**

Si, en cualquier momento de este proceso, algo va mal, su navegador activará el evento **error** y se detendrá.

He aquí una breve lista de lo que pudo haber salido mal:

- El manifiesto de caché devuelve un error **HTTP 404** (página no encontrada) o **410** (Permanently Gone).
- Encontró el manifiesto de la caché y no se ha cambiado, pero la página HTTP que apunta al archivo de manifiesto de caché y no se ha cargado correctamente.

- El manifiesto de la caché se ha modificado mientras la carga estaba en marcha.
- Se encontró que el manifiesto de la caché cambió, pero que el navegador no pudo descargar uno de los archivos que aparecen en el manifiesto de la caché.

La Depuración

Quiero hablar de dos puntos importantes. El primero es algo que usted acaba de leer, pero yo apuesto a que no lo absorbió muy bien, así que aquí va de nuevo: incluso si un solo archivo de los que aparece en el archivo de manifiesto de la caché no ha tenido tiempo para ser cargado correctamente, todo el proceso de caché en línea de las aplicaciones web no funcionará correctamente. Su navegador disparará el evento de **error**, pero no hay nada que indique cuál es el problema. Esto puede hacer de la depuración de aplicaciones web offline algo aún más frustrante de lo que normalmente es.

El segundo punto importante es algo que, técnicamente hablando, no es un error, pero parece como un problema grave en el navegador hasta que encuentra lo que está sucediendo. ¿Está relacionado con cómo verifica su navegador que un archivo de manifiesto de la caché ha cambiado. Este es un proceso de tres etapas. Es aburrido, pero muy importante, así que presta atención.

1.   Via semántica HTTP, su navegador comprobará si el manifiesto de la caché ha expirado. Al igual que cualquier otro archivo que se sirve a través de HTTP, el servidor incluye el meta-data, como lo hace normalmente en el archivo en los encabezados de respuesta HTTP. Algunos de estos encabezados **HTTP (Expires y Cache-Control)** le dicen a su navegador como está permitido cachear archivos sin al menos tener que preguntar que cambió en el servidor. Este tipo de caché no tiene ninguna relación con las aplicaciones web offline. Esto sucede en casi todas las páginas HTML, hojas de estilo, scripts, imágenes o cualquier otro archivo en la web.

2.   Si el manifiesto de la caché ha expirado (de acuerdo con el encabezado HTTP), el navegador le pedirá al servidor la versión más reciente, y si no, el navegador descargará el mismo. Para ello, el navegador muestra una petición HTTP que incluya la fecha de la última modificación del manifiesto de caché, lo que el servidor incluye en el encabezado de respuesta HTTP la última vez el navegador descarga el manifiesto de caché de archivos. Si el servidor determina que el archivo de manifiesto de la caché no ha cambiado desde esa fecha, simplemente devolverá un estado de **304** (no modificado). Una vez más, nada de esto es específico para las aplicaciones web offline. Esto ocurre esencialmente para todos los tipos de archivos en la web.

3.   Si la herramienta encuentra que el archivo de manifiesto de la caché ha cambiado desde entonces, devolverá un código

de estado **HTTP 200** (OK), seguido por el contenido del nuevo archivo con un nuevo encabezado **Cache-Control** y una nueva fecha de la última modificación archivo, entonces los pasos 1 y 2 funcionarán correctamente la próxima vez. HTTP es legal, los servidores web están siempre preparados para el futuro. Si su servidor web tiene un archivo, este hará todo lo posible para asegurarse de que no lo va a enviar dos veces.. Una vez descargado el archivo nuevo de manifiesto de la caché, el navegador comparará el contenido del archivo descargado con el archivo descargado desde la última vez. Si el contenido de los archivos de manifiesto de caché son los mismos, su navegador no descargará de nuevo ninguno de los archivos que aparecen en ella.

Cualquiera de estos pasos puede confundirnos cuando estemos programando y probando la aplicación web sin conexión. Por ejemplo, digamos que usted ejecutó una versión su archivo de manifiesto de caché, y, a continuación, diez minutos más tarde, se da cuenta que necesita añadir otro archivo en el mismo. No hay problema, ¿verdad? Sólo tiene que añadir una línea y volver a publicar. Oh no! Ahora pasará lo siguiente: se actualiza la página, el navegador se da cuenta de que hay un atributo **manifest**, se dispara el control de eventos, y luego ... nada. Su navegador insiste en que el archivo de manifiesto de la caché no se ha modificado. ¿Por qué? Porque, por defecto, el servidor probablemente está establecido para indicar al navegador donde almacenar los archivos estáticos en caché durante unas horas, a través de la semántica, utilizando encabezados **HTTP Cache-Control**. Esto significa que su navegardor nunca llegará a pasar del paso 1 dentro del proceso de los tres pasos. Ciertamente, el servidor web sabe que el archivo ha cambiado, pero su explorador no llegará a hacer la solicitud al servidor. ¿Por qué? Porque la última vez que tu navegador descargó el archivo de manifiesto de caché, el servidor nos pidió cachear los archivos durante un par de horas, a través de la semántica, utilizando encabezados **HTTP Cache-control**. Y ahora, 10 minutos más tarde, eso es exactamente lo que está haciendo tu navegador.

Para que quede claro, esto no es un **bug**, es una característica. Todo está funcionando exactamente como debería. Si los servidores web no tienen una manera de decirle a los navegadores, y proxies intermedios, que cosas cachear, la web podría colapsarse desde el primer día a la noche. Pero esto no es reconfortante, después de pasar horas tratando de averiguar por qué su navegador no avisa sobre una actualización del archivo de manifiesto de la caché.

Así que aquí hay una cosa que debe hacer, definitivamente: volver a configurar el servidor web para almacenar los archivos de manifiesto en caché que no se almacenan en caché por la semántica HTTP. Si utiliza un servidor basado en Apache, estas dos líneas en su htaccess hará el truco:

```
ExpiresActive On
```

ExpiresDefault "access"

Esto en realidad desactiva el almacenamiento en caché para todos los archivos de ese tipo de directorio y subdirectorios. Esto probablemente no es lo que quieres durante la producción, entonces usted deberá calificar con una directiva **\<Files\>** para que, así, afectará solamente a su archivo de manifiesto de la caché, o creará un subdirectorio que solamente contenga este archivo **.htaccess** y sus archivos de manifiesto de caché. Como siempre, los detalles de configuración varían dependiendo del servidor, consulte la documentación de cómo controlar sus cabeceras de caché HTTP.

Una vez que haya desactivado la caché de HTTP para el archivo de manifiesto de caché, todavía se encontrará con situaciones en las que actualizará uno de los archivos enumerados en **appCache**, pero este continuará con la mismo URL en su servidor. Aquí, el segundo paso del proceso de tres pasos. Si el archivo de manifiesto de la caché no se ha modificado, el navegador no te avisará de que uno de los archivos previamente almacenados en caché se ha modificado. Consideremos el siguiente ejemplo:

```
CACHE MANIFEST
# rev 42
clock.js
clock.css
```

Si ya ha cambiado el archivo **clock.css** y lo publicado de nuevo, no podrá ver los cambios, porque el archivo de manifiesto de la caché no se ha modificado. Cada vez que se realiza un cambio en uno de los archivos en línea de sus aplicaciones web, también tendrán que cambiar el archivo de manifiesto de la caché. Esto puede ser tan fácil como cambiar un carácter. La forma más sencilla que encontré para hacer esto es incluir una línea de comentario con un número de revisión. Cambiar el número de revisión en el comentario, y luego el servidor entregará los cambios de los archivos listados en el archivo de manifiesto de caché, el navegador cuenta de que el contenido del archivo se ha modificado y se iniciará el proceso para volver a descargar los archivos listados en el archivo de manifiesto .

```
CACHE MANIFEST
# rev 43
clock.js
clock.css
```

Vamos a construir un…

Recuerde que el juego Halma presentado en que vimos en la parte del Canvas?, y que después fue mejorada al guardar el estado con el almacenamiento local persistente? Dejaremos nuestro juego, Halma, Offline.

Para ello, necesitamos un archivo de manifiesto que enumere todos los archivos que el juego necesita para tener acceso. Bueno, tenemos la página principal de HTML, un archivo JavaScript que contiene todo el código del juego y ... solamente esto. No hay fotos, porque todos los dibujos se hacen mediante programación a través de la **API Canvas**. Toda el CSS necesario está en un elemento <**style**> en la parte superior de la página HTML. Así que nuestro archivo de manifiesto de caché es el siguiente:

```
CACHE MANIFEST
halma.html
../halma-localstorage.js
```

Una palabra acerca de las rutas. He creado un subdirectorio **offline/** en el directorio **examples/**, y este archivo de manifiesto de la caché residirá dentro de ese subdirectorio. Debido a la página HTML, tenemos que añadir algo más para trabajar sin conexión, también creará una copia independiente del archivo HTML, que también residirá en el subdirectorio **offline/**. Sin embargo, gracias a que no hay cambios en el código JavaScript, añadimos soporte para el almacenamiento local, así que estoy literalmente, volviendo a utilizar el mismo archivo **.js**, que reside en el directorio padre **examples/.** Todos juntos, los archivos se parecen a esta estructura:

```
/examples/localstorage-halma.html
/examples/halma-localstorage.js
/examples/offline/halma.manifest
```

/examples/offline/halma.html

En el archivo de manifiesto de la caché
(/examples/offline/halma.manifest), queremos hacer referencia a dos
archivos. En primer lugar, a la versión sin conexión de HTML
(/examples/offline/hamla.html). Dado que estos dos archivos están en
el mismo directorio se enumeran en el archivo de manifiesto sin
ningún prefijo de ruta. En segundo lugar, el archivo JavaScript que
reside en el directorio principal **(/examples/Hamla-localstorage.js).**
Esto aparece en el archivo de manifiesto mediante una anotación de
URL relativa: **.. /halma-localstorage.js**. Esta es la ruta que debe
utilizar una dirección URL en un atributo **<img src>**. Como se verá en
el siguiente ejemplo, también puede utilizar rutas absolutas (a partir de
la raíz del dominio actual) o incluso URLs absolutas (apuntando a
archivos en otros dominios).

Ahora, en el archivo HTML, tenemos que añadir el atributo
manifest que apunta al archivo de manifiesto de caché.

```
<!DOCTYPE html>
<html lang="en" manifest="halma.manifest">
```

Listo! Cuando un navegador con soporte offline, carga por primera
vez la página HTML con soporte offline habilitado, se descargará el
archivo de manifiesto de la caché y descargará todos los archivos
referenciados, almacenando todos los archivos en la caché de la
aplicación web offline. A partir de este momento, algoritmo offline de

la aplicación dará cuenta de todo, siempre que la página sea visitada. Usted podrá jugar offline, ya que el juego recordará su estado localmente, usted puede salir y volver todas las veces que quiera.

Formularios

New form types

placeholder [Enter text here..]

email [emailid@provider.com]

date [2011-07-30] ⊕

range ━━●━━━━━

number [0] ⊕

tel [+91 12345 678090]

url [http //example.com]

search ⊙ Search...

Todo el mundo sabe acerca de los formularios web, ¿no? Crear un <form>, algunos campos <input type="text">, o tal vez <input type="password"> al final un botón <input type="submit"> y ya está.

No sabes ni la mitad de ellos. El HTML5 define más de una docena de nuevos tipos de campos que puede utilizar en sus formularios. Y cuando digo "usar" es utilizarlos ahora sin trucos o soluciones. Eso sí, no te dejes llevar mucho, yo no he dicho que todas estas características sean compatibles con todos los navegadores de hoy en día En los navegadores modernos, sus formularios reventarán.

Marcador de posición

Soporte para Placeholder						
IE	Firefox	Safari	Cromo	Ópera	iPhone	Android
·	3.7 +	4.0 +	4.0 +	11.0 +	4.0 +	·

La primera mejora de los formularios web en HTML 5 es la capacidad de definir un texto como marcador de posición en los campos de entrada. Este texto aparece en la entrada, mientras que el campo está vacío o fuera de foco. Tan pronto como se hace clic desaparece el texto de marcador de posición.

Usted probablemente ha visto el marcador de posición antes. Por ejemplo, Mozilla Firefox tiene un marcador de posición de texto en la barra de direcciones, donde dice **"Buscar marcadores e historial**":

Al hacer clic en la barra de direcciones, el texto desaparece:

He aquí cómo usted puede incluir un marcador de posición de texto en el formulario web:

<form>

  <input name="q" placeholder="Search Bookmarks and History">

  <input type="submit" value="Search">

</form>

Los navegadores que no soporten el atributo **placeholder** simplemente lo ignorarán. Vea si su navegador es compatible con el texto del marcador.

Curiosidad

¿Puedo utilizar etiquetas HTML en el atributo **placeholder**? Me gustaría insertar una imagen, o tal vez para cambiar los colores.

El atributo **placeholder** sólo pueden contener texto, sin formato HTML. Pero hay algunas extensiones de CSS propietarias que específicamente están permitiendo estilos de texto del **placeholder** en algunos navegadores.

Los campos con autofocus

Soporte a Autofocus						
IE	Firefox	Safari	Cromo	Ópera	iPhone	Android
·	4.0 +	4.0 +	3.0 +	10.0 +	·	·

Los sitios web pueden usar JavaScript para crear un enfoque automático en el primer campo de un formulario. Por ejemplo, la página principal del Google enfoca automáticamente al campo de búsqueda para que pueda introducir sus palabras clave. Si bien esto es conveniente para la mayoría de la gente, puede ser molesto para los usuarios experimentados o personas con necesidades especiales. Si pulsa la barra espaciadora esperando a la página de desplazamiento, no lo hará, porque la atención se centra en un campo de formulario. Usted tendrá un espacio en el campo en lugar de desplazarse. Si su atención se centra en otro campo, mientras que la página todavía está cargando, el código de enfoque automático, en vez de ayudarle, desplazará el foco al campo original, interrumpiendo el flujo y causando que el foco se ubique en el lugar equivocado.

Debido a que **autofocus** puede ser procesado por JavaScript, se hace complicado hacer frente a estos casos específicos, y esto es un pequeño ajuste para las personas que no quieren que el sitio web "pierda" el foco.

Para resolver este problema, HTML5 introdujo el atributo **autofocus** para todos los elementos de formulario web. El atributo autofocus realiza exactamente lo que dice, el enfoque automático. El truco: en cuanto se carga la página, se mueve el foco a un campo particular. Pero como solo es un marcador alrededor de un script, el comportamiento se vuelve coherente en todo el sitio web. Además, los navegadores (o extensiones) pueden ofrecer al usuario desactivar el enfoque automático.

He aquí cómo usted puede definir un campo de formulario con enfoque automático:

```
<form>

  <input name="q" autofocus>

  <input type="submit" value="Search">

</form>
```

Los navegadores que no soportan el atributo **autofocus** simplemente lo ignorarán. Vea si su navegador soporta **autofocus**.

¿Cómo es eso? ¿Quiere decir que si deseará que el enfoque automático funcionase en todos los navegadores, no puedo? ¿sólo sirve en estos navegadores completos de HTML5? Bueno, usted puede mantener su script de enfoque automático actual.

Puede hacer precisamente estos dos pequeños cambios:

1. Agregue el atributo **autofocus** en el marcado HTML
2. Detectar si el navegador soporta el atributo **autofocus** y ejecute su propio script de autofoco en caso de que el navegador no soporte nativamente **autofocus**.

Enfoque automático con reserva

```
<form name="f">

  <input id="q" autofocus>

  <script>

    if (!("autofocus" in document.createElement("input"))) {

      document.getElementById("q").focus();

    }

  </script>

  <input type="submit" value="Go">

</form>

...
```

Establecer un enfoque lo más pronto posible

Muchas páginas web esperan a cargar **window.onload** para establecer un foco. Pero el evento **window.onload** no ejecuta ninguna acción hasta que se hayan cargado todas las imágenes. Si su página tiene varias imágenes, la secuencia de comandos puede interrumpir y volver a centrarse en un campo, mientras que el usuario ya está interactuando en otra parte de la página. ¿Por qué los usuarios experimentados odian los scripts de enfoque automático?.

En el ejemplo siguiente se ejecuta el script de enfoque automático inmediatamente después que se declaran los campos del formulario. Esta es la solución ideal, pero puede ofender a su ego poniendo un bloque de código JavaScript en el centro de la página. (O, más práctico, un sistema de back-end, puede que no tenga esta flexibilidad). Si no se puede poner un script en el centro de la página, debe ajustar el enfoque para un evento personalizado. Por ejemplo, la **$ (Document). Ready ()** de **jQuery** en lugar de **window.onload**.

Enfoque automático con jQuery fallback

```
<head>
<script src=jquery.min.js></script>
<script>
  $(document).ready(function() {
    if (!("autofocus" in document.createElement("input"))) {
      $("#q").focus();
```

```
    }
  });
</script>
</head>
<body>
<form name="f">
  <input id="q" autofocus>
  <input type="submit" value="Go">
</form>
```

jQuery ejecuta el evento personalizado **ready** tan pronto como el DOM está disponible, es decir, espera hasta que todo el texto de la página se haya cargado, pero no espera hasta que todas las imágenes carguen. No está cerca del ideal, si la página es bastante grande y la conexión a Internet es muy lenta, el usuario puede empezar a interactuar con la página antes de ejecutar la secuencia de comandos de enfoque automático. Pero es mucho mejor esperar a **window.onload**.

Si no se atreven o no pueden insertar un solo bloque de código en el HTML, hay un término medio menos ofensivo que la primera opción y más optimizado que el segundo. Puede usar los eventos personalizados de **jQuery** para definir su propio, digamos **autofocus_ready**. Así que usted puede activar de forma manual, inmediatamente después del campo con enfoque automático está disponible.

Enfoque automático con fallback usando un evento personalizado

```
<head>

<script src=jquery.min.js></script>

<script>

  $(document).bind('autofocus_ready', function() {

    if (!("autofocus" in document.createElement("input"))) {

      $("#q").focus();

    }

  });

</script>

</head>

<body>

<form name="f">

  <input id="q" autofocus>

  <script>$(document).trigger('autofocus_ready');</script>

  <input type="submit" value="Go">

</form>
```

Este enfoque es mejor que el primero, el enfoque se establecerá tan pronto como la técnica lo permite, mientras que el texto de la página todavía está cargando. Pero transfiere gran parte de su lógica de aplicación (formulario de campo de enfoque) fuera del cuerpo de la página. Este ejemplo se basa en **jQuery**, pero el concepto de eventos no es exclusivo del **jQuery** personalizado. Otras bibliotecas JavaScript como YUI y Dojo ofrecen capacidades similares.

En resumen:

- Ajustar el enfoque correctamente es importante.
- De todas las posibilidades, deje que el navegador establezca el atributo **autofocus** en el campo de formulario en el que desea el foco.
- Si codifica una reserva para los navegadores más antiguos, detecte el soporte para el atributo **autofocus** y asegúrese que el retorno funcionará en los navegadores más antiguos.
- Ajuste el foco lo antes posible. Introduzca la secuencia de comandos de enfoque dentro de la marca inmediatamente después del campo de formulario. Si esto le ofende, utilice bibliotecas de JavaScript que soporten los eventos personalizados para activar un evento personalizado inmediatamente después de que el campo de formulario está disponible. Si no puede hacerlo, sólo tiene que utilizar algo como esto **$ (document). Ready ().**

- En otras circunstancias esperará hasta la carga de **window.onload** para tener el conjunto de enfoque.

Direcciones de correo electrónico

Durante más de una década, había sólo unos pocos tipos de campos en formularios web. Los más comunes fueron:

Tipo del Campo	HTML	Billetes
caja	<input type="checkbox">	pueden ser marcados o sin marcar
botón de radio	<input type="radio">	se pueden agrupar con otros
campo de contraseña	<input type="password">	muestra los puntos en lugar de caracteres introducidos
listas desplegables	<select> <option> ...	
selector de archivos	<input type="file">	abre una ventana de "abrir archivos"
botón de envío	<input type="submit">	
texto plano	<input type="text">	el atributo de tipo se puede omitir

Todos estos campos continuan existiendo en HTML5. Si se "actualiza a HTML5" (tal vez cambiando el DOCTYPE), no será necesario realizar ningún cambio en los formularios. Viva la compatibilidad!

Sin embargo, hay 13 nuevos tipos de campos en HTML5, y por razones que se aclararán en breve no hay por qué empezar a usarlas.

El primero de estos nuevos campos es de dirección de correo electrónico. Declara lo siguiente:

```
<form>
 <input type="email">
 <input type="submit" value="Go">

</form>
```

Estaba a punto de escribir una sentencia que comienza con "en los navegadores que no soportan type =" email "..".., pero me detengo. ¿Por qué? Porque no estoy seguro de lo que quiere decir que un navegador no soporta **type = "email"**. Todos los navegadores del mundo soportan el **type = "email"**. Estos simplemente no hacen nada especial con ella (verás algunos ejemplos de tratamiento especial en breve), pero los navegadores que reconocen **type = "email"** lo tratan como **type = "text"** y lo renderizarán un tipo de campo simple.

No puedo enfatizar lo importante que es esto. Internet tiene millones de formularios que solicitan que se introduzca una dirección de correo electrónico, y todos ellos utilizan **input type="text"**. Usted ve un campo de texto, introduce una dirección de correo

electrónico en la caja, y eso es todo. Como HTML5 utiliza el **type =
"email".** Se asustarán los navegadores? No. Cualquier tipo de
navegador de los que existen, tratarán los atributos **type = "null"**
como un **type = "text"** - incluyendo IE6. A continuación, ya podrá
"actualizar" su formulario con **type = "email".**

¿Qué quieres decir con navegadores que INCLUSO soportan type =
"email"? Bueno, significa varias cosas. La especificación HTML5 no
requiere ninguna interfaz especial para este nuevo tipo de campo.
Mayoría de los navegadores de escritorio como Safari, Chrome, Opera
y Firefox, simplemente hacen un cuadro de texto, exactamente como
type = "text", para que los usuarios no notén la diferencia.

Luego viene el iPhone.

El iPhone no tiene un teclado físico. El Typing se realiza a través
del tacto en un teclado virtual, que aparece en los momentos
adecuados. Por ejemplo, al seleccionar un campo de un formulario
web. Apple hizo algo inteligente en el navegador del iPhone.
Reconoce varios nuevos tipos de campos de HTML5 y cambia
dinámicamente el teclado virtual para adaptarlo al campo específico.

Por ejemplo, el campo de dirección de correo electrónico es texto,
¿no? Está bien, pero necesita un tipo especial de texto, prácticamente
todas las direcciones de correo electrónico contienen el símbolo @ y
por lo menos un punto ()., y por lo general no tienen ningún espacio.
Así que cuando se utiliza el iPhone y se enfoca en un campo <**input**

type="email">, tiene un teclado que tiene una zona de barra más pequeña que las teclas habituales y más específicas para los caracteres @ y ().

En resumen: No hay ningún inconveniente en convertir todos sus campos de correo electrónico por **type = "email".** Prácticamente nadie se dará cuenta, salvo los usuarios de iPhone, que probablemente no se dará cuenta también. Pero los que se den cuenta sonreirán con timidez y gracias por hacer que la experiencia web más fácil.

Direcciones Web

Direcciones web. Los usuarios más avanzados de Internet las llaman **URLs**, excepto para unos pocos pedantes que llaman las **URI**, otro tipo de texto especializado. La sintaxis de las direcciones web se definen por las normas pertinentes de Internet. Si alguien le pide que escriba una dirección web en un formulario, se espera algo así como **"http://www.google.com/"**, no **"Calle Manolete 25"**. Las barras son comunes, incluyendo la página principal de Google que cuenta con tres de ellas. Los puntos son muy comunes también, pero los espacios están prohibidos. Y todas las direcciones web están relacionadas con un sufijo de dominio como **".com"** o **".org".**

Mire el **<input type="url">**. En el iPhone:

El iPhone cambia su teclado virtual, de la misma manera que lo hace para los campos de dirección de correo electrónico, sólo que esta vez está optimizado para las direcciones web. La barra espaciadora se sustituye por tres teclas: un punto, una barra, y un botón de "Ir". Si presiona durante un tiempo la tecla con el sufixo **".com"** podrá elegir otros sufijos comunes como **".org"** o **".net"**.

Los navegadores más modernos, simplemente tratan un campo **type = "url"** como un cuadro de texto, sus usuarios no notarán la diferencia al enviar el formulario. Los navegadores que soportan HTML5 tratarán el **type = "url"** igual que a un **type = "text",** por lo que no hay ninguna desventaja en su uso para todos los campos que requieran una dirección web.

Los números en las cajas rotativas

Siguiente: Números. Pedir un número es más complicado que pedir una dirección de e-mail o web. En primer lugar, los números son más complejos de lo que piensas. Rápido: elija un número. -1? No, yo quiero un número entre 1 y 10. 7 ½? No, no una fracción, π? Ahora usted está comenzando a ser irracional...

Mi punto es, por lo general, no piden "sólo un número". Es más probable que usted quiere un número en determinaado intervalo. Y usted desea que sólo cierto tipo de número de este intervalo, tal vez todos los números, pero no en fracciones o decimales, o algo más esotérica como los números divisibles por 10. La HTML5 da soporte a esto.

Elija un número, (casi) cualquier número

```
<input type="number"
    min="0"
    max="10"
    step="2"
    value="6">
```

Vamos a examinar cada atributo de uno en uno.

- **type = "number"** significa que este es un campo numérico.
- **min = "0"** Especifica el valor mínimo aceptable para este campo.
- **max = "10"** es el valor máximo aceptable.
- **step = "2"** combinado con el valor **min** define el número aceptable en el rango: 0, 2, 4 y en adelante hasta el valor **max**
- **value = "6"** es el valor predeterminado. Esto debería resultar familiar. Es el mismo atributo que siempre se utiliza para especificar los valores en un campo de formulario. ¿He mencionado que para llegar al punto en que HTML5 se basa en

las versiones anteriores de HTML. Usted no necesitará volver a aprender cómo hacer las cosas que ya está haciendo.

Este es el formato para los campos numéricos. Tenga en cuenta que todos los atributos son opcionales. Si usted tiene un mínimo y no un máximo, se puede especificar el atributo min pero no el máximo. El intervalo predeterminado es 1 y puede omitir el atributo de paso, si no necesita un rango diferente. Si no hay ningún valor por defecto, entonces el valor del atributo puede estar vacío o incluso omitido.

Pero HTML5 no termina aquí. Por el mismo precio, usted recibe estos métodos de JavaScript muy útiles:

- **input.stepUp (n)** aumenta el valor del campo por **n**.
- **input.stepDown (n)** disminuye el valor del campo por **n**.
- **input.valueAsNumber** devuelve el valor actual como un punto flotante. (La propiedad **input.value** siempre devuelve un **string**)

Problemas de visualización? Bueno, la interfaz de control numérico exacta depende de tu navegador, los fabricantes de navegadores han implementado soporte de diferentes maneras. En el iPhone, donde escribir es incómodo, el navegador optimiza el teclado virtual para las entradas numéricas.

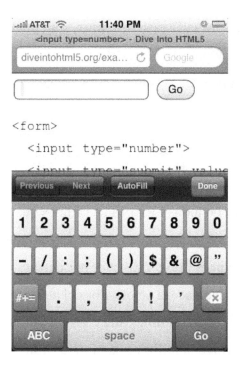

```
<form>
    <input type="number">
    <input type="submit" valu...
```

En la versión de escritorio de Opera, el mismo campo **type = "number"** se representa con un "cuadro de selección", con pequeñas flechas hacia arriba y hacia abajo puede hacer clic y cambiar el valor.

```
<form>
    <input type="number"
            min="0"
            max="10"
            step="2"
            value="6">
```

Opera respeta los atributos **min, max,** y **step**, que siempre van a obtener un valor numérico aceptable. Si aumenta el valor al máximo, la flecha hacia arriba de la caja rotatoria estará desactivada.

Al igual que con todos los tipos de campos que se analizan en este capítulo, si los navegadores que no soportan el type = **"number"** lo tratarán como **type = "text".** El valor por defecto aparecerá en el campo (ya que se almacena en el valor del atributo), pero se ignoran los demás atributos como **min** y **max**. Usted es libre de aplicar a su gusto, o puede volver a utilizar una biblioteca JavaScript que ya cuenta con una caja de control rotativo. Sólo verifique el primer soporte nativo de HTML5, Así:

```
if (!Modernizr.inputtypes.number) {

    // sin soporte nativo para type="number"

    // igual usaremos Dojo u otra biblioteca JavaScript

}
```

Los números en controles deslizante

Los números en las cajas rotativas no son la única manera de representar los campos numéricos. Usted probablemente ha visto **"sliders"** de esta manera:

Ahora usted puede tener controles deslizantes en el formulario de la web también. El margen de beneficio es muy similar al de las cajas rotatorias:

<input type="range"

min="0"

max="10"

step="2"

value="6">

Todos los atributos válidos son del mismo **type = "number"**, **min, max, step** y **value** funcionan de la misma manera. La única diferencia es la interfaz. En lugar de ser un campo para ingresar, se espera que los navegadores rendericen el **type = "range"** como un **slider**. Safari, Chrome y Opera hacen esto. Por desgracia, el iPhone hace un cuadro de texto simple. Qué ni siquiera optimiza el teclado virtual para la entrada numérica. Todos los otros navegadores simplemente tratarán el campo **type** = **"text"**, entonces no hay razón para no empezar a usarlo inmediatamente.

Seleccionadores de Fecha

HTML no tiene ningún tipo de selector de fecha. Las bibliotecas de JavaScript han tenido que hacer frente a esta negligencia (**Dojo,jQuery UI,YUI,Closure Library**), pero, por supuesto, estas soluciones requieren el uso de la biblioteca asuma la construcción del selector de fecha

HTML5, finalmente, define una manera de incluir selectores de fecha nativos. Sin usar scripts personalizados. En realidad, se fija seis: día, mes, semana, hora, fecha + hora y fecha + hora - zona horaria.

Veamos algunos soportes.

Soporte de selectores de fecha

Tipo de campo	Ópera	Cualquier otro navegador
type = "date"	9.0 +	.
type = "month"	9.0 +	.
type = "week"	9.0 +	.
type = "time"	9.0 +	.
type = "datatime"	9.0 +	.
type = "datetime-local"	9.0 +	.

Se trata de cómo representa Opera **<input type="date">**:

Si necesita más tiempo, junto con la fecha. Opera también es compatible con **<input type="datetime">**:

Si sólo necesita el mes y el año (por ejemplo, la fecha de expiración de la tarjeta de crédito). Opera puede hacer **<input type="month">**:

Menos comunes, pero igualmente usados, es la posibilidad de seleccionar una semana específica del año con **<input type="week">**:

Por último, pero no menos importante, también se puede seleccionar una vez con **<input type="time">**:

Es probable que otros navegadores, finalmente se harán cargo de los selectores de fecha. Pero, ¿cómo **type = "email"** y otros campos, que se representan como un cuadro de texto en los navegadores que no reconocen el **type = "date"** y otras variaciones? Si lo prefiere, puede simplemente usar **<input type="date">** y compañía, y hacer felices a los usuarios de Opera, y al de los navegadores que los soportan. Más realista, puede ser utilizar **<input type="date">,** detectar si el navegador tiene soporte nativo para los selectores de fecha, y el uso de una reserva para una secuencia de comandos utilizando la biblioteca de su elección (**Dojo,jQuery UI,YUI,Closure Libary u otra solución).**

Fecha de recogida de material con reserva

```
<form>

  <input type="date">

</form>

...

<script>

  var i = document.createElement("input");

  i.setAttribute("type", "date");

  if (i.type == "text") {

    // sin soporte nativo para el selector de fecha
```

```
        // Utilizamos Dojo/jQueryUI/YUI/Closure Libray para crear
//dinámicamente un sustituto para este elemento <input>

    }

</script>
```

Cuadros de búsqueda

Bueno, este tema es sutil. Bueno, la idea es bastante simple, pero las implementaciones requieren una explicación. Aquí va ...

Buscar. No sólo existen el motor de búsqueda de Google o Yahoo (alias el otro). Considere cualquier cuadro de búsqueda en una página de un sitio web. Amazon tiene un cuadro de búsqueda. Ebay tiene un cuadro de búsqueda. La mayoría de los blogs tienen un cuadro de búsqueda. ¿Cómo lo hacen?con **<input type="text">**, así como todos los otros cuadros de texto de web. Vamos a arreglar eso.

```
<form>

  <input name="q" type="search">

  <input type="submit" value="Find">

</form>
```

Pruebe **<input type="search">** en su propio navegador. En algunos navegadores, usted no notará la diferencia de un cuadro de texto normal. Pero si se utiliza Safari en Mac OS X, aparecerá la siguiente manera:

```
<form>
    <input type="search">
    <input type="submit" ⟍
</form>
```

¿Puede ver la diferencia? El campo cuenta con esquinas redondas, lo sé, lo sé, casi no se puede contener de emoción. Pero espere, hay más. Cuando usted comienza a escribir una caja **type = "search"**, Safari inserta un pequeño botón "**x**" en la esquina derecha de la caja. Al hacer clic en el contenido del campo "**x**" la caja se limpia. Google Chrome, que comparte muchas de las tecnologías con Safari bajo el capó, también tiene este comportamiento. Estos dos pequeños cambios se hacen para que coincida con la apariencia de los cuadros de búsqueda nativas en iTunes y otras aplicaciones en Mac OS X.

```
<form>
    <input type="search">
    <input type="submit" ⟍
</form>
```

Apple.com utiliza **<input type="search">** para los campos de búsqueda en sus sitios web con el fin de mejorar la experiencia de "Mac". Pero no hay ninguna especificación en el Mac. Es sólo una marca, por lo que cada navegador en cada plataforma puede elegir la representación de conformidad con sus especificaciones y convenciones. Como el resto de nuevos tipos de campo, los navegadores que reconocen el **type = "search"** lo tratan como **type = "text"**, entonces no hay absolutamente ninguna razón para no empezar a usar el **type = "search"** para todos los cuadros de búsqueda en la actualidad.

Curiosidad

De forma predeterminada, las versiones anteriores de Safari no implementan los estilos más básicos de CSS en el campo **<input type="search">**. Si desea forzar el Safari para el tratamiento de sus campos de búsqueda como un campo de texto normal (para que pueda insertar sus propios estilos CSS), añada esta regla en su hoja de estilo:

```
input[type="search"] {

  -webkit-appearance: textfield;

}
```

Selectores de color

HTML 5 también tiene **<input type="color">** que le permite seleccionar un color y devolver su representación hexadecimal. Buenas noticias para todos. Opera 11 soporta **type = "color"**. En Mac y Windows, el campo se integra con la plataforma nativa del selector de color. En Linux, con un selector de color básico. En todas las demás plataformas, el campo tiene un límite de seis caracteres de color RGB hexademical, adecuado para su uso en la aceptación de un color CSS.

Pruebe usted mismo campo **type = "color"**.

Formularios de validación

Soporta validación de formularios

IE	Firefox	Safari	Cromo	Ópera	iPhone	Android
·	4.0 +	5.0 +	10.0 +	9.0 +	·	·

En este capítulo, hablo de los nuevos tipos de campos y sus características, tales como el enfoque automático, pero aún no mencioné lo que es quizás el más emocionante de los formularios HTML5: la validación automática de campos. Teniendo en cuenta el problema común de escribir una dirección de correo electrónico en un formulario web. Es probable que tenga una validación del lado del cliente en JavaScript, PHP seguido de un servidor o Python u otro lenguaje de servidor. HTML5 nunca podrá sustituir el servidor de validación, pero algún día reemplazará el lado del cliente.

Hay dos problemas principales para validar una dirección de correo electrónico en JavaScript:

1. Un sorprendente número de sus visitantes (probablemente alrededor del 10%) no tiene habilitado JavaScript
2. Lo v a a hacer mal.

En serio, que la va a hacer mal. Determinar si una cadena aleatoria de caracteres es una dirección de email válida es increíblemente complicado. Cuanto más se mira, más complicado es. He dicho que es muy, muy complicado? ¿No sería más fácil dejar que este dolor de cabeza para el navegador?

Los navegadores modernos validan el **type = "email"**

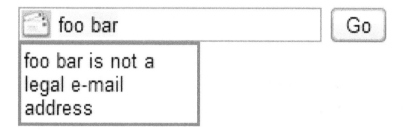

La captura de pantalla pertenece a Opera 10, aunque la funcionalidad está presente desde el Opera 9. El Firefox 4 y el Chrome 10 también proporcionan la misma funcionalidad. La única marcado está involucrado establezca el atributo **tipo** a **"Email"**. Cuando el usuario intenta enviar el formulario con un **campo <input type="email">** su navegador proporciona automáticamente una validación con **RFC**, incluso si está desactivada.

HTML5 también proporciona validación de direcciones de Internet en el campo **<input type="url">** y de números en **<input type="number">.** La validación de los números también tiene en cuenta las características y los atributos **min** y **max**, es decir, los navegadores no permiten enviar el formulario si se introduce un número que es demasiado grande.

No hay marcas para que HTML5 Form Validation, se haga por defecto. Para ello, utilice el atributo **novalidate**.

No me valide, por favorrr

<form novalidate>

  <input type="email" id="addr">

  <input type="submit" value="Subscribe">

</form>

Los campos Requeridos

Soportan los campos obligatorios

IE	Firefox	Safari	Cromo	Ópera	iPhone	Android
·	4.0 +	·	10.0 +	9.0 +	·	·

La validación de formularios HTML5 no se limita a cada tipo de campo. También puede especificar que se requiera un cierto campo. Los campos requeridos necesitan valor antes de que se envíen.

El marcado de un campo obligatorio es de lo más simple posible:

```
<form>
 <input id="q" required>
 <input type="submit" value="Search">
</form>
```

Pruebe **<input required>** en su navegador. Los navegadores pueden cambiar la apariencia por defecto de los campos obligatorios. Por ejemplo, así es como un campo requerido aparece en Mozilla Firefox 4.0

```
<form>
    <input name="q" required>
    <input type="submit" value="Go">
</form>
```

Además, si usted trata de enviar el formulario sin rellenar el valor requerido, Firefox mostrará un mensaje que indicará que el campo es obligatorio y no puede dejarse en blanco.

Distribuido, Extensible y mucho más

Existen más de 100 elementos en HTML5. Algunos son puramente semántica, otros son sólo recipientes para API s de script. A lo largo de la historia de HTML, siendo conocedor de que las normas se han estado discutiendo sobre qué elementos deberían incluirse en el lenguaje. ¿El elemento <**figure**> debe ser incluido en HTML? ¿y el elemento <**person**>? Que tal el elemento <**rant**>? Las decisiones se toman, las especificaciones están escritas, los actores actúan, los ejecutores implementar, y la web da un gran paso adelante.

Claro, HTML no se puede complacer a todos. Ningún estándar puede. Algunas ideas no cumplen los requisitos. Por ejemplo, está el elemento HTML5 <**person**>, también existe el elemento <**rant**>. Nada le impide utilizar elementos <**person**> en una página web, pero no validará y no funcionará consistentemente en los navegadores, y puede estar en conflicto con las futuras especificaciones de HTML, si el elemento se añade más adelante.

Bueno, parece que, hacer su propio elemento no es la respuesta, ¿que hace que un escritor sea semánticamente correcto? Ha habido intentos de extender las versiones anteriores de HTML. El método más popular es el **microformats**, que utilizan los atributos **class** y los **rel** en HTML. Otra opción es **RDFa**, que fue diseñado para ser utilizado en originamente XHTML pero también fue portado a HTML.

Microformats y **RDFa.** Cada uno tiene sus fortalezas y debilidades. Utilizan diferentes enfoques orientados hacia el mismo objetivo: ampliar las páginas web con la semántica adicional que no forma parte del núcleo del lenguaje HTML. No tengo la intención de convertir este capítulo en una "guerra de comentarios". (Esto sin duda necesita un elemento <**rant**>). En cambio, quiero enfocar una tercera opción desarrollada usando las lecciones aprendidas apartir de **microformats** y **RDFa**, es orientada para ser integrada en el propio HTML: **microdata**.

¿Qué es Microdata?

Cada palabra en la frase siguiente es importante, así que presta atención.

Microdata escribe el **DOM** en el ámbito de pares de **nombre/valor** a partir de vocabularios personalizados.

Sí, pero ¿qué significa eso? Vamos a empezar desde el final e iremos hacia atrás. Los **Microdatos** giran en torno a los vocabularios personalizados. Piense en "un conjunto de todos los elementos de

HTML 5" como un vocabulario. Este vocabulario incluye elementos para representar una sección o un artículo, pero esto no incluye elementos para representar a una persona o un evento. Si usted quiere representar a una persona en la página web, usted tendrá que definir su propio vocabulario. **Microdata** le permite hacer esto. Cualquiera puede definir un vocabulario **microdata** y comenzar a incorporar las propiedades personalizadas en sus propias páginas web.

La siguiente cosa que tenemos que hacer cumplir con los **microdata** es que estos trabajan con pares de **nombre/valor**. Todos los vocabularios **microdata** definen un conjunto de propiedades con nombre. Por ejemplo, un vocabulario Persona podrá definir propiedades como **nombre** y **foto**. Para incluir un **microdata** específico en su página web, que puede proporcionar el nombre de la propiedad en un lugar específico. Dependiendo de donde se declara el nombre de la propiedad, los microdatos tienen reglas sobre la manera de extraer el valor de la propiedad.

Junto con las propiedades como nombre, los microdatos dependen en gran medida del concepto de "**ámbito**". La manera más simple de pensar en el alcance de los microdatos es pensando en **la relación padre-hijo** de los elementos naturales en el DOM. El elemento **<html>** por lo general contiene dos hijos, **<head>** y **<body>**. El elemento **<body>** por lo general contiene varios elementos secundarios, de cada uno de ellos puede tener sus propios elementos secundarios. Por ejemplo, una página puede incluir un elemento **h1** dentro de un elemento dentro de un elemento de **<hgroup>** dentro

<header> que está dentro de un elemento **<body>.** Una tabla de información puede contener **<td>** dentro de **<tr>** dentro de un **<table>** (dentro de un **<body>**). Los Microdatos reutilizan la estructura jerárquica del propio DOM para proporcionar una forma de decir "todas las propiedades de este elemento se toman dentro de este vocabulario". Esto le permite utilizar más de un vocabulario de microdatos en la misma página web. Puede incluso anidar microdatos de vocabularios en otros vocabularios, todo para reutilizar la estructura natural del DOM.

Ahora, ya que se tocó el tema del DOM, permítanme extenderme en eso. Los Microdatos tratan de aplicar semántica adicional a la información que ya se puede ver en su página web. Los Microdatos no están diseñados para ser un formato de datos independiente. Es un complemento para HTML. Como se verá en la siguiente sección, los microdatos funcionan mejor cuando usted ya está usando HTML correctamente, pero el vocabulario de HTML no es lo suficientemente expresivo. Los Microdatos son excelentes para mejorar la semántica de la información que ya está en el DOM. Si la información que usted está tratando de hacer con la semántica no está en el DOM, deberá volver atrás y volver a determinar si los microdatos son la solución correcta.

Modelo de Datos del Microdata

Definir su propio vocabulario **microdata** es fácil. En primer lugar, se necesita un espacio de nombres, que sólo es una URL. El espacio de nombres URL puede apuntar a una página web en funcionamiento, aunque no es estrictamente necesario. Digamos que quiero crear un vocabulario microdata que describa a una persona. Si tengo el dominio **datos-vocabulario.org**, voy utilizaré la **URL http://datos-vocabulario.org/Person** como espacio de nombres para mi vocabulario microdata. Esta es una manera fácil de crear un identificador único global: elija una URL en un dominio del que usted tenga el control.

En este vocabulario, tengo que configurar algunas propiedades con nombre. Vamos a empezar con tres propiedades básicas:

- nombre (Nombre y Apellido)
- foto (Un enlace a una foto de usted mismo)
- url (Un enlace a un sitio asociado con usted, como un blog o un perfil de Google)

Algunas de estas propiedades son URLs, otros son texto plano. Cada una de estas presta una forma natural de marcado, incluso antes de empezar a pensar en los microdatos o vocabularios o lo que sea. Imagina que tienes una página "Acerca de". Su nombre probablemente se marca como un título, como un elemento **h1**. Su imagen será probablemente un elemento <**img**>, si desea que la gente la vea. Y cualquier URL asociada a su perfil que probablemente ya estará marcado como hipervínculo, porque es necesario que la gente sea capaz de hacer clic en el. Digamos que todo el perfil también se incluye en un elemento <**section**> para separarlo del resto del contenido de la página. Por lo tanto:

Mi Información

```
<section>
 <h1>Yo Mismo</h1>
 <p><img src="http://www.mipaginaweb.com/foto.jpg" alt="[Yo mismo en texto]"></p>
 <p><a href="http://www.mipaginaweb.org/">blog</a></p>
</section>
```

El modelo de microdatos es de pares de **nombre/valor**. El nombre de la propiedad microdata (como el nombre o foto o url en este ejemplo) siempre se ha declarado en el elemento HTML. El valor de la propiedad correspondiente se retira a continuación del elemento de DOM. Durante muchos elementos HTML, el valor de la propiedad no es más que el contenido textual de un elemento. Sin embargo, hay un puñado de excepciones.

Ven a donde las propiedades Value?

Elemento	Valor
<meta>	**Atributo content**

Otros elementos	Contenido de los textos
<time>	Atributo datatime
<object>	Atributo data

- <a>
- <area>   **Atributo href**
- <link>

- <audio>
- <embed>
- <iframe>
- <img>   **Atributo src**
- <source>
- <video>

"Añadir microdatos" en su página es una cuestión de añadir algunos atributos de los elementos HTML que ya tienes. La primera cosa que siempre se hace es declarar que está utilizando un vocabulario de microdatos, añadiendo un atributo **ItemType**. La segunda cosa que siempre se hace es declarar el alcance del vocabulario, utilizando un atributo **itemscope**. En este ejemplo, toda la información que queremos hacer es un elemento semántico <**section**>, entonces declaramos los atributos **itemtype** y **itemscope** el elemento <**section**>.

<section itemscope itemtype="http://datos-vocabulario.org/Person">

Su nombre es la primera pieza de información dentro del elemento <**section**>. Está encerrado en un elemento **h1**. El elemento **h1** no tiene un tratamiento especial dentro del modelo de datos de microdatos de HTML5, por lo tanto cae bajo la regla de "otros elementos", donde el valor de la propiedad microdata es simplemente el contenido textual de un elemento. Esto funcionaría igualmente bien si su nombre está envuelto en un elemento <**p**>, <**div**> o <**span**>.

```
<h1 itemprop="nombre"> Yo mismo </ h1>
```

Traducido, esto quiere decir "aquí está la propiedad **nombre** del vocabulario **http://datos-vocabulario.org/Person**, y el valor de la propiedad es **Yo mismo**".

Siguiente: la propiedad **foto**. Esto debe ser una URL. De acuerdo con la modelo de datos de microdatos de HTML5, el "valor" es su atributo **src** de un elemento <**img**>. Mira si la URL de tu foto de perfil ya está en un atributo <**img src**>. Todo lo que necesitas hacer es declarar que el elemento <**img**> es la propiedad **foto**.

```
<p><img itemprop="foto"
    src="http://www.mipaginaweb.com/foto.jpg"

    alt="[yo mismo en texto]"></p>
```

Traducido, esto significa que "aquí está la propiedad **foto** del vocabulario **http://datos-vocabulario.org/Person**, y el valor de la propiedad es **http://www.mipaginaweb.com/foto.jpg**".

Por último, la propiedad **url** también es una **URL**. De acuerdo con la modelo de datos de microdatos de HTML5, el "valor" es su atributo **href** de un elemento <**a**>. Y de nuevo, funciona a la perfección con el marcado existente. Todo lo que necesitas es decir que tu elemento <**a**> es la propiedad **url** existente:

```
<a itemprop="url" href="http://mipaginaweb.org/">Profundizando
en Yo mismo</a>
```

Traducido, esto significa que "aquí está la propiedad **url** del vocabulario **http://datos-vocabulario.org/Person**, y el valor de la propiedad es **http://mipaginaweb.org/.**

Por supuesto, si su marcación parece un poco diferente, no hay problema. Puede agregar propiedades y valores microdata en cualquier marcado de HTML, incluso "deformado del Siglo XX", "las tablas de diseño", "Dios mío por qué me acuerdo de mantener este" marcado.

Por el amor de Dios, no lo hagas

```
<TABLE>

<TR><TD>Nombre<TD>Yo mismo

<TR><TD>Link<TD>

<A href=#
onclick=goExternalLink()>http://mipaginaweb.org/</A>
```

</TABLE>

Para marcar la propiedad de nombre, **itemprop** sólo tiene que añadir un atributo en la celda de la tabla que contiene el nombre. El valor de las celdas de la tabla no tienen reglas especiales dentro de las propiedades de tabla microdatos, entonces se tomará el valor por defecto, "la propiedad de los microdatos será el contenido textual".

<TR> <TD> Nombre <TD itemprop="nombre"> Yo mismo

Agregar la propiedad **url** parece complicado. Esta etiqueta no utiliza el elemento <**a**> correctamente. En lugar de poner el destino del vínculo en el atributo **href**, ya no hay nada útil en el atributo **href** y utilice el atributo **onclick** de JavaScript para llamar a la función (no visible) que extrae la URL y navega hacia él. Para extra "carallo por dejar de hacer esto, por favor" puntos de bonificación, se supone que la función también abre el link en una pequeña ventana emergente sin necesidad de desplazarse. ¿Allí estaba la diversión de la Internet en el siglo pasado?

De todos modos, todavía puede convertirlo en propiedad microdata, sólo tiene que ser un poco creativo. Usar elementos <**a**> directamente está fuera de cuestión. El destino del enlace no está en el atributo **href**, y no hay manera de eludir la regla que dice que "en un elemento <**a**>, buscar el valor de propiedad microdata en el atributo **href**". Pero usted puede agregar un elemento englobador alrededor todo el lío, y utilizarlo para agregar la propiedad microdata **url**.

Esto es lo que te pasa por subvertir el código HTML

```
<TABLE itemscope itemtype="http://datos-
vocabulario.org/Person">

  <TR><TD>Nombre<TD>Yo mismo

  <TR><TD>Link<TD>

   <span itemprop="url">

    <A href=#
onclick=goExternalLink()>http://mipaginaweb.org/</A>

    </span>

</TABLE>
```

Como el elemento **<span>** tiene tratamiento especial, que utiliza las reglas predeterminadas, la "propiedad **microdata** está en el contenido textual". El "contenido textual" no significa "todas las marcas dentro de este elemento". Esto significa que "sólo el texto, señor". En este caso, **http://mipaginaweb.org/,** es el contenido de texto del elemento **<a>** dentro del elemento **<span>** .

En resumen, usted puede agregar cualquier propiedad microdata de marcado. Si utiliza HTML correctamente, le resultará más fácil añadir microdatos si su código HTML es un desastre, pero los microdatos siempre se puede aplicar.

Marcando "Persona"

Dicho sea de paso, los ejemplos iniciales en la sección anterior no fueron completamente formados. Existe realmente un vocabulario microdata para marcar la información acerca de las personas, y es realmente muy fácil. Vamos a echar un vistazo.

La forma más fácil de integrar microdatos en un sitio web personal está en su página "Acerca de". Usted seguramente tiene una página "Acerca de", ¿verdad? Si no es así, puede seguir cómodo, estudiando esta muestra "sobre" la página con semántica adicional. El resultado final está aquí: persona-mas-microdata.html.

En primer lugar nos fijamos en el marcado sin formato, antes de ser añadido cualquier propiedad microdata:

```
<section>

  <img width="204" height="250"

    src="http://mipaginaweb.org/examples/2000_05_yo.jpg"

    alt="[Yo mismo, madrid 2000]">


  <h1>Información de Contato</h1>
```

```html
<dl>

<dt>Nombre</dt>

<dd>Yo mismo</dd>


<dt>Cargo</dt>

<dd>Desarrollador en MiEmpresa, SL</dd>


<dt>Dirección Postal</dt>

<dd>

  Calle Micalle 34<br>

  MiCiudad, CP 36543<br>

  ESPAÑA

</dd>

</dl>

<h1>Mis rastros digitales</h1>

<ul>
```

```
<li><a href="http://mipaginaweb.org/">blog</a></li>

<li><a href="http://www.google.com/profiles/yomismo">Google
profile</a></li>

<li><a
href="http://www.reddit.com/user/Yomismo">Reddit.com
profile</a></li>

<li><a
href="http://www.twitter.com/mipaginaweb">Twitter</a></li>

</ul>

</section>
```

La primera cosa que siempre hay que hacer es declarar el vocabulario que utiliza, y el alcance de las propiedades que desee agregar. Esto se hace mediante la adición de los atributos **itemtype** y **itemscope** en el elemento externo que contiene otros elementos que contienen los datos reales. En este caso, se trata de un elemento **<section>**.

```
<section itemscope itemtype="http://datos-
vocabulario.org/Person">
```

Ahora usted puede comenzar a establecer las propiedades del vocabulario microdata **http://datos-vocabularioy.org/Person**. ¿Pero cuáles son estas propiedades? Como se puede ver la lista de las propiedades en la navegación de **datos-vocabulario.org/Person** en su navegador. La especificación de los microdatos no lo necesita, pero yo diría que esta es sin duda una "buena práctica". Después de todo, si usted quiere que los desarrolladores utilicen bien los vocabularios de microdatos es necesario documentarlo. ¿Y que mejor sitio para poner su propia documentación que la URL del vocabulario?

Vocabulario Persona	
Propiedad	**Descripción**
nombre	**Nombre**
apodo	**Apodo**
foto	**Un enlace de la imagen**
título	**El Cargo de la persona (por ejemplo, "Director Financiero")**
papel	**El rol de la persona (por ejemplo, "contable")**
url	**Enlace a una página web, como la página personal de la persona**
afiliación	**El nombre de la organización a la que está asociado con la persona (por ejemplo, un jefe-empleado)**
amigo	**Identifica una relación social entre la persona descrita y otra persona**
contacto	**Identifica una relación social entre la persona descrita y otra persona**
conocido	**Identifica una relación social entre la persona descrita y otra persona**
dirección	**La ubicación de la persona. Puede tener la subpropiedades dirección, localidad, región, código postal, y país de nombre.**

Lo primero que se esta muestra en mi página "sobre" es mi imagen. Naturalmente, que está marcado con el elemento **<img>**. Declarar que el elemento **<img>** es mi foto de perfil, lo único que debemos hacer es añadir **itemprop="foto"** en el elemento **<img>**.

```
<img itemprop="foto" width="204" height="250"
  src="http://mipaginaweb.org/examples/2000_05_yo.jpg"
  alt="[Yo mismo, Madrid 2000]">
```

¿Dónde está el valor de la propiedad **microdata**? En el atributo **src**. Si llama de nuevo modelo de datos **microdata** de HTML5, El "valor" de un elemento **<img>** es su atributo **src**. Cada atributo **<img>** tiene un atributo **src,** de lo contrario sería sólo una imagen rota, y el **src** es siempre una **URL**. ¿Ven? Si utiliza HTML correctamente, microdata es fácil.

Por otra parte, este elemento **<img>** no está solo en la página. Él es un elemento secundario de un elemento **<section>**, que acabamos de declarar con el atributo **itemscope**. Microdata reutiliza la relación padre-hijo de los elementos de la página para definir el alcance de las propiedades de microdata. En lenguaje llano, estamos diciendo: "Este es el elemento **<section>** que representa a una persona. Cualquier propiedad microdata que usted encuentre en los hijos de los elementos **<section>** son las propiedades de esta persona. 'Si le ayuda, usted puede pensar que el elemento **<section>** tiene el sujeto de una oración. El atributo **itemprop** es el verbo de la frase, algo así como "es fotografiado en", el valor de la propiedad microdata es el objeto de la oración.

Esta persona [explícita, del **<section itemscope itemtype=”…”>**]

[es fotografiado en] [explicito, del **<img itemprop="photo">**]

http://mipaginaweb.org/examples/2000_05_yo.jpg [Implícita, del atributo **<img src>**]

El asunto debe establecerse una sola vez, poniendo los atributos **itemscope** e **itemtype** en el elemento externo **<section>**. El verbo se define colocando el atributo **itemprop = "fotos"** en el elemento **<img>**. El objeto de la frase no necesita marcado especial, debido a que el modelo de datos microdata de HTML5 dice que el valor de la propiedad de un elemento **<img>** es su atributo **src**.

Pasando a la siguiente parte de marcado, vemos un título **<h1>** y el comienzo de una lista **<dl>**. Ni **<h1>** ni **<dl>** deben ser marcados con microdata. No todas las partes del HTML tienen que ser una propiedad de microdata. Microdata gestiona sus propias propiedades, no el marcado o encabezados en torno a las propiedades. Este **<h1>** no es una propiedad, es sólo un título. Del mismo modo, el código> **<dt>** que dice "**Nombre**" no es una propiedad, es sólo una etiqueta.

Aburrido Colega

```
<h1 Información de Contacto h1 </ h1>
<dl>
  <dt> Nombre </ dt>
  <dd> Yo Mismo </ dd>
```

Entonces, ¿dónde es la información real? Es el elemento <**dd**>, que es donde deberemos poner el atributo **itemprop**. ¿Qué propiedad es esta? Es el nombre de la propiedad. ¿Dónde está el valor de la propiedad? Es el texto dentro del elemento <**dd**>. ¿Necesita ser comprobada? la modelo de datos microdata de HTML5 dice que no, los elementos <**dd**> no tienen un proceso especial, entonces el valor de la propiedad es sólo el texto dentro del elemento.

Este es mi nombre, no lo use

<dd itemprop="nombre"> Yo mismo </ dd>

La traducción, de lo que acabamos de decir. El nombre de "esa persona es Yo mismo". Bueno, está bien entonces. Adelante.

Las siguientes dos propiedades son algo más complicadas. Esta es la marca, pre-microdata:

<dt> Título </ dt>
<dd> Desarrollador web de MiEmpresa, SL </ dd>

Si nos fijamos en la definición del vocabulario persona, el texto "Desarrollador de web de MiEmpresa, SL", en realidad abarca dos propiedades: **título** ("Desarrollador web ") y afiliación ("MiEmpresa, SL"). ¿Cómo se puede expresar esto en microdata? La respuesta corta es, no se puede. Microdata no tiene una manera de romper los textos que se ejecutan en propiedades separadas. No se puede decir "los primeros 18 caracteres del texto es una propiedad microdata, y los últimos 12 caracteres de texto son otra propiedad microdata".

Pero no todo está perdido. Imagine que desea aplicar un estilo al texto "Desarrollador Web" en una fuente distinta del texto "MiEmpresa, SL". CSS tampoco puede hacerlo. Entonces, ¿qué harías? Primero tendría que abarcar las diferentes partes de elementos de texto "ficticios" como <**span**>, y luego aplicar diferentes reglas CSS para cada elemento <**span**>.

Esta técnica también es útil para microdata. Hay dos partes distintas de la información aquí: un título y afiliación. Si abarca cada parte en un elemento <**span**> "ficticio", puede declarar que cada <**span**> es una propiedad microdata separada.

```
<dt> Título </ dt>
<dd> <span itemprop="titulo"> Desarrollador Web </ span> en
     <span itemprop="afiliacion"> MiEmpresa, SL <span> </ dd>
```

El título de esa "persona" es Desarrollador Web. Esta persona es contratado por MiEmpresa, SL. "Dos líneas de código, dos propiedades de microdata. Un poco más de marcado, pero una compensación que vale la pena.

La misma técnica es útil para marcar la calle. El vocabulario persona define una propiedad de dirección, que es un elemento de microdata en sí. Esto significa que la dirección tiene su propio vocabulario (http://datos-vocabulario.org/Direcion) y define sus propias propiedades. En el vocabulario se definen cinco propiedades dentro de **direccion**: Calle, localidad, región, código postal, y país.

Si usted es un programador, probablemente esté familiarizado con la notación de puntos para definir los objetos y sus propiedades. Piense en la relación como esto:

- Persona
- Persona.direccion
- Persona.direccion.calle
- Persona.direccion.localidad
- Persona.direccion.region
- Persona.direccion.codigo-postal
- Persona.direccion.pais

En este ejemplo, la calle entera está contenida en un solo elemento **<dd>**. (Una vez más, el elemento **<dt>** es sólo una etiqueta, por lo que no juega ningún papel en la adición de la semántica a los microdatos). Tenga en cuenta que la propiedad de dirección es fácil. Sólo tiene que añadir un atributo **itemprop** en el elemento **<dd>**.

```
<dt> Dirección Postal </dt>
<dd itemprop="direccion">
```

Pero recuerde, la propiedad de dirección es propiamente un elemento microdata. Esto significa que también tenemos que agregar los atributos **itemscope** e **itemtype**.

```
<DtDireccion Postal </ dt>
<Dd itemprop = itemscope "direccion"
   ItemType = "http://datos-vocabulario.org/Direccion">
```

Vimos todo esto antes, pero para elementos de alto nivel. Un elemento <**section**> define **itemscope** e **itemtype**, y todos los elementos dentro del elemento <**section**> que definen las propiedades de microdata son del "**ámbito**" de ese vocabulario específico. Pero este es el primer caso vemos ámbitos anidados, definir un nuevo **itemtype** e **itemscope** (en el elemento <**dd**>) dentro de una ya existente (en el elemento <**section**>). Este ámbito anidado funciona igual que el DOM HTML. El elemento <**dd**> tiene un número de elementos hijos, todos los cuales están ámbito del vocabulario definido en el elemento <**dd**>. Una vez que el elemento <**dd**> se cierra con una etiqueta </ **dd**> correspondiente, el ámbito vuelve al vocabulario definido por el elemento padre (<**section**> en este caso).

Las propiedades de **Dirección** sufren el mismo problema que nos encontramos con propiedades **título** y **afiliación**. Sólo hay un texto de contenido largo, pero queremos dividirlo en cinco propiedades microdata separadas. La solución es la misma: englobe cada pedazo distinto de información en un elemento <**span**> ficticio, a continuación declare las propiedades microdata en cada elemento <**span**>.

```
<dd itemprop="direccion" itemscope
itemtype="http://datos-vocabulario.org/Direccion">
<span itemprop="calle">Calle Micasa 123</span><br>
```

```
    <span itemprop="localidad">Cualquier ciudad</span>,
    <span itemprop="region">GZ</span>
    <span itemprop="codigo-postal">12345</span>
    <span itemprop="pais">España</span>
  </dd>
</dl>
```

Traducción: "Esta persona tiene una dirección postal. La parte de la dirección de la calle postal es 'Calle MiCasa 123. La localidad es "Cualquier ciudad". La región es 'GZ'. El código postal es '12345 '. El nombre del país es "España". "Extremadamente simple.

Curiosidad

¿Este formato de dirección postal es específico de España?
No. Las propiedades del vocabulario **Dirección** son lo suficientemente generales que pueden describir varias direcciones postales en el mundo. No todas las direcciones tendrán los mismos valores para cada propiedad, pero no hay problema. Algunas direcciones pueden requerir más de una "línea" en una sola propiedad, pero tampoco hay problema por esto. Por ejemplo, si su dirección de correo tiene una calle y un número, esto puede ir de la mano en el subpropiedad **calle**:

```
<p itemprop="direccion" itemscope

  itemtype="http://datos-vocabulario.org/Direccion">
```

```
<span itemprop="calle">

Calle MiCasa 123

Tercer Piso, letra A

</span>

...

</p>
```

No hay nada más en esta página de "Acerca de": una lista de URLs. El vocabulario Persona tiene una propiedad para esto, que es la llamada a **url**. La propiedad **url** puede ser cualquier cosa, en realidad. (Bueno, debe ser una URL, pero probablemente y lo ha adivinado). Lo que quiero decir es que la propiedad **url** está vagamente definida. La propiedad puede ser cualquier URL que desea asociar con una persona: un blog, una galería de fotos, o el perfil de otro sitio como Facebook o Twitter.

Otra cosa importante a señalar aquí es que una persona puede tener varias propiedades **url**. Técnicamente, cualquier propiedad puede aparecer más de una vez, pero hasta ahora, no se han aprovechado mucho de esta propiedad. Por ejemplo, tenemos dos propiedades para **foto**, cada una apuntando a una URL de imagen diferente. Aquí me gustaría listar cuatro direcciones URL diferentes: mi blog, mi perfil de Google, mi perfil de usuario en Facebook, y mi cuenta de Twitter. En

HTML, existe una lista de enlaces: <a> para cuatro elementos, cada uno en su propio elemento <li>. En microdata, cada elemento <a> tiene un atributo **itemprop = "url".**

```
<h1>Mis rastros digitales</h1>

<ul>

<li><a href="http://mipaginaweb.org/"

    itemprop="url">blog</a></li>

<li><a href="http://www.google.com/profiles/yomismo"

    itemprop="url">Perfil de Google</a></li>

<li><a href="http://www.Facebook.com/user/yoMismo"

    itemprop="url">Perfil de Facebook</a></li>

<li><a href="http://www.twitter.com/lapaginadeyomismo"

    itemprop="url">Twitter</a></li>

</ul>
```

De acuerdo con el modelo de datos microdata de HTML5, los elementos <a> tienen un proceso especial. El valor de la propiedad microdata es el atributo **href**, no el hijo del contenido textual. El texto de cada enlace es en realidad ignorado por el procesador de microdata.

Por lo tanto, traduciendo esto, significa que "Esta persona tiene una dirección URL en http://mipaginaweb.org/. Esta persona tiene otra URL en http://www.facebook.com/user/yoMismo. Esta persaona tiene otra URL en http://www.twitter.com/lapaginawebyoMismo".

Presentación de Google Rich Snippets

Quiero volver sólo un momento atrás y preguntar: "¿Por qué estamos haciendo esto?" ¿Estamos añadiendo una cuestión semántica añadiendo semántica? No me malinterpreten, ¿Pero por qué los microdatos? ¿Por qué molestarse?

Hay dos clases principales de aplicaciones que consumen HTML, y por extensión, HTML5 microdata:

1. Navegadores Web
2. Los motores de búsqueda

Para los navegadores, HTML5 define un conjunto de **APIs DOM** para extraer objetos **microdata**, propiedades y valores de las propiedades de una página web. En el momento de redactar este documento (en 2011), no hay ningún navegador que soporte esta API. Ninguno de ellos. Así que ... esto es una especie de callejón sin salida, al menos hasta que los navegadores cojan e implementen las APIs en el lado del cliente.

Otro gran consumidor de HTML son los motores de búsqueda. ¿Qué podría hacer un motor de búsqueda con propiedades microdata relativos a una persona? Imagínese esto: en vez de mostrar simplemente el título de la página y el texto de la descripción, el motor de búsqueda podría integrar parte de la información estructurada y mostrarla. Nombre y apellidos, cargo, empresa, tal vez una imagen en miniatura de un perfil. ¿Esto llamaría su atención? Por lo menos la mía sí.

Google soporta microdata como parte de su programa de **Rich Snippets**. Cuando el **Google Web Crawler** analiza la página y encuentra propiedades que cumplan con el vocabulario microdata de **http://datos-vocabulario.org/Person**, analiza estas propiedades y las almacena junto con el resto de la página de datos. Google sigue ofreciendo una herramienta útil para ver cómo Google "ve" sus propiedades microdata.

Item

Type: http://datos-vocabulario.org/person

foto = http://mipaginaweb.org/examples/2000_05_yo.jpg

nombre = Yo mismo

titulo = Desarrollador

afiliacon = MiEmpresa, SL

direccion = Item(1)

url = http://mipaginaweb.org/

url = http://www.google.com/profiles/mismo

url = http://www.reddit.com/user/yoMismo

url = http://www.twitter.com/mipaginawebyoMismo

Item 1

Type: http://datos-vocabulario.org/direccion

calle = Calle MiCasa 123

localidad = Cualquir ciudad

region = GZ

codigo-postal = 12345

pais = España

Todo está ahí: la propiedad la foto del atributo **<img src>**, las cuatro direcciones URL de la lista de atributos **<a href>** hasta la dirección del objeto (que aparece como "Item 1 ") Y sus cinco subpropiedades.

¿Y cómo utiliza Google toda esta información? Eso depende. No hay reglas rígidas y rápidas sobre cómo se mostrarán las propiedades de microdata, lo que se debe mostrar, o si todo se debe mostrar. Si alguien busca "Yo mismo", y Google determina que esta página de "Acerca de" debe ser vista por los usuarios que califican los resultados, y Google decide que la propiedad microdata se encuentra originalmente en una página que vale la pena ver, entonces el resultado de la búsqueda debe ser algo como esto: s

Acerca de Yo mismo
Cualquier ciudad GZ - Desarrollador – MiEmpresa, SL
El extracto de la página aparecerá aquí.
El extracto de la página aparecerá aquí.
mipaginaweb.org/examples/person-plus-microdata.html - En caché - Páginas similares

La primera línea, "Acerca de Yo mismo" es en realidad el título de la página, como el elemento **<title>**. Esto no es muy maravilloso, Google hace esto para todas las páginas. Sin embargo, la segunda línea está llena de información tomada directamente de microdata que están agregadas a la página. "Cualquier ciudad GZ" era parte de una dirección postal, el marcado con el vocabulario http://datos-vocabulario.org/direccion. "Desarrollador" y "MiEmpresa, SL" eran dos propiedades del vocabulario http://datos-vocabulario.org/Person (título y afiliación, respectivamente).

Realmente es bastante sorprendente. Usted no necesita ser una gran empresa para hacer negocios con los proveedores de motores de búsqueda especializados para personalizar sus anuncios en los resultados de búsqueda. Basta con echar diez minutos y agregar algunos atributos de HTML para anotar los datos que se ya estaba publicando de cualquier manera.

Curiosidad

Hice todo lo que dijiste, pero mi inclusión en el resultado de búsqueda de Google no muestra ninguna diferencia. ¿Qué ha pasado? "Google no garantiza que ese marcado en cualquier página o sitio se utilizará en los resultados de búsqueda". Pero incluso si Google decidió no utilizar sus propiedades microdata, igual otro motor de búsqueda si decide utilizarlos. Al igual que el resto, los microdata HTML5 son un estándar abierto que cualquiera puede poner en práctica. Es su responsabilidad la de proporcionar tanta información como sea posible. Deje que el resto del mundo decida qué hacer con ella. Puede que te sorprenda.

Marcado de "Organizaciones"

Microdata no se limita a un solo vocabulario. Las páginas "Acerca de" son legales, pero normalmente sólo hay una. ¿Qué ganarías con más?

Aquí hay una página de muestra de resultados. Veamos el formato original de HTML sin microdata.

```
<article>

  <h1>MiEmpresa, SL</h1>

  <p>

    Calle MiCasa 123<br>

    Mi ciudad, GZ 12123<br>

    ESPAÑA

  </p>

  <p>986-253-123</p>

  <p><a href="http://www.google.com/">Google.com</a></p>

</article>
```

Corto y suave. Toda la información acerca de la organización se encuentra dentro del elemento **<article>**, así que vamos a comenzar aquí.

```
<article itemscope itemtype="http://datos-
vocabulario.org/Organization">
```

Al igual que con el marcado "persona", es necesario configurar los atributos **itemscope** e **itemtype** en el elemento externo. En este caso, el elemento externo es el elemento <**article**>, el atributo **itemtype** declara el vocabulario microdata que está utilizando (en este caso, http://datos-vocabulario.org/Organizacion) y los atributos **itemscope** de los estados de todas las propiedades se configurarán en elementos secundarios relacionados con este vocabulario.

Entonces, ¿qué hay dentro del vocabulario "Organización"? Es simple y directo. De hecho, algunos de ellos le pueden parecer familiares.

Propiedad	Vocabulario Organizacion
	Descripción
nombre	El nombre de la empresa (por ejemplo, "MiTech")
url	Enlace a la página de la compañía
direccion	La ubicación de la empresa. Puede contener la subpropiedades calle, localidad, región, código postal, y país.
tel	El número de teléfono de la empresa
geo	Especifica las coordenadas geográficas de la ubicación. Siempre contiene dos subpropiedades, latitud y longitud.

La primera parte de código dentro del elemento externo <**article**> es un <**h1**>. Este elemento <**h1**> contiene el nombre de una empresa, así que pusimos un atributo **itemprop** = al elemento "nombre" directamente en <**h1**>.

<h1 itemprop="nombre"> MiEmpresa, SL </h1>

De acuerdo con el modelo de datos de microdata HTML5, los elementos <h1> no requieren un procesamiento especial. El valor de la propiedad microdata es simplemente el contenido de texto del elemento **<h1>**. Traduciendo, acaba de decir "el nombre de la empresa es "MiEmpresa, SL",

Lo siguiente es la zona. Marcar la dirección de una empresa funciona exactamente de la misma forma que marcar la dirección de una persona. En primer lugar, agregue un atributo **itemprop** = "direccion" en el elemento externo de la dirección (en este caso, un elemento **<p>**). Lo que indica es que esta es la dirección de la propiedad de la "Organizacion". También tenemos que definir los atributos **itemtype** e **itemscope** para que digan que este es un elemento de dirección que tiene sus propias propiedades.

```
<p itemprop="direccion" itemscope
    itemtype="http://datos-vocabulario.org/Direccion">
```

Por último, tenemos que incluir cada parte de la información por separado en un elemento **<span>** para que podamos añadir el nombre de la propiedad de microdata correspondiente (calle, localidad, región, código postal y país) en cada elemento **<span>**.

```
<p itemprop="direccion" itemscope
  itemtype="http://datos-vocabulario.org/Direccion">
  <span itemprop="calle">Avenida MiEmpresa 123</span><br>
  <span itemprop="localidad">Ciudad city</span>,
```

```
<span itemprop="region">GZ</span>
<span itemprop="codigo-postal">12123</span><br>
<span itemprop="pais">ESPAÑA</span>
</p>
```

Traduciendo, acabo de decir "Esta empresa tiene una dirección. La calle es parte de 'Avenida Miempresa 123. La localidad es 'Ciudad city'. La parte de la región es 'GZ'. El código postal es '12123'. El nombre del país es 'ESPAÑA".

Entonces: ¿y el número de teléfono de la empresa?. Los números de teléfono son notoriamente complicados, y la sintaxis exacta es específica de su ubicación. (Y si desea conectarse a otro lugar, es aún peor). En este ejemplo, tenemos un número de teléfono de España, este es un formato adecuado para llamar desde cualquier lugar de España.

```
<p itemprop="tel"> 986-253-123 </ p>
```

Si quieres listar más de un número de teléfono, tal vez uno de los clientes de España y otro para los clientes internacionales, usted puede hacer esto. Cualquier propiedad microdata se puede repetir. Sólo asegúrese de que cada número de teléfono está en su propio elemento HTML, independiente de cualquier etiqueta que le hayas dado.

```
<p>
clientes ES: <span itemprop="tel">986-253-123</span><br>
```

clientes UK: <span itemprop="tel">00 + 34 + 986253123</span>

</p>

De acuerdo con el modelo de datos de microdata HTML5, el elemento **<span>** o el elemento **<p>** tiene un proceso especial. El valor de la propiedad microdata **tel** es el contenido textual. El vocabulario microdata Organizacion no distingue entre las diferentes partes de un número de teléfono. La propiedad entera **tel** sólo es texto plano. Si quieres poner el código de área entre paréntesis, o utilizar espacios en lugar de guiones para separar los números, usted puede hacer esto. Si el cliente consumidor de microdata quiere convertir el número de teléfono, queda totalmente a su cargo.

Después, tenemos otra propiedad familiar: **url**. Como asociar una URL a una persona, también puede asociar una URL a una empresa. Esta puede ser la página de la empresa, una página de contacto, o cualquier otra cosa. Si se trata de una URL sobre, de, o perteneciente a la empresa, marcarlo con un atributo **itemprop = "url"**.

<p><a itemprop="url" href="http://www.google.com/">Google.com</a></p>

De acuerdo con el modelo de datos de microdata HTML5, el elemento **<a>** tiene un proceso especial. El valor de la propiedad microdata es el valor del atributo **href**, no el texto del enlace. Traducido, significa "esta empresa está asociada a la URL http://www.google.com/". Esto no dice nada específico acerca de la asociación, y no incluye el enlace de texto "miempresa.com".

Por último, me gustaría hablar de la geolocalización. No, no es la API de geolocalización del W3C. Se trata de cómo marcar la ubicación física de la empresa, utilizando microdata.

Hasta el momento, todos nuestros ejemplos se han centrado en los datos de marcado visibles. Es decir, usted tiene un <**h1**> con un nombre de una empresa, a continuación, agregar un atributo **itemprop** en el elemento <**h1**> que declare que el texto del título (visible) es en realidad el nombre de una empresa. O si usted tiene un elemento <**img**> que apunta a una foto, a continuación, agregue un atributo **itemprop** en el elemento <**img**> para declarar que la imagen (visible) es la imagen de una persona.

En este ejemplo, la información de geolocalización no es así. No hay ningún texto visible que indique la latitud y longitud exactas (con cuatro decimales) de la empresa. En efecto, el ejemplo de organizacion.html (sin microdato) no tiene información de geolocalización. Tiene un enlace a Google Maps, pero incluso este enlace URL no contiene las coordenadas de latitud y longitud. Contiene información similar en un formato específico de Google. Pero incluso si tuviéramos un enlace a un servicio de mapas en línea hipotético para recoger la latitud y la longitud con parámetros de URL, microdata no tendría una manera de separar las diferentes partes de una URL. No se puede declarar que el primer parámetro es la consulta

URL de la latitud y el segundo parámetro es la consulta URL de longitud y el resto de los parámetros son irrelevantes.

Para hacer frente a casos como este, HTML5 ofrece una manera de anotar los datos invisibles. Esta técnica sólo debe utilizarse como último recurso. Si hay una manera de mostrar o procesar los datos que le interesan, debe hacerlo. Los datos invisibles son aquellos que sólo las máquinas puedan leer. Es decir, alguien vendría después y actualizará el texto visible pero se olvidará de actualizar la información invisible. Esto sucede más a menudo de lo que piensas, y te pasará a ti también.

Tal vez su jefe realmente quiere que la información de geolocalización sea legible por la máquina, pero no quieren ese desorden en la interfaz con pares de números incomprensibles de seis dígitos. La opción invisible es la única opción. La única esperanza es que usted pueda poner la información invisible inmediatamente después del texto visible que lo describe, lo que puede ayudar a la persona que actualiza el texto visible que necesita para actualizar la información invisible poco después.

En este ejemplo, creamos un elemento <**span**> dentro del elemento <**article**> como todos los demás bienes de la empresa, a continuación, ponemos los datos de geolocalización invisibles dentro del elemento <**span**>.

<span itemprop="geo" itemscope

```
itemtype="http://datos-vocabulario.org/Geo">

<meta itemprop="latitud" content="37.4149" />

<meta itemprop="longitud" content="-122.078" />

</span>

</article>
```

La información de Geolocalización está definida en su propio vocabulario, como la dirección de una persona o empresa. Por lo tanto, para este elemento <**span**> son necesarios tres atributos:

1. itemprop = "geo" dice que el elemento representa la propiedad geo de la "Organizacion".
2. itemtype = "http://datos-vocabulario.org/Geo" este elemento vocabulario microdata tiene las propiedades que se ajustan
3. itemscope dice que este elemento es el elemento que lo encierra en un elemento con su propio vocabulario microdata (dado en el atributo **itemtype**). Todas las propiedades de este elemento son propiedades de **http://datos-vocabulario.org/Geo**, no en torno a **http://datos-vocabulario.org/Organization**.

La siguiente gran pregunta que en este ejemplo se respondió: ¿que cuenta como invisible? Se utiliza el elemento <**meta**>. En las versiones anteriores de HTML, usted podría utilizar el elemento**<meta>** dentro del elemento <**head**> de su página. En HTML5, puede utilizar el elemento <**meta**> en cualquier lugar. Y eso es exactamente lo que estamos haciendo aquí.

```
<meta itemprop="latitud" content="57.4848" />
```

De acuerdo con el modelo de datos de microdata HTML5, el elemento <**meta**> tiene un proceso especial. El valor de la propiedad microdata es el contenido de los atributos. Dado que este atributo no se muestra claramente, tenemos el escenario perfecto para una cantidad ilimitada de datos invisibles. Un gran poder conlleva una gran responsabilidad. En este caso, es su responsabilidad asegurarse de que estos datos se sincronizan con el texto visible y lo invisible de a su alrededor.

Sin el soporte directo al vocabulario Organización en Google Rich Snippets, no tengo un buen ejemplo de la inclusión en el resultado de búsqueda para demostrarlo. Pero las organizaciones aparecen con más fuerza en los dos próximos estudios de casos: eventos y revisiones, y éstos son compatibles con Google Rich Snippets.

Eventos

Comencemos por mirar un ejemplo de muestra de la línea de tiempo de mis conferencias.

```
<article>
```

```html
<h1> Developer Day 2012</h1>

<img width="300" height="200"

   src="http://mipaginaweb.org/examples/gdd-2011-madrid-
yo.jpg"

   alt="[Yo mismo en el podium]">

<p>

Developer Day 2013 es una conferencia para aprender sobre el
desarrollo de los productos de la EmpresaX por los ingenieros que lo
construyeron. Esa conferencia de un día incluye seminarios en
tecnologías como bootstrap, opensocial, android, ajax, etc…

</p>

<p>

   <time datetime="2009-11-06T08:30+01:00">2009 Noviembrr 6,
18:30</time>

   &ndash;

   <time datetime="2011-11-06T20:30+01:00">18:30</time>

</p>

<p>
```

Centro de Congresos

Paseo de la Castellana 65

Madrid

España

</p>

<p><a
href="http://code.google.com/intl/cs/events/developerday/2011/home.
html">GDD/Madrid Bienvenidos</a></p>

</article>

Toda la información sobre el evento se encuentra dentro del
elemento <article>, de modo que es donde tenemos que poner los
atributos **itemtype** e **itemscope**.

<Article itemscope itemtype="http://datos-
vocabulario.org/Evento">

La dirección del vocabulario evento es http://datos-
vocabulario.org/Evento, que también pasa a contener un pequeño
gráfico bonito que describe las propiedades del vocabulario. ¿Y cuáles
son estas propiedades?

Vocabulario Evento

Propiedad	Descripción
resumen	El nombre del evento
url	Enlace a la página de detalles del evento
ubicacion	La ubicación o el lugar del evento. Opcionalmente puede estar representado por un Organización o Dirección anidada.
descripcion	Una descripción del evento
startDate	La hora de inicio del evento en foramato fecha ISO
endDate	La fecha y hora de finalización del evento en foramato fecha ISO
duracion	La vida de almacenamiento a formato de duración ISO
eventType	La categoría del evento (por ejemplo, "Show" o "Talk"). Se trata de una cadena de texto libre, no de un atributo enumerado.
geo	Especifica las coordenadas geográficas de la ubicación. Siempre contiene dos subpropiedades, latitud y longitud.
foto	Un enlace a una foto o una imagen relacionada con el evento

El nombre del evento es en un elemento <**h1**>.

De acuerdo con el modelo de datos de microdata HTML5, los elementos <**h1**> no tienen ningún procesamiento especial. El valor de la propiedad microdata es sólo el contenido textual del elemento <**h1**>. Todo lo que necesitamos es añadir el atributo **itemprop** para declarar que el elemento <**h1**> que contiene el nombre del evento.

```
<h1 itemprop="resumen"> Developer Day 2011 </ h1>
```

Traducido, esto significa: "El nombre de este evento es Developer Day 2011".

Este evento tiene una imagen de perfil, que pueden marcarse como una propiedad foto. Como era de esperar, la imagen ya está marcada con un elemento **<img>**. Como la la propiedad **foto** en el vocabulario Persona, una foto de un evento es una URL. Puesto que el modelo de datos de microdata HTML5 dice que el valor de la propiedad de un elemento **<img>** es su atributo **src**, lo único que tenemos que hacer es añadir el atributo **itemprop** en el elemento **<img>**.

```
<img itemprop="foto" width="300" height="200"
    src="http://mipaginaweb.org/examples/dd-2011-madrid-
yomismo.jpg"
    alt="[Mark Pilgrim no pódio]">
```

Traducido, esto significa: "La foto para este evento está aquí http://mipaginaweb.org/examples/dd-2011-madrid-yomismo.jpg".

Lo siguiente es una descripción más detallada del evento, que es apeanas un párrafo de texto libre.

```
<p itemprop="descripcion"> Developer Day es una oportunidad
```
para aprender sobre el desarrollo de productos para ingenieros que construyen aplicaciones. Esta conferencia de un día incluye seminarios en tecnologías web como Google Maps, OpenSocial, Android, API AJAX, Chrome y Google Web Toolkit. </ P>

La siguiente parte es algo nuevo. Los eventos por lo general ocurren en fechas específicas y empiezan y terminan en momentos específicos. En HTML5, la fecha y la hora deberán estar marcados con elemento

\<time\>, y ya lo estamos haciendo aquí. Así que la pregunta sigue siendo, ¿cómo agregar propiedades microdata \<time\> en estos elementos? Mirando hacia atrás en modelo de datos de microdata HTML5, vemos que el elemento \<time\> tiene un procesamiento especial. El valor de la propiedad microdata en un elemento \<time\> es el valor del atributo **datetime**. Y observe que las propiedades **startDate** y **endDate** del vocabulario Evento tiene un estilo de fecha **ISO**, así como la propiedad de fecha y hora de un elemento \<time\>. Una vez más, la semántica principal del vocabulario HTML encaja muy bien con la semántica de nuestro vocabulario microdata personalizada. Para marcar el inicio y final de la fecha en los microdatos es tan simple como:

1. Usar HTML correctamente en el primer lugar, usando el elemento \<time\> para marcar la fecha y la hora, y
2. Agregar un simple atributo **itemprop**

```
<p>

<time itemprop="startDate" datetime="2011-11-06T08:30+01:00">2011 November 6, 8:30</time>

&ndash;

<time itemprop="endDate" datetime="2011-11-06T20:30+01:00">20:30</time>
```

```
</p>
```

Traducido, esto significa: "Este evento comienza el 6 de noviembre de 2011, a las 8:30 am, y dura hasta el 6 de noviembre 2011 a las 20:30 (hora local en Madrid, GMT -1)".

Lo siguiente es la ubicación de la propiedad. La definición del vocabulario Evento dice que esto puede ser a la vez una "organización" o una "Dirección". En este caso, el evento se celebra en un lugar especializado en conferencias, el Centro de Congresos de Madrid. Marcar como una "Organización" nos permite incluir el nombre del lugar, así como su dirección.

En primer lugar, declaramos que el <p> elemento que contiene la dirección es la ubicación de la propiedad del evento, y que este elemento es también su propio elemento microdatos que se ajusta al http://datos-vocabulario.org/Organization vocabulario

```
<p = itemprop itemscope "ubicacion"
        itemtype = "http://datos-vocabulario.org/Organizacion">
```

A continuación, seleccione el nombre de la empresa a través de un elemento **<span>** externo y añada un atributo **itemprop** en el elemento **<span>**.

```
<span itemprop="nombre"> Congreso </ span> <br>
```

Debido a las reglas de ámbito de microdata, este **itemprop =** **"nombre"** es una característica que define el vocabulario Organizacion, no el vocabulario Evento. El elemento **<p>** definido al principio está en el alcance de las propiedades de la organización, y el elemento **<p>** no se ha cerrado todavía con una etiqueta **</p>.** Cualquier propiedad microdata que definimos aquí son propiedades del vocabulario más reciente en el ámbito. Los vocabularios están anidados, como apilados. No los hemos desanidado todavía, así que todavía estamos hablando de propiedades de "Organizacion".

De hecho, vamos a añadir un tercer vocabulario a la pila: una "dirección" de la "organización" para el "Evento".

```
<span itemprop = itemscope "direccion"
      itemtype = "http://datos-vocabulario.org/Direccion">
```

Una vez más, marcamos cada parte de una dirección como una propiedad de microdata separada, por lo que necesitamos que una serie de elementos <span> ficticios que cuelguen dentro de nuestro atributo **itemprop** interior. Si voy demasiado rápido para ti, vuelva atrás y lea acerca de que marca la dirección de una persona y que marca la dirección de una empresa.

```
<span itemprop="calle"> Calle congreso 5 </ span> <br>
<span itemprop="codigo-postal"> 14555 </ span>
<span itemprop="localidad"> Madrid </ span> <br>
<span itemprop="pais"> España </ span>
```

Hay más propiedades de la dirección, a continuación, cierre el elemento <span> que ha iniciado la Dirección.

</span>

No hay más propiedades de "Organización", a continuación, cierre el elemento <p> que se inició la Organización.

</p>

Ahora volvemos a establecer las propiedades en el evento. La siguiente propiedad es **geo**, para representar la ubicación física del evento. Se utiliza el mismo vocabulario Geo que utilizamos para marcar la ubicación física de un negocio en la sección anterior. Necesitamos un elemento <span> para actuar como un contenedor, que necesitará atributos **itemtype** e **itemscope**. Dentro de este elemento <span> necesitamos dos elementos <**meta**>, una propiedad para la latitud y una propiedad para la longitud.

```
<span itemprop="geo" itemscope itemtype="http://datos-vocabulario.org/Geo">
    <meta itemprop="latitud" content="50.047893" />
    <meta itemprop="longitud" content="14.4491" />
</span>
```

Al cerrar el elemento <span> se guardan las propiedades Geo, así que nos vamos a volver a establecer las propiedades del evento. Esta última propiedad es la propiedad url, lo que le debería de resultar familiar. Asociar una URL con un evento funciona de la misma manera que asociar una URL con una persona y asociar una URL con una empresa. Si utiliza HTML correctamente, marcado con hipervínculos **<a href>**, y luego declarar que el hipervínculo es una propiedad microdata url es una simple cuestión de añadir el atributo **itemprop**.

```
<p>
  <a itemprop = "url"
    href =
"http://code.google.com/intl/cs/events/developerday/2011/home.html"
>
      Página de inicio DD / Madrid
  </a>
  </p>
</article>
```

En el ejemplo, la página del evento también enumera un segundo evento, mi charla en la Conferencia **Foo** en París. Para ser breve, no voy a ir línea por línea de la marca esta vez. Es esencialmente la misma que en el caso de Madrid: un elemento Evento con los elementos Geo y Dirección anidados. He mencionado…sólo de pasada… que hay que recordar que una página web puede tener varios eventos, cada uno con un marcado microdata.

El regreso de Google Rich Snippets

De acuerdo con la herramienta de prueba de fragmentos enriquecidos Google, Esta es la información que los rastreadores de Google imprimirá el el ejemplo de los eventos en la página del listado:

Item

    Type: http://datos-vocabulario.org/Evento

    resumen = Developer Day 2011

    eventType = conferencia

    foto = http://mipaginaweb.org/examples/dd-2011-madrid-yomismo.jpg

    descripcion = Developer Days es una oportunidad de aprender sobre el desarrollo de productos para ingenieros que construyen aplicaciones. Esta conferencia de un día incluye seminarios en tecnologías web como Goo ..

    startDate = 2011-11-06T08: 30 +01:00

    endDate = 2011-11-06T20: 30 +01:00

    ubicacion = Item(__1)

    geo = Item (__3)

    url = http://code.google.com/intl/cs/events/developerday/2011/home.html

Itema

    Id: __ 1

    Type: http://datos-vocabulario.org/Organizacion

nombre = Centro de Congresos

direccion = Item(__2)

Item

Id: __2

Type: http://datos-vocabulario.org/Direccion

calle = Calle Congreso 5

codigo-postal = 14555

Localidad Madrid 4

pais = España

Item

Id: __3

Type: http://datos-vocabulario.org/Geo

latitud = 50.047893

longitud = 14,4491

Como puede ver, toda la información que hemos añadido en
microdata están ahí. Las propiedades que son elementos separados de
microdata reciben identificadores internos Item(__1), Item(__2, y así
sucesivamente. Esto no es parte de la especificación microdata. Es sólo
una convención de herramientas de prueba que Google utiliza para
linealizar la salida del ejemplo y mostrarle la agrupación de elementos
anidados y sus propiedades.

Así es como Google puede optar por representar esta página de
ejemplo en sus resultados de búsqueda. Una vez más, tengo que

presentar esto con la advertencia de que esto es sólo un ejemplo. Google puede cambiar el formato de sus resultados de búsqueda en cualquier momento, y no hay ninguna garantía de que Google vaya a prestar atención a su marcado microdata.

Calendario de Eventos de YoMismo

Extracto de la página que aparecerá aquí.
Extracto de la página que aparecerá aquí.

Developer Day 2011	**Vie, 06 de noviembre**	**Centro de Congresos, Paris, Francia**
Foo.Pa 2011	**Mié, 10 de marzo**	**Hilton Paris, Francia**

Después de la página del título y el resumen de texto generados automáticamente, Google empieza a utilizar el marcado microdatapara que añadimos a la página para mostrar una pequeña tabla de eventos. Tenga en cuenta el formato de fecha: "Fri, Nov 6". Esto no es una cadena que apareció en algún lugar de nuestro HTML o de marcado microdata. Utilizamos dos cadenas con formato ISO. 2011-11-06T08: 30 +01:00 y 2011-11-06T20: 30 +01:00. Google tomó esas dos fechas, descubrió que era el mismo día, y decidió mostrar una fecha en un formato más amigable.

Ahora mira a la dirección física. Google optó por mostrar sólo el nombre de ubicación + ubicación + país, no exactamente el emplazamiento. Esto es posible por el hecho de que separemos la dirección en cinco sub-propiedades, nombre, dirección de calle, región, localidad y país, y marque cada parte de la dirección como una propiedad de microdata diferente. Google se aprovecha de eso para mostrar una dirección más breve. Otros consumidores de marcado de microdata pueden tomar decisiones diferentes sobre qué mostrar y cómo mostrarlo. No hay una opción bien o mal. Usted es responsable de proporcionar tanta información como sea posible, con la mayor precisión posible. Interpretarla es la responsabilidad del resto del mundo.

Marcado "Comentarios"

Esta es una breve reseña sobre un restaurante que me gusta mucho. Veamos el marcado:

```
<article>
 <h1>Restaurante Rico Rico</h1>
 <p>★★★★☆ (4 estrelas de 5)</p>
 <p>Restaurante de Lujo con Comida 3 Estrellas Guía
Michelín</p>
 <p>
```

La comida es de primera clase. El ambiente es allí para la "pizzeria barrio".

El restaurante en sí es un poco estrecho si usted tiene sobrepeso, usted puede tener dificultad para entrar y salir de la silla y caminar entre otras mesas.

Se utiliza para dar libre "nudos de ajo" cuando te sientas, ahora te dan pan

sencillo y tienes que pagar por las cosas buenas. En general, es un ganador.

```
</p>
<p>
  Calle Vigo<br>
  Vigo, GZ 36200<br>
  ESPAÑA
</p>
<p> Todo estaba muy rico, este es un comentario del cliente YoMismo</p>
</article>
```

Este comentario está contenido en un elemento <article>, de modo que es donde ponemos los atributos **itemtype** e **itemscope**. El espacio de nombres URL de este vocabulario es http://datos-vocabulario.org/Comentario.

```
<article itemscope itemtype="http://datos-vocabulario.org/Comentario">
```

¿Cuáles son las propiedades disponibles en el vocabulario Comentario? Me alegra que lo preguntes.

Vocabulario Comentario	
Propiedad	**Descripción**
comentario	El nombre del elemento que se está evaluando. Puede ser un producto, servicio, empresa, entre otros.
clasificacion	Una calificación numérica del elemento en una escala de 1 a 5. También se pueden anidar a un vocabulario http://datos-vocabulario.org/Puntuacion para utilizar una escala distinta de la predeterminada.
critico	El nombre del autor que escribió la evaluación
fechacomentario	La fecha en que el artículo fue clasificado en Formato de fecha ISO
resumen	Un breve resumen de la evaluación
descripcion	El cuerpo de la evaluación

La primera propiedad es simple: el comentario es sólo texto, y está en el interior del elemento **<h1>**, entonces aquí es donde debemos poner el atributo **itemprop**.

<h1 itemprop="comentario"> Restaurante Rico Rico </h1>

Las siguientes dos propiedades también son simples. La propiedad descripcion es un breve resumen de lo que se está evaluando, y la descripción de la propiedad es el cuerpo de la evaluación.

<p>Restaurante de Lujo con Comida 3 Estrellas Guía Michelín</p>

<p>

La comida es de primera clase. El ambiente es allí para la "pizzeria barrio".

El restaurante en sí es un poco estrecho si usted tiene sobrepeso, usted puede tener dificultad para entrar y salir de la silla y caminar entre otras mesas.

Se utiliza para dar libre "nudos de ajo" cuando te sientas, ahora te dan pan

sencillo y tienes que pagar por las cosas buenas. En general, es un ganador.

</p>

Las propiedades y la ubicación geográfica no son nada nuevo. Si no se acuerda, compruebe el marcado de la dirección de una persona o el marcado de la dirección de una empresa, y hemos marcado la información de geolocalización anteriormente en este capítulo.

```
<p itemprop = "ubicacion" itemscope
    ItemType = "http://datos-vocabulario.org/Address">
  <span itemprop="calle"> Calle Vigo </ span> <br>
  <span itemprop="localidad"> Vigo </ span>
  <span itemprop="region"> GZ </ span>
  <span itemprop="codigo-postal"> 36200 </ span> <br>
  <span itemprop="pais"> España </ span>
</ P>
<span itemprop = "geo" itemscope
    ItemType = "http://datos-vocabulario.org/Geo">
  <meta itemprop="latitude" content="35.730796" />
  <meta itemprop="longitude" content="-78.851426" />
</span>
```

La última línea es un problema familiar: contiene dos partes de información para un solo elemento. El nombre del evaluador es Lomismo, y la fecha de valoración es el 31 de marzo de 2011. ¿Cómo podemos hacer que estas dos propiedades sean distintas? Incluya sus propios elementos y ponga un atributo **itemprop** en cada elemento. De hecho, en primer lugar de la fecha en este ejemplo se debe marcar con un elemento <**time**>, por lo que tendría un gancho natural para colgar en nuestro atributo **itemprop**. El nombre del evaluador sólo puede ser abarcado en un elemento <**span**> de ficción.

```
<p> - <span itemprop="critico"> YoMismo </ span>, última
actualización
    <time itemprop="fechacomentario" datetime="2011-03-31">
    31 de marzo 2011
    </time>
  </p>
</article>
```

Vamos a hablar acerca de la clasificación. La parte más difícil es programar una clasificación de puntuación. De forma predeterminada, el vocabulario clasificacion tiene una escala de 1 a 5, donde 1 es "terrible" y 5 es "maravilloso". Si desea utilizar una escala diferente, puede hacer esto definitivamente. Pero vamos a hablar de la escala estándar de primera.

```
<p>★★★★☆ (<span itemprop="clasificacion">4</span>
estrellas de 5)</p>
```

Si está utilizando la escala por defecto 1-5, la única propiedad que usted necesita comprobar es la propia clasificación (4 por ejemplo). Pero ¿y si lo que desea utilizar es una escala diferente? Usted también podrá hacerlo, será necesario declarar los límites de la escala que esté utilizando. Por ejemplo, si desea utilizar una escala de 0 a 10 puntos, todavía tendrá que declarar la propiedad **itemprop = "clasificacion",** pero en lugar de dar directamente el valor de la clasificación, deberá utilizar un vocabulario anidado http://datos.unaids - vocabulario.org/Clasificacion para declarar el valor más bajo y el más alto de su escala y el valor real dentro de esa escala.

```
<p itemprop="clasificacion" itemscope
  itemtype="http://datos-vocabulario.org/Clasificacion">
  ★★★★★★★★★☆
  (<span itemprop="value">9</span> en una escala de
  <span itemprop="worst">0</span> hasta
  <span itemprop="best">10</span>)
</p>
```

Traducido, significa "Estoy evaluando el producto que tiene una calificación de 9 sobre una escala de 0-10".

Mencioné que el comentario microdata puede afectar a la cotización en el resultado de la búsqueda? En realidad, si puede. Estos son los "datos brutos" que la herramienta Google Rich Snippets ha extraído de mi evaluación personalizada con microdata:

Item

Type: http://datos-vocabulario.org/Comentario

itemreviewed = Restaurante Rico Rico

rating = 4

summary = Restaurante de Lujo con Comida 3 Estrellas Guía Michelín

description = La comida es de primera clase. El ambiente es allí es increible

direccion = Item(__1)

geo = Item(__2)

critico = YoMismo

fechacomentario = 2011-03-31

Item

Id: __1

Type: http://datos-vocabulario.org/Organizacion

calle = Calle Vigo

localidad = Vigo

region = GZ

codigo-postal = 36200

pais = ESPAÑA

Item

Id: __2

Type: http://datos-vocabulario.org/Geo

latitude = 35.730796

longitude = -78.851426

Y hasta aquí el módulo sobre los caprichos de Google, la fase de la luna, y así sucesivamente y así sucesivamente, es mi evaluación que pueden aparecer en una lista de resultados de búsqueda:

Restaurante: Evaluación

★ ★ ★ ★ ☆ Comentado por YoMismo - 31 de marzo 2011

Extracto de la página que aparecerá aquí.
Extracto de la página que aparecerá aquí ..,

Los soportes no me impresionan mucho, pero tengo que admitir, que esto está muy bien.

Manipular el histórico

La barra de direcciones del navegador es quizás la parte más antigua de la interfaz de usuario en el mundo. Hay URLs en vallas publicitarias, en los laterales de los trenes, y hasta en los graffiti de las la calles. En combinación con el botón de nuevo, probablemente en el botón más importante del navegador, que tiene una poderosa manera de avanzar y retroceder en el vasto conjunto de recursos interconectados llamada Web

La API historial de HTML5 es una forma estándar de manipular el historial del navegador a través de la escritura. Parte de esta API está disponible en las versiones anteriores de HTML. Las nuevas características de HTML5 aporta una manera de agregar entradas al historial del explorador para cambiar visiblemente la dirección URL en la barra de direcciones del navegador (sin necesidad de recargar la página), y un evento que se activa cuando estas entradas se quitan de la pila cuando el navegador del usuario pulsa el botón de nuevo. Esto significa que la dirección URL en la barra de direcciones del navegador puede continuar su trabajo siendo un identificador único para el recurso actual, incluso en aplicaciones con scripts pesados, que no siempre requieren de una actualización de toda la página.

¿Por qué manipular manualmente la barra de direcciones del navegador? Después de todo, un enlace simple puede navegar a una nueva URL, esta es la forma en que la web ha trabajado durante los últimos 20 años. Y va a seguir funcionando de esta manera. Esta API no pretende revolucionar la web. Todo lo contrario. En los últimos años, los desarrolladores web han encontrado formas nuevas y emocionantes para revolucionar la web sin la ayuda de los estándares emergentes. La API historial de HTML5 fue creada en realidad para asegurarse de que las direcciones URL seguirán siendo útiles en aplicaciones con secuencias de comandos web pesados.

Volviendo a lo básico, ¿qué es un URL? Esta identifica a un solo recurso. Usted puede hacer un enlace directo al mismo, puede crear un marcador, los motores de búsqueda pueden indexarla, puede copiar, pegar y enviar por e-mail a otra persona, esa persona puede hacer clic y terminar de ver el mismo recurso que vio originalmente. Estas son todas las cualidades excelentes. Las URLs son importantes.

Así que queremos que tengan recursos únicos para una URL única. Pero, al mismo tiempo, los navegadores han tenido siempre una limitación fundamental: si cambia la URL, incluso a través de secuencias de comandos, se desencadena una petición al servidor web remoto y volverá a cargar toda la página. Esto consume tiempo y recursos, y parece un desperdicio cuando se está navegando a una página que es sustancialmente similar a la página actual. Todo lo que tiene la nueva página se descarga, incluso las partes que son exactamente la misma que la página actual. No hay manera de cambiar la URL en un navegador y que descargue sólo la mitad de la página.

El API Historial de HTML5 te permite hacer eso. En lugar de realizar una actualización de toda la página, puede utilizar el script para, en esencia, la mitad inferior de una página. Esta ilusión es un truco difícil, y requiere un poco de trabajo de su parte. ¿Está prestando atención?

Supongamos que tiene dos páginas, la página A y la página B. Las dos páginas son en un 90% idénticas, sólo el 10% del contenido de estas páginas es diferente. El usuario se desplaza a la página, a continuación, intente navegar a la página B. Pero en lugar de desencadenar una actualización de toda la página, se detiene el navegador manualmente, sigue estos pasos:

1. Carga el 10% de la página a través de la página B que es diferente de la página A (presumiblemente utilizando **XMLHttpRequest**). Esto requerirá algunos cambios en el servidor de la aplicación web. Usted tendrá que escribir código que devuelve sólo el 10% de la página B que es diferente de la página A. Esto puede ser una URL oculta o un parámetro de consulta que el usuario final normalmente no va a ver.

2. Reemplace el contenido cambiado (Usando **innerHTML** u otro método **DOM**). Puede que tenga que reiniciar los controladores de eventos que se han cambiado junto con el contenido.

3. Actualizar la barra de direcciones del navegador con la dirección URL de la página B utilizando un método particular de la API historial HTML5 que jamás voy a mostrar.

Al final de esta ilusión (si se ejecuta correctamente), el navegador termina con un DOM, que es idéntico a la página B como si hubiera navegado directamente a la página B. La barra de direcciones del navegador termina con una URL que es idéntica a la página B como si hubiera navegado directamente a la página B. Pero nunca realmente navegado a la página B, y usted nunca tendrá que actualizar la página entera. Esta es la ilusión. Pero debido a que la página "compilada" se ve exactamente como la página B y tiene la misma URL, el usuario probablemente nunca notará la diferencia.

El API historial de HTML5 son sólo varios métodos en el objeto **window.history**, más un evento en el objeto **window.** Usted puede usar esto para detectar la API historial del soporte. El soporte actualmente es limitado en la mayoría de versiones de algunos navegadores.

Soporte a history.pushState

IE	Firefox	Safari	Cromo	Ópera	iPhone	Android
·	4.0 +	5.0 +	8.0 +	11:50 +	4.2.1 +	·

Profundizando en perros es un ejemplo simple, pero no trivial de la utilización de la API historial de HTML5. Demuestra un patrón común: un largo artículo con una galería de fotos. En un explorador compatible, navegará por los enlaces "Siguiente" y "Anterior" en la galería de fotos y actualizará una única foto y actualizará la dirección URL en la barra de direcciones del navegador, sin desencadenar una actualización de toda la página. En los navegadores no soportados, o, de hecho, los navegadores compatibles con los que el usuario ha desactivado el scripting, los vínculos funcionan como enlaces normales, que le llevará a una nueva página con información actualizada sobre toda la página.

Esto nos lleva a un punto importante:

Curiosidad

Si la aplicación web falla en los navegadores con el script desactivada, el perro de Jakob Nielsen va a su casa y defecará en su alfombra.

Vamos a echar un vistazo al ejemplo profundizando en perros y ver cómo funciona. Este es la marcación para una sola foto:

El compromiso

```
<aside id="gallery">
  <p class="photonav">
    <a id="photonext" href="casey.html"> Siguiente> </ a>
    <a id="photoprev" href="adagio.html"> <Anterior </ a>
  </p>
  id="photo"> <figure
    <Img src id = "photoimg" = "gallery/1972-fer-500.jpg"
        alt = "Fer" href = "500" = "375">
    <figcaption> Fer 1972 </figcaption>
  </figure>
</aside>
```

Nada diferente aquí. La foto en sí es un elemento<**img**> dentro de un elemento <**figure**>, el enlace es un elemento normal de <**a**> y toda la cosa se pone dentro de un elemento <**aside**>. Es importante que estos enlaces regulares realmente funcionen. Todo el código va detrás de varios comandos de detección. Si un usuario está utilizando un navegador no compatible, ningun código de nuestra elegante API se ejecutará el histórico. Y, por supuesto, siempre hay algunos usuarios con el scripting desactivado por completo.

La función principal fija cada uno de estos enlaces y llama una
función **addClicker(),** que hace todo el trabajo de creación y
personalización de un clic.

```
function setupHistoryClicks() {
  addClicker(document.getElementById("photonext"));
  addClicker(document.getElementById("photoprev"));
}
```

Esta es la función de **addClicker().** Esta toma un elemento <a> y
agrega un **click** manipulado. Y esto se maneja clic donde las cosas se
ponen interesantes.

```
function addClicker(link) {

  link.addEventListener("click", function(e) {

    swapPhoto(link.href);

    history.pushState(null, null, link.href);

    e.preventDefault();

  }, false);

}
```

Curiosidad

La función **SwapPhoto()** lleva a cabo las dos primeras etapas de nuestra ilusión en tres etapas. La primera mitad de la función **swapPhoto()** es parte del mismo enlace URL de navegación casey.html, adagio.html, y construye una URL de una página oculta que contiene nada más que la marcación exigida por la siguiente foto.

```
function swapPhoto(href) {

  var req = new XMLHttpRequest();

  req.open("GET",

      "http://mipaginaweb.com.ar/examples/history/gallery/" +

      href.split("/").pop(),

      false);

  req.send(null);
```

He aquí un ejemplo de marcado devuelto por http://mipaginaweb.com.ar/examples/history/gallery/casey.html.

```
<p class="photonav">
  <a id="photonext" href="brandy.html">Next &gt;</a>
  <a id="photoprev" href="fer.html">&lt; Previous</a>
</p>
<figure id="photo">
  <img id="photoimg" src="gallery/1984-casey-500.jpg"
```

```
alt="Casey" width="500" height="375">
  <figcaption>Casey, 1984</figcaption>
</figure>
```

¿Le suena familiar? Es el mismo código básico que se utiliza en la página original para mostrar la primera fotografía.

La segunda parte de la función **swapPhoto()** realiza la segunda etapa de nuestra ilusión de tres etapas: la inserción de la nueva marca descargada dentro de la página actual. Recuerde que teníamos una **<aside>** que envolvía toda la figura, la imagen y el título. A continuación, introduzca el nuevo etiquetado de fotos en una línea, la asignación de la propiedad **innerHTML** de <aside> para la propiedad **responseText** del **XMLHttpRequest** retornado.

```
if (req.status == 200) {

    document.getElementById("gallery").innerHTML =
req.responseText;

    setupHistoryClicks();

    return true;

}

    return false;

}
```

Tenga en cuenta también la llamada a **setupHistoryClicks()**. Es necesario reiniciar los eventos de clic que manejan los nuevos enlaces de navegación. Al asignar **innerHTML** se elimina cualquier rastro de los antiguos vínculos y sus eventos.

Ahora, volvamos a la función **addClicker()**. Después de cambiar la foto con éxito, tenemos un paso más en nuestra ilusión en tres etapas: Asignar la dirección URL en la barra de navegación del navegador sin actualizar la página.

El intercambio

history.pushState (null, null, link.href);

La función **history.pushState()** toma tres parámetros:

1. state se puede dar en cualquier estructura **JSON**. Esto pasa de nuevo al controlador de eventos **popstate**, lo que usted aprenderá en algún momento. No tenemos por qué seguir ningún estado en esta demostración, que se mantendrá como nulo.

2. title puede ser cualquier **string**. Este parámetro no se utiliza actualmente por ninguno de los principales navegadores. Si desea cambiar el título de la página, debe guardarlo en un argumento **state** y asignarlo manualmente en el callback **popstate**.

3. url puede ser, también, cualquier URL. Esta es la URL que desea que aparezca en la barra de direcciones de su navegador.

Al llamar a **history.pushState** cambiará inmediatamente la dirección URL en la barra de direcciones de su navegador. Así que, ¿este es el fin de la ilusión? Bueno, no exactamente. Todavía tenemos que hablar de lo que sucede cuando el usuario pulsa el botón de nuevo.

En general, cuando un usuario navega a una página nueva, el navegador interpreta la nueva URL a la lista del historial, las descargas y renderiza la nueva página. Cuando el usuario pulsa el botón de nuevo, el navegador interpreta una página de la pila del historial y vuelve a renderizar la página anterior. Pero, ¿qué pasa ahora que usted ha creado un corto-circuito de navegación para evitar la actualización de toda la página? Bueno, usted fingió "mover" hacia una nueva URL, por lo que ahora también se puede falsificar una "vuelta" a la URL anterior. Y la clave para forjar este "retorno" es el evento **popstate**.

```
window.addEventListener("popstate", function(e) {

    swapPhoto(location.pathname);

}
```

Después de haber utilizado la función **history.pushState()** para reproducir la URL del historial del navegador cuando el usuario pulsa el botón de nuevo, el navegador activará un evento **popstate** en el objeto **window**. Esta es tu oportunidad para completar la ilusión de una vez por todas. Porque hacer desaparecer algo no es suficiente, hay que traerlo de vuelta.

En esta demostración, "traer de vuelta" es tan simple como cambiar la foto original, lo hacemos llamando al **swapPhoto()** con la ubicación actual. Cuando el regreso de **popstate** es llamado, la URL visible en la barra de direcciones del navegador será reemplazada por la antigua URL.

Para visualizar esto, vamos a ir a través de la ilusión de la totalidad de principio a fin:

- el usuario carga http://mipaginaweb.com.ar/examples/history/fer.html, Ver la historia y la foto de Fer.
- El usuario hace clic en el enlace "Siguiente", un elemento <a> que tiene una propiedad **href** para http://paginaweb.com.ar/examples/history/casey.html.
- En lugar de navegar a http://paginaweb.com.ar/examples/history/casey.html con una actualización completa de la página, el evento **click** manipulado dentro del elemento <a> ejecuta su propio código.
- Nuestro evento **click** manipulado llama a la función **swapPhoto()**, que crea un **XMLHttpRequest** para descargar el fragmento de código HTML que se encuentra en http://paginaweb.com.ar/examples/history/gallery/ Casey.html.

- La función **SwapPhoto()** asigna la propiedad **innerHTML** para involucrar a la galería de fotos, que es un elemento **<aside>**, sustituyendo así la foto y el título de la foto y el título Fer Casey.

- Por último, nuestro **click** manipulado llama a la función **history.pushState()** para cambiar manualmente la dirección URL en la barra de direcciones del navegador para http://paginaweb.com.ar/examples/history/casey.html.

- Usuario hace clic en el botón **Atrás** del navegador.

- El navegador se da cuenta de que una URL se añadió manualmente a la pila del historial (debido a la función **history.pushState()**). En lugar de navegar a la URL de arriba y rediseñar toda la página, el navegador simplemente actualiza la barra de direcciones para la dirección antigua http://paginaweb.com.ar/examples/history/fer.html. Y ejecuta un evento popstate.

- Nuestro personalizado **popstate** maneja de nuevo las llamadas a la función **swapPhoto()**, esta vez con la antigua URL, ahora ya visible en la barra de direcciones de su navegador.

- Una vez más utilizando **XMLHttpRequest,** la función **swapPhoto()** descarga el fragmento de HTML se encuentra en http://paginaweb.com.ar/examples/history/gallery/Fer.html y asigna la propiedad **innerHTML** del elemento **<aside>**, sustituyendo así la foto y el título Casey con una foto y el título Fer.

La ilusión es completa. Toda la evidencia visible (contenido de la página y la dirección URL en la barra de direcciones) sugiere al usuario que navegó de una página hacia adelante y hacia atrás. Pero hay una página que no ha sido actualizada por completo, todo era una ilusión ejecutado meticulosamente.

Resumen-Glosario-Código

<audio> #

```
        return !!document.createElement('audio').canPlayType;
```

<audio> en formato MP3 #

```
        var a = document.createElement('audio');
        return !!(a.canPlayType &&
    a.canPlayType('audio/mpeg;').replace(/no/, ''));
```

<audio> en formato Vorbis #

```
        var a = document.createElement('audio');
        return !!(a.canPlayType && a.canPlayType('audio/ogg;
    codecs="vorbis"').replace(/no/, ''));
```

<audio> en formato WAV #

```
        var a = document.createElement('audio');
        return !!(a.canPlayType && a.canPlayType('audio/wav;
    codecs="1"').replace(/no/, ''));
```

<audio> **en formato AAC #**

```
        var a = document.createElement('audio');
```

```
        return !!(a.canPlayType && a.canPlayType('audio/mp4;
    codecs="mp4a.40.2"').replace(/no/, ''));
<canvas> #
        return !!document.createElement('canvas').getContext;
<canvas> text API #
        var c = document.createElement('canvas');
        return c.getContext && typeof c.getContext('2d').fillText ==
    'function';
<command> #
        return 'type' in document.createElement('command');
<datalist> #
        return 'options' in document.createElement('datalist');
<details> #
        return 'open' in document.createElement('details');
<device> #
        return 'type' in document.createElement('device');
<form> constraint validation #
        return 'noValidate' in document.createElement('form');
<iframe sandbox> #
        return 'sandbox' in document.createElement('iframe');
<iframe srcdoc> #
        return 'srcdoc' in document.createElement('iframe');
<input autofocus> #
        return 'autofocus' in document.createElement('input');
<input placeholder> #
        return 'placeholder' in document.createElement('input');
```

```
<textarea placeholder> #
        return 'placeholder' in document.createElement('textarea');
<input type="color"> #
        var i = document.createElement('input');
        i.setAttribute('type', 'color');
        return i.type !== 'text';
<input type="email"> #
        var i = document.createElement('input');
        i.setAttribute('type', 'email');
        return i.type !== 'text';
<input type="number"> #
        var i = document.createElement('input');
        i.setAttribute('type', 'number');
        return i.type !== 'text';
<input type="range"> #
        var i = document.createElement('input');
        i.setAttribute('type', 'range');
        return i.type !== 'text';
<input type="search"> #
        var i = document.createElement('input');
        i.setAttribute('type', 'search');
        return i.type !== 'text';
<input type="tel"> #
        var i = document.createElement('input');
        i.setAttribute('type', 'tel');
        return i.type !== 'text';
```

`<input type="url">` #

```
var i = document.createElement('input');
i.setAttribute('type', 'url');
return i.type !== 'text';
```

`<input type="date">` #

```
var i = document.createElement('input');
i.setAttribute('type', 'date');
return i.type !== 'text';
```

`<input type="time">` #

```
var i = document.createElement('input');
i.setAttribute('type', 'time');
return i.type !== 'text';
```

`<input type="datetime">` #

```
var i = document.createElement('input');
i.setAttribute('type', 'datetime');
return i.type !== 'text';
```

`<input type="datetime-local">` #

```
var i = document.createElement('input');
i.setAttribute('type', 'datetime-local);
return i.type !== 'text';
```

`<input type="month">` #

```
var i = document.createElement('input');
i.setAttribute('type', 'month');
return i.type !== 'text';
```

`<input type="week">` #

```
        var i = document.createElement('input');
        i.setAttribute('type', 'week');
        return i.type !== 'text';
```

<meter> #

```
        return 'value' in document.createElement('meter');
```

<output> #

```
        return 'value' in document.createElement('output');
```

<progress> #

```
        return 'value' in document.createElement('progress');
```

<time> #

```
        return 'valueAsDate' in document.createElement('time');
```

<video> #

```
        return !!document.createElement('video').canPlayType;
```

<video> **captions** #

```
        return 'src' in document.createElement('track');
```

<video poster> #

```
        return 'poster' in document.createElement('video');
```

<video> **en formato WebM** #

```
        var v = document.createElement('video');
        return !!(v.canPlayType && v.canPlayType('video/webm;
    codecs="vp8, vorbis"').replace(/no/, ''));
```

<video> **en formato H.264** #

```
        var v = document.createElement('video');
        return !!(v.canPlayType && v.canPlayType('video/mp4;
    codecs="avc1.42E01E, mp4a.40.2"').replace(/no/, ''));
```

<video> **en formato Theora** #

```
        var v = document.createElement('video');
        return !!(v.canPlayType && v.canPlayType('video/ogg;
    codecs="theora"').replace(/no/, ''));
contentEditable #
        return 'isContentEditable' in
    document.createElement('span');
```

mensajes Cross-document

```
        return !!window.postMessage;
```

Drag-and-drop

```
        return 'draggable' in document.createElement('span');
```

File API

```
        return typeof FileReader != 'undefined';
```

Geolocalización

```
        return !!navigator.geolocation;
```

History

```
        return !!(window.history && window.history.pushState);
```

Local storage

```
        try {
        return 'localStorage' in window && window['localStorage']
    !== null;
        } catch(e) {
        return false;
        }
```

Microdata

```
        return !!document.getItems;
```

Aplicaciones Web Offline

```
return !!window.applicationCache;
```

Eventos enviados por el servidor

```
return typeof EventSource !== 'undefined';
```

Session storage

```
try {
  return 'sessionStorage' in window &&
window['sessionStorage'] !== null;
  } catch(e) {
  return false;
  }
```

SVG

```
return !!(document.createElementNS &&
document.createElementNS('http://www.w3.org/2000/svg',
'svg').createSVGRect);
```

SVG in text/html

```
var e = document.createElement('div');
e.innerHTML = '<svg></svg>';
return !!(window.SVGSVGElement && e.firstChild
instanceof window.SVGSVGElement);
```

Undo

```
return typeof UndoManager !== 'undefined';
```

IndexedDB

```
return !!window.indexedDB;
```

Web Sockets #

return !!window.WebSocket;

Web SQL Database #

return !!window.openDatabase;

Web Workers #

return !!window.Worker;

Widgets: #

return typeof widget !== 'undefined';

XMLHttpRequest: requisitos cross-domain #

return "withCredentials" in new XMLHttpRequest;

XMLHttpRequest: envio como formData #

return !!window.FormData;

XMLHttpRequest: eventos de progreso de upload - carga #

return "upload" in new XMLHttpRequest;

Request;

CSS3

Lenguaje de Estilo

Introducción a CSS

CSS formatea la información entregada por HTML. Esa información puede ser cualquier cosa: imagen, texto, vídeo, audio o cualquier otro elemento creado. Quédese con este concepto: CSS formatea la información. Ese formateo, en la mayoría de las veces es visual, pero no necesariamente. En CSS Aural, nosotros manipulamos el audio entregado al visitante por el sistema de lectura de pantalla. Nosotros controlamos el volumen, la profundidad, el tipo de la voz o en cuál de las cajas de sonido saldrá la voz. En cierta manera usted está eliminando la información que está en formato de audio y que el visitante está consumiendo al entrar en la web utilizando un dispositivo o un sistema de lectura de pantalla. CSS prepara esa información para que ella sea consumida de la mejor manera posible.

HTML5 trae pocas novedades para los desarrolladores del lado cliente. Básicamente se crearon las nuevas tags, el significado de algunas fue modificado y otras tags fueron eliminadas. Las APIs que HTML5 dispone son a buen seguro una de las características más esperadas por todos estos desarrolladores. Distinto al CSS3 que trae cambios drásticos para la manipulación visual de los elementos de HTML.

Con CSS que nosotros conocemos podemos formatear algunas características básicas: colores, background, características de fonts, margins, paddings, posición y controlamos de una manera muy artesanal y simple la estructura de la web con la propiedad float.

Existen otras características sobre las que nosotros no tenemos controles y dependemos de:

Algún programa visual como el Photoshop para crear detalles de layout;

Javascript para tratar comportamientos o manipular elementos específicos en la estructura de HTML;

Estructura y control de los elementos para mejorar accesibilidad y diversos aspectos del SEO;

Con las actualizaciones de CSS3 y con los navegadores actualizados al soporte de CSS2.1, creo que CSS es el arma más poderosa para el diseñador web. Sigue una pequeña lista de los principales puntos que podemos controlar en esa nueva versión:

- seleccione el primer y el último elemento;
- seleccionar elementos pares o impares;
- seleccionemos elementos específicos de un determinado grupo de elementos;
- gradiente en textos y elementos;
- bordes redondeados;
- sombras en texto y elementos;
- manipulación de opacidad;
- control de rotación;

- control de perspectiva;
- animación;
- estructuración independiente de la posición en el código HTML. Es ahora que comienza la diversión de formatear webs con CSS.

Selectores Complejos

La sintaxis de CSS es simple:

```
Selector {
propiedad: valor;
}
```

La propiedad es la característica que usted desea modificar en el elemento. El valor es el valor referente a esta característica. Si usted quiere modificar el color del texto, el valor es un Hexadecimal, RGBA o incluso el nombre del color por extensión. Muchas veces no necesitará aprender de que trata la propiedad, basta saber que existe y si quiera modificarla, modifíquela. Las propiedades son creadas todos los días y no es un acto de heroísmo que tenga que saber sepa todas las propiedades de CSS y sus respectivos valores.

Los selectores son el alma de CSS y necesitará dominarlos. Es con los selectores que usted escogerá un determinado elemento dentro todos los otros elementos de la web para formatearlo. Buena parte de la inteligencia de CSS está en saber utilizar los selectores de una manera eficaz, escalable e inteligente.

El selector representa una estructura. Esa estructura es usada como una condición para determinar que elementos de un grupo de elementos serán formateados.

Los selectores encadenados y los selectores agrupados son la base de CSS. Para que usted se acuerde de lo que son los selectores encadenados y agrupados vea el ejemplo de abajo:

Ejemplo de selector encadenado:

div p strong a { color: red;}

Este selector formatea el link (a), que está dentro de un strong, que está dentro de P y que por su parte está dentro de un DIV.

Ejemplo de selector agrupado:

PATRÓN   SIGNIFICADO   CSS

elemento[atr]	Elemento con un atributo específico.	2
elemento[atr=" x"]	Elemento que tenga un atributo con un valor específico igual a "x".	2
elemento[atr~= "x"]	Elemento con un atributo cuyo valor es una lista separada por aspas	2
elemento[atr^= "x"]	Elemento con un atributo cuyo valor conoce exactamente con string "x".	3
elemento[atr$= "x"]	Elemento con un atributo cuyo valor termina exactamente con string "x".	3
elemento[atr*= "x"]	Elemento con un atributo cuyo valor contenga a string "x".	3

elemento[atr|=" en"]	Um elemento que tenga o atributo específico con o valor que es separado por hífen empezando con EN (da izquierda hacia la derecha).	2
elemento:root	Elemento root del documento. Normalmente o HTML.	3
elemento:nth-child(n)	Seleccione un objeto N de un determinado elemento.	3
elemento:nth-last- child(n)	Selecciona un objeto N empezando pelo último	3
elemento:empty	Selecciona un elemento vacío, sin hijos. Incluyendo elementos de texto.	3

elemento:enabl ed elemento:disabled	Selecciona un elemento de interface que este habilitado o deshabilitado, como selects, checkbox, radio button etc.	3
elemento:check ed	Selecciona elementos que están checados, como radio buttons y checkboxes.	3
E > F	Selecciona los elementos E que son hijos directos de F.	2
E + F	Selecciona un elemento F que precede inmediatamente del elemento E.	2

Lista actualizada por el W3C http://www.w3.org/TR/css3-selectors/#selectors

Gradiente

Una de las características más interesantes es la creación de gradientes sólo utilizando CSS. Todos los navegadores más nuevos como Safari, Opera, Firefox y Chrome ya aceptan esa característica y ya puede utilizarla hoy. Los Internet Explorer actuales (8 y 9) no la reconocen aún, pero podrá utilizar imágenes para estos navegadores que no aceptan esa característica. Usted puede preguntarse: "Pero ya que tienes el trabajo de producir la imagen del gradiente, porque no utilizar imágenes para todos los navegadores?" Acuérdese que al utilizar una imagen, el navegador hará una solicitud en el servidor bus, cuando esa imagen, sin imagen, tendremos una solicitud menos, ya que la web carga un poquito más rápido. Multiplique eso para todas las imágenes de gradiente que usted tenga y todo realmente tendrá más sentido.

Deje para que los navegadores no aptos bajen las imágenes y hagan más solicitudes.

Vea ahora un ejemplo de código, juntamente con el fallback de imagen:

```
div {
width:200px; height:200px;
background-color: #FFF;
```

```
/* imagen en caso de que no acepta la característica */ background-image:  url(images/gradiente.png);
```

```
/* Firefox */
```

```
background-image: -moz-linear-gradient(green, red);


/* Safari, Chrome */
background-image: -webkit-linear-gradient(green, red);


/* Opera */
background-image: -o-linear-gradient(green, red);
}
```

Esto creará el siguiente gradiente:

El patrón es que el gradiente ocupe el 100% del elemento como vimos en el ejemplo anterior, pero muchas veces queremos hacer sólo un detalle.

En ese caso tenemos que definir un STOP, para que el navegador sepa donde un color debe terminar para comenzar el otro color. Si envía el 20% del lado del color rojo. El navegador calculará cuánto es el 20% de la altura (o anchura dependiendo del caso) del elemento, y comienza el gradiente del color exactamente allí. El código del ejemplo anterior sigue a continuación:

```
/* Firefox*/
background-image: -moz-linear-gradient(green, red 20%);


/* Safari, Chrome */
background-image: -webkit-linear-gradient(green, red 20%);


/* Opera */
background-image: -o-linear-gradient(green, red 20%);
```

El resultado sería:

Si colocáramos un valor para el verde, conseguiremos efectos que antes sólo conseguiríamos en el Illustrator o en el Photoshop. Veamos un ejemplo:

```
/* Firefox */
background-image: -moz-linear-gradient(green 10%, red 20%);


/* Safari, Chrome */
background-image: -webkit-linear-gradient(green 10%, red 20%);


/* Opera 11.10+ */
background-image: -o-linear-gradient(green 10%, red 20%);
```

Vea que el tamaño de la transición va quedando menor a medida que vamos aumentando los porcentajes. Esto es bastante útil.

Columns

Con el control de columnas en CSS podemos definir columnas de texto de forma automática. Hasta ahora no había manera de hacer eso de manera automática con CSS.

Colunm-count

La propiedad colunm-count define a cantidad de columnas que tendrá el bloque de textos.

```
/* Definimos la cantidad de columnas y el ancho de estas */
-moz-colunm-count: 2;
-webkit-colunm-count: 2;
```

Colunm-width

Con la propiedad colunm-width definimos la anchura de estas colunas.

```
/* Definimos el ancho mínimo para las columnas. Si estas fueran
tan comprimidas que provocasen que no cogieran en la pantalla con el
tamaño indicado, estas se transformarían en 1 columna
automáticamente */
```

```
-moz-colunm-width: 500px;
-webkit-colunm-width:  400px;
```

El colunm-width define la anchura mínima de las columnas. La documentación del W3C dice lo siguiente: imagine que usted tiene un área disponible para las columnas de 100px. O sea, usted tiene un div con 100px de ancho (width). Y usted define que las anchuras de estas columnas (colunm-width) sed de 45px. habrá 10px de sobra, y las columnas automáticamente se definirán a 50px de ancho, rellenando ese espacio disponible. Es ese el comportamiento que el Firefox lleva a cabo.

En Safari, sucede lo siguiente: si usted define un colunm-width, las columnas obedecen a ese valor y no llenan el espacio disponible, como sucede en la explicación del W3C y como sucede también en el Firefox.

colunm-gap

La propiedad colunm-gap crea un espacio entre las columnas, un gap.

```
/* Define el espacio entre las columnas. */
-moz-colunm-gap: 50px;
-webkit-colunm-gap: 50px;
```

Aquí utilizamos los prefijos -moz- e -webkit-, estas propiedades no funcionan oficialmente en ningún navegador. Pero ya pueden ser usados en navegadores como Firefox y Safari.

Transform 2D

La propiedad transform manipula la forma con la que el elemento aparecerá en la pantalla. Usted puede manipular su perspectiva, escala y ángulos. Una transformación es especificada utilizando la propiedad transform. Los navegadores que soportan esa propiedad, la soportan con el prefijo especificado.

Los valores posibles hasta ahora están especificados son:

scale

El valor scale modificará la dimensión del elemento. Este aumentará proporcionalmente el tamaño del elemento teniendo en consideración el tamaño original del elemento.

skew

Skew modificará los ángulos de los elementos. Usted puede modificar los ángulos de los ejes X y Y individualmente como en el código abajo:

```
-webkit-transform: skewY(30deg);
-webkit-transform: skewX(30deg);
```

translation

El translation moverá el elemento en el eje X y Y. Lo interesante es que usted no tenga que preocuparse de los floats, positions, margins y etc. Si usted aplica el translation, esta moverá el objeto y listo.

rotate

El rotate rota el elemento teniendo en consideración su ángulo, especialmente cuando el ángulo es personalizado con el transform-origin.

Veamos un ejemplo del CSS transform y su resultado:

```
img {

-webkit-transform: skew(30deg); /* para webkit */
-moz-transform: skew(30deg); /* para gecko */
-o-transform: skew(30deg); /* para opera */
```

```
transform: skew(30deg); /* para navegadores sin prefixo */
```

```
}
```

El código que hemos visto determina que el ángulo de la imagen sea de 30 grados. Colocamos un ejemplo para cada prefijo de navegador. Quedando así:

Varias transformaciones en un único elemento

Para utilizar varios valores al mismo tiempo en un mismo elemento, tenemos que definir varios valores separándolos con espacios en una misma propiedad transform:

```
img {
```

```
-webkit-transform: scale(1.5) skew(30deg); /* para webkit */
-moz-transform: scale(1.5) skew(30deg); /* para gecko */
-o-transform: scale(1.5) skew(30deg); /* para opera */
transform: scale(1.5) skew(30deg); /* para navegadores sin prefijo
*/
```

```
}
```

transform-origin

La propiedad transform-origin define que punto del elemento de la transformación será el origen. La sintaxis es idéntica a la del background-position. Veamos a continuación:

```
img {

    -webkit-transform-origin: 10px 10px; /* para webkit */
    -moz-transform-origin: 10px 10px; /* para webkit */
    -o-transform-origin: 10px 10px; /* para webkit */
    transform-origin: 10px 10px; /* para webkit */

}
```

Por defecto, las transiciones siempre suceden teniendo como punto de ancla el centro del objeto. Hay algunas situaciones en las que usted puede que quiera modificar esa ancla, haciendo que por ejemplo, la rotación suceda en alguno de los cantos del elemento. El código de ejemplo que acabamos de ver hará que la transformación suceda a partir de los 10px del top en el canto izquierdo.

La propiedad transform se vuelve más interesante cuando la utilizamos con la propiedad transition, donde podemos ejecutar algunas animaciones básicas manipulando los valores de transformación.

Transiciones y Animaciones

La propiedad transition, la regla keyframe y otras propiedades vinieron a dictaminar la función que CSS tiene ante HTML, añadiendo maneras de producir animaciones y transiciones. No quiere decir que usted hará animaciones complicadas, con diversos detalles técnicos y etc. Para ese tipo de resultado existen otras herramientas, como Canvas, que, con certeza, harán un trabajo mejor con menos esfuerzo.

La propiedad transition funciona en buena parte de los navegadores actuales. Pero la regla keyframe que nos permite controlar las fases de una animación aún no está muy implementada. Para una tabla más actual y detallada de soporte y compatibilidad, haga una busca en Google.

Lo básico: propiedad transition

La propiedad transition tiene una sintaxis simple que no necesita de explicaciones muy elaboradas. Veamos el siguiente ejemplo:

```
a {
color:  white; background: gray;
}
```

En el código definimos que el link tendrá su color de texto igual a la negrita y que su background será gris.

El resultado esperado es que al pasar el mouse sobre el link el color del texto sea modificado, cambiando del blanco hacia el negro y que el color de background cambie de gris hacia el rojo. Veamos como hacer eso:

```
a {

color:  white; background: gray;

}

a:hover  {

color:  black; background: red;

}
```

El problema es que la transición es muy brusca. El navegador sólo modifica las características entre los dos bloques y listo. No hay ninguna transición suave entre los dos estados.

Podemos hacer el cambio de un estado para otro utilizando la propiedad transition. Suponga que al pasar el mouse, los cambios sucedieran en un intervalo de medio segundo. Bastaría con colocar la propiedad transition en el a:hover y listo. Al pasar el mouse, el navegador modificaría las características del link con una pequeña transición de medio segundo. Veamos como hacer esto:

```
a:hover  {

color:  black; background: red;
-webkit-transition: 0.5s;


}
```

De esa forma la transición sólo sucede cuando el hover es activado. El problema es que al quitar el mouse, el navegador vuelve bruscamente hacia las características iniciales. Para modificar eso basta insertar también la propiedad transition en el estado inicial.

```
a {

color:  white; background: gray;
-webkit-transition: 0.5s;


}

a:hover  {

color:  black; background: red;
-webkit-transition: 0.5s;
```

```
}
```

Lo que la propiedad transition hace es comparar los valores de las propiedades en común entre los dos estados del link o de otro elemento, así esta modifica suavemente los valores cuando se produce la activación de la función. Esta es una técnica simple y que sirve para manipular transiciones básicas como color, tamaño, posición etc.

Ahora suponga que en un bloque hay una determinada propiedad que en el otro bloque no hay, como en el código abajo:

```
a {

    border:1px solid orange; color:  white;
    background: gray;
    -webkit-transition: 0.5s;

}

a:hover  {

    color:  black; background: red;
    -webkit-transition: 0.5s;

}
```

En ese caso el navegador detecta que hay una propiedad en el primer estado, pero no en el segundo, por eso esta no hace la transición de esta propiedad, sólo de las propiedades en comunes.

La Propiedad animation y la regla keyframe

La propiedad trasition trabaja de forma muy simple e inflexible. Usted prácticamente le dice al navegador el valor inicial y el valor final para que este aplique la transición automáticamente, controlamos prácticamente sólo el tiempo de ejecución. Para tener más control sobre la animación tenemos la propiedad animation que trabaja juntamente con la rule keyframe.

Básicamente usted consigue controlar las características del objeto y sus diversas transformaciones definiendo fases de la animación.

Veamos su funcionamiento:

@-webkit-keyframes rueda { from {

-webkit-transform:rotate(0deg);

}
to {

```
-webkit-transform:rotate(360deg);


     }
     }
```

En el código de arriba se define un valor inicial y un valor final.
Ahora vamos a aplicar ese código a un elemento. Como por ejemplo
en un un DIV para hacerlo girar.

Primero usted define la función de animación, en el caso de nuestro
código se define un valor inicial de 0 grados y un valor final de 360
grados. Ahora vamos a definir las características de este DIV.

```
div {


width:50px; height:50px; margin:30% auto 0; background:Black;


}
```

En las primeras líneas definí cuál será el estilo del div. Este tendrá
una anchura y una altura de 50px. Un margin del 30% del top
garantizará un espacio entre el objeto y el top del documento, y
background negro.

La propiedad animation tiene una serie de propiedades que pueden ser resumidas en la tabla que le mostramos a continuación para entender lo que cada propiedad significa:

Propiedad	Definición
animation-name	Especificamos el nombre de la animación
animation-duration	Define la duración de la animación. El valor se declara en segundos.
animation-timing- function	Describe que será la progresión de la animación por cada ciclo de duración. Hay una serie de valores posibles y que puede ser que su navegador aún no soporte, estos son: ease, linear, ease-in, ease-out, ease-in-out, cubic-bezier(\<nunber>, \<nunber>, \<nunber>, \<nunber>) [, ease, linear, ease-in, ease-out, ease-in-out, cubic-bezier(\<nunber>, \<nunber>, \<nun- ber>, \<nunber>)]*

El valor por defecto es ease.

animation-interation-count	Define el número de veces que el ciclo tiene que suceder. Por defecto es 1, es decir, la animación se ejecuta una vez y para.
animation-direction	Define si la animación sucederá o no en el sentido inverso en ciclo alternos. Es decir, si la animación se está ejecutando en el sentido horario, al finalizar la animación, el navegador hace que la misma animación del elemento, pero en el sentido inverso. Los valores son alternate o normal.
animation-play- state	Define si la animación se está ejecutando o si está pausada. Usted podrá, por ejemplo, mediante un script, pausar la animación si esta estuviera ejecutándose. Los valores son running o paused.
animation-delay	Define cuando empezará la animación. Es decir, define un tiempo para que la animación se inicie. El valor 0 significa que la animación comenzará inmediatamente.

Volviendo a nuestro código, vamos aplicar algunas de esas propiedades:

```css
div {

  width:50px; height:50px; margin:30% auto 0; background:black;
  -webkit-animation-name: rueda;
  -webkit-animation-duration: 0.5s;
  -webkit-animation-timing-function: linear;
  -webkit-animation-iteration-count:  infinite;
  -webkit-animation-direction: alternate;


}
```

Vea que en la propiedad animation-name llamamos el mismo nombre que dimos en nuestra función de keyframe inmediatamente en el comienzo de la explicación. Después definimos una duración de ciclo de medio segundo. Definimos que el comportamiento de la animación será linear, y con la propiedad animation- iteration-count definimos que es la que girará infinitamente. Y por último definimos el animation-direction que la animación deberá ser alternada, o sea, el DIV girará hacia un lado, y cuando alcance el final de la animación, el navegador deberá alternar esa animación.

Podemos mejorar ese código utilizando la versión shortcode, que es más recomendable. Vea el orden en el que debemos escribir las propiedades animation en forma de shortcode:

Animation: [<animation-name> || <animation-duration> || <animation-timing-function> || <animation-delay> || <animation-iteration-count> || <animation-direction>] [, [<animation-name> || <animation-duration> || <animation-timing-function> || <animation-delay> || <animation-iteration-count> || <animation-direction>]]

Aplicando eso a nuestro código, quedaría de la siguiente manera:

div {

width:50px; height:50px; margin:30% auto 0; background:black;

-webkit-animation: rodaroda 0.5s linear infinite alternate;

}

Ahora tenemos un elemento que gira sin parar, primero hacia la derecha y luego hacia la izquierda.

Definiendo ciclos

Nosotros sólo hemos definido en el keyframe de nuestro último ejemplo un inicio y un fin. Ahora vamos a flexibilizar mejor nuestro keyframe definiendo las fases de la animación. Por ejemplo, podemos decir para un elemento que tenga el color de background diferente cuando la animación llegar al 20% del ciclo, y así por en adelante.

Vea el ejemplo:

```
@-webkit-keyframes rueda { 0% {

-webkit-transform:rotate(0deg);

}

50% {
background:red;
-webkit-transform:rotate(180deg);

}

 100% {
-webkit-transform:rotate(360deg);
}
}
```

Hemos definido en este ejemplo que al inicio de la animación el elemento comenzará en la posición normal, 0 grados.

Cuando la animación llegar al 50% del ciclo, cuando el elemento gire 180 grados, el background deberá ser rojo. Y cuando la animación llegue al 100% del ciclo, el elemento habrá girado en total 360 grados y el background, como no está siendo definido, volverá al valor por defecto, en nuestro caso black, que fue definido en CSS donde formateamos este DIV.

Después, nuestro elemento girará continuamente y quedará alternando el color de fondo de negro hacia rojo. Es un ejemplo bastante simple donde modificamos sólo el background, pero usted puede definir un position y modificar los valores de left y top para hacer que el elemento se mueva.

En el ejemplo también definí sólo 3 estadios (0%, 50% y 100%) usted puede definir un mayor número de estadios: 5%, 10%, 12%, 16%,..32%...36% y etc... Pudiendo así adecuar las fases de la animación a sus necesidades.

Bordes

Definir una imagen para los bordes es una de aquellas propiedades de CSS que usted se preguntará como podíamos vivir antes de conocerla. Es más fácil de entender viendo la práctica.

Esta propiedad aún está en fase de pruebas por los navegadores, por eso utilizaremos los prefijos para ver los resultados. Utilice sólo el prefijo del Safari, porque el Firefox ya entiende esa propiedad correctamente.

La sintaxis del border-image se divide en tres partes:

- URL de la imagen que será utilizada.
- Tamaño del slide de los bordes.
- Como el navegador aplicará la imagen en la borde.

Veamos un ejemplo de la sintaxis abajo:

```
a {

display:block; width:100px;
-webkit-border-image: url(borde.gif) 10 10 10 10 stretch;


}
```

Arriba hemos definido una imagen con el nombre de borde.gif, después definimos el width de cada uno de los bordes del elemento. La sintaxis es igual a otras propiedades con sus cuatro valores: top, right, botton, left. Inmediatamente después colocamos cual el tipo de tratamiento que la imagen va a recibir.

Dividiendo la imagen

Para posicionar la imagen debidamente en su objeto o navegador,
dividimos la imagen en 9 secciones:

1	2	3
4	5	6
7	8	9

Cuando la imagen es colocada en el elemento, el navegador
posiciona los cantos de la imagen junto con los cantos
correspondientes del elemento. Es decir, el bloque 1 de la imagen es
colocado en el canto superior izquierdo, el bloque 3 en el canto
superior derecho y así en adelante. Si usted hace la prueba, la imagen
aparecerá en el elemento como si estuviera desproporcionado. Eso es
normal porque la imagen debe seguir las proporciones del elemento y
no las suyas propias.

El comportamiento de la imagen es la parte más importante porque
define como el centro de la imagen (en este caso la sección número 5),
es donde será tratada. Hay varios valores, pero la más simple de
entender es la de stretch, que estira y escala la imagen para el tamaño
del elemento a. Hay otros valores como round y repeat. Pero algunos

navegadores no lo soportan y acaban o ignorando esos valores o como en el caso del Safari y el Chrome, interpretan el round como el repeat. Vamos a ver la propiedad stretch y así entenderá como funciona la propiedad.

Vamos a utilizar una imagen para aplicar la propiedad. Vamos a hacer un botón al estilo iPhone. La cosa es simple y sugiero que usted haga pruebas individualmente jugando con los valores de los bordes y con otras diversas imágenes para ver como funciona este recurso.

Vamos a aplicar el estilo a un link. El código que vamos a aplicar es el siguiente:

```
a {

display:block; width:100px;
text-align:center;
font:bold 13px verdana, arial, tahoma, sans-serif; text-
decoration:none;
color:black;

}
```

Para insertar la imagen, colocamos las dos líneas abajo:

```
border-width:10px;
-webkit-border-image: url(boton.png) 10 stretch;
```

Definí en la primera línea que el borde tendría 10px de ancho con la propiedad border-width. En la segunda línea se define que la imagen utilizada sería la de boton.png, las áreas de la imagen tendrían que extenderse 10px, y el valor de stretch define que la imagen cubrirá el elemento entero. Si ahora disminuimos el valor de 10 del border-image, que es el valor que define en cuanto a lo que la imagen debe extenderse en los bordes.

Tenemos el border-width definiendo la anchura del borde, pero no tenemos ningún valor que especifique cuánto de esa anchura tomará la imagen.

Los efectos son muy extraños cuando esos valores están apenas formateados. Por eso, pruebe en la práctica esa propiedad para que no haya problemas al implementarla en sus proyectos.

Múltiples Backgrounds

¿Quien no tuvo nunca que crear un background donde había un gradiente encima, debajo y a los lados? Usted sabe que para crear algo parecido no puede utilizar una imagen sólo. La solución hasta hoy sería crear 4 elementos divs anidados (o sea, uno dentro del otro) y aplicar un pedazo de este background en cada uno de estos elementos para dar la sensación de un background único. El resultado es interesante pero el método para hacer todo eso no es nada bonito. Para que va a declarar 4 elementos "inútiles"en su HTML sólo para compensar un efecto visual. La posibilidad de atribuir múltiples backgrounds en sólo un elemento es la característica que va a ayudarlo a no ensuciar su código.

Los efectos son muy extraños cuando esos valores están poco formateados. Por eso, prueba en la práctica esa propiedad para que no haya problemas al implementarla en sus proyectos.

```
div {

width:600px; height:500px; background:
url(img1.png) top left repeat-X, url(imagen2.png) bottom left
repeat-Y;

}
```

Definimos sólo una propiedad background, el valor de esa propiedad en vez de contener solo un valor como normalmente hacemos, podrá haber varios, con sus respectivas definiciones de posición, repeat y attachment (fixed).

El Módulo Template Layout

La parte más fácil de desarrollar una web con CSS es la
planificación y diagramación del layout. Coincidentemente es la parte
que los desarrolladores tienen más problemas debido al navegador o
por falta de recursos más avanzados. Pero si usted se para a pensar,
sólo una propiedad cuida de esa parte, que es la propiedad float. El
float es la propiedad más importante que hay en CSS. Si el IE no
supiera lo que es float, hasta hoy nosotros no estaríamos haciendo
webs con CSS. El float cuida de toda la diagramación de la web, desde
los elementos que se definirán en las áreas maestras de la web hasta
los pequeños detalles de imágenes e íconos.

La propiedad float es muy simple de entender. El problema no es el
funcionamiento, sino los efectos que la propiedad float causa en los
elementos próximos. Si usted pide que dos columnas se quedaran
flotando a la izquierda y otra columna a la derecha, el pie de página
sube. O si usted coloca un elemento envolviendo a otros elementos con
float, ese elemento pierde la altura. Estos son problemas habituales que
ya tienen soluciones inteligentes y que no presentan molestias más
graves.

Por desgracia, el float no es lo ideal para la diagramación y
organización de los elementos del layout. Este resuelve muchos
problemas, pero deja mucho que desear en diversos sentidos. El float
está completamente conectado al orden de los elementos en HTML.

Existen técnicas para que usted consiga hacer casi que cualquier organización visual sin engorrar el código HTML. Pero hay otras necesidades que invariablemente usted necesitará modificar del orden de los elementos en medio de HTML para que la diagramación de la web sea conforme a lo esperado. Esa organización de HTML se puede modificar desde programación server-side y hasta los resultados de SEO y de accesibilidad. Por eso es interesante que HTML quede organizado de forma que suple las necesidades de esas bases. Su organización visual debe ser independiente de esta organización.

Con vistas a estos y otros problemas, el W3C creó un nuevo módulo. El módulo en cuestión es el llamado Template Layout. Ese módulo consiste en una forma de crear y organizar los elementos e informaciones del layout de forma menos espartana y más flexible.

Podemos dividir la construcción del layout en dos grandes partes:

- Definición de los elementos maestros y el grid a ser seguido
- Formateo de font, colores, background, bordes etc.

Las propiedades en esta especificación trabajan asociando una política de layout de un elemento. Esa política es llamada de template-based positioning (no tiene nada a ver con la propiedad position) que da al elemento una grid invisible para alinear sus elementos descendientes.

Porque el layout debe adaptarse a diferentes ventanas y tamaños de papeles, las columnas y líneas del grid deben ser fijas o flexibles dependiendo del tamaño.

El W3C muestra algunos casos comunes:

Páginas complejas con múltiples barras de navegación en áreas con posiciones fijas como publicidad, submenús y etc.

Formularios complejos, donde el alineamiento de labels y campos pueden ser fácilmente definidos con las propiedades de este módulo con la ayuda de las propiedades de margin, padding y tablas.

GUIs, donde botones, toolbars, labels, íconos etc, tiene alineamientos complejos y necesitan estar siempre alineados si el tamaño o la resolución de la pantalla cambian.

Medias que son paginadas, como medias de impresión donde cada página son divididas en áreas fijas para contenidos de géneros diferentes.

Template-based positioning son una alternativa para la propiedad position con el valor absolute. Antiguamente casi todos los desarrolladores intentaban organizar y diagramar layouts utilizando position. Pero no era la mejor opción. La propiedad position es para detalles. Nada muy grande, mejor para pequeños detalles. Usamos position para posicionar elementos que no tiene relación directa con su posición en el código HTML. O sea, no importa donde está el elemento, el position:absolute, posicionará el elemento en las coordenadas que usted quiera.

Sintaxis y funcionamiento

El módulo Template Layout básicamente define slots de layout para que usted encaje y posicione sus elementos. El mapeamiento de los slots es hecho con dos propiedades que ya conocemos, y que este módulo añade algunos valores y funcionalidades más, como son las propiedades position y display.

La propiedad display definirá como será el Grid. Cuántos spots, etc. La propiedad position posicionará sus elementos en estos slots.

Veamos el siguiente código HTML:

```
<div  class="general">
<nav  class="menu">...</nav>
<aside  class="menulateral1">...</aside>
<aside  class="publicidad">...</aside>
<article class="blog">...</article>
<footer>...</footer>
</div>
```

Ahora definiremos la posición de estos elementos. El código de CSS quedaría de la siguiente manera:

```
.general {

display: "aaa" "bcd" "eee";

}
```

nav.menu {position:a;} aside.menulateral1 {position:b;} aside.publicidad {position:d;} article.blog {position:c;} footer {position:e;}

El funcionamiento de la propiedad display

La propiedad display define la organización de los slots. Un slot es un local donde su elemento quedará posicionado. Cada elemento queda en un slot.

Aquí el elemento display trabaja como un tabla, donde su contenido será colocado en columnas y líneas. La única diferencia es que el número de líneas y columnas no dependen del contenido, es fijada por el valor de la propiedad.

Y la otra principal diferencia es que el orden de los descendientes en el código no importa.

Existen algunos valores para que usted trabaje: letra, @ (arroba) y "." (punto).

Cada letra diferente es un slot de contenido diferente. La @ define una señal para un slot patrón. Y el "." (punto) define un espacio en blanco.

Cuando repetimos las letras como en el ejemplo anterior, tanto en la horizontal cuánto en la vertical, es formado un slot único que se expande para el tamaño de la cantidad de slots. Recuerde el colspan o rowspan que utilizamos en la tabla, ya que funciona igual.

No es posible hacer un slot que no sea rectangular o varios slots con la misma letra. Un template sin ninguna letra tampoco es posible. Un template con más de una @ también está prohibida. Si existieran esos errores, la declaración sería ignorada por el navegador.

Para definir la altura de la línea (row-height) podemos utilizar el valor por defecto "auto", que define la altura a que altura de la línea es hecha de acuerdo con la cantidad de contenido en el slot. Usted puede definir un valor fijo para la altura. No es posible definir un valor negativo. Cuando definimos un * (asterisco) para la altura, eso quiere decir que todas las alturas de la línea serán iguales.

La anchura de la columna (col-width) es definida con valores fijos, como el row-height. Podemos definir también el valor de * que funciona exactamente igual a la altura de la línea, pero aplicados a la anchura de la columna. Hay dos valores llamados max-content y min-content que hacen que la anchura sea predeterminada de acuerdo con el contenido. Otro valor es el minmax(p,q) que funciona así: la holgura de las columnas son fijadas para ser mayores o iguales a "p" y más pequeñas o iguales a "q". Puede haber un espacio blanco (white space) alrededor de "p" y "q". Si q > p, entonces "q" es ignorada y el minmax(p,q) es tratada cómo minmax(p,p). El valor fit-content es el equivalente a la minmax(min-content, max-content).

Definiendo la anchura y la altura de los spots

Para definir la altura de los slots, utilizamos una sintaxis directamente en la propiedad display. Vea el siguiente ejemplo de como podemos hacer eso:

display: "a a a" /150px
"b c d"
"e e e" / 150px 100px 400px 100px;

Formateado de una manera que usted entienda, queda así:

```
display: "a        a        a" /150px
"b               c        d"
"e               e        e" /150px
100px           400px    100px;
```

O sea, la primera columna del grid tendrá 100px de anchura, la segunda 400px y la tercera 100px.

Las medidas que coloques al lado, iniciando con una / (barra) definen la altura de las líneas. Después de la primera línea tendrá 150px y la tercera línea también. La línea del medio, como no tiene altura definida tendrá la altura de acuerdo con la cantidad de contenido.

El espacio entre las columnas son definidos con "." (puntos). Vea el ejemplo siguiente:

```
display: "a        a        a"     /150p
"                 .        ."     /50px
".
"b               c        d"
"                 .        ."     /50px
".
"e               e        e"     /150p

100px     400px  100px;
```

En el ejemplo de arriba hicimos dos columnas en el código compuestos por puntos en vez de hacerlo con letras. Eso quiere decir que entre las columnas del grid habrá un espacio en blanco de 50px de altura.

El funcionamiento de la propiedad position

El valor de la propiedad position especifica que línea y columna del elemento será colocado en el ha- plate. Usted escribirá sólo una letra por elemento. Varios elementos pueden ser colocados en un mismo slot. Después estos elementos tendrán el mismo valor de position.

Veamos el siguiente ejemplo de un layout. Primero el HTML:

```
<ul id="nav">
<li>navegación</li>
```

```
</ul>
<div id="content">
<div class="module news">
<h3>El Tiempo</h3>
<p>¿Qué tiempo habrá?</p>
</div>
<div class="module sports">
<h3>Fútbol</h3>
<p>Gente a la que le gusta el fútbol</p>
</div>
<div class="module sports">
<h3>Ajedrez</h3>
<p>Torneo de Ajedrez</p>
</div>
<div class="module personal">
<h3>Horóscopo</h3>
<p>Su signo zodiacal</p>
</div>
<p id="foot">Copyright by yo</p>
</div>
```

Ahora veremos el código en CSS:

```
body {

display: "a b"
```

```
10em        *;



}
#nav {


position: a;


}
#content  {


.module.news {position: c;}
.module.sports {position: d;}
.module.personal  {position: e;}
#foot {position: f;}


}
```

```
position: b;
display: "c         .       d   .      e "
"                   .       .    .      . "      /1em
"                   .       f    .      . "
*                   1e      *   1e     *;
```

Recuerde que no importa la posición de los elementos en el código. Esa es la mágica. Podemos organizar el código HTML de acuerdo con nuestras necesidades y teniendo en consideración el SEO,

Accesibilidad y proceso de mantenimiento. El HTML queda totalmente intacto separado de cualquier formateo. Mucho, pero muy interesante.

Pseudo-elemento: slot()

Usted puede formatear un slot específico simplemente declarándolo en CSS. Suponga que quiere que un determinado slot tenga un fondo diferente, alineamiento, etc... Ese formateo será aplicado directamente en el slot y no en el elemento que usted colocó allá. Así es más simple de formatear porque usted no llevará un estilo al elemento y sí al slot. Si usted necesita posicionar aquel elemento en otro lugar, lo puede hacer fácilmente de la siguiente manera.

```
body { display: "aaa"
"bcd" } body::slot(b) { background: #FF0 }
body::slot(c), body::slot(d) { vertical-align: bottom }
```

Las propiedades aplicadas en el pseudo elemento slot() son las siguientes:

- Todas las propiedades background.
- vertical-align
- overflow

- box-shadow, block-flow y direction aún están siendo estudiados por el W3C.

Colores

RGBA

Normalmente en la web trabajamos con los colores en la forma de hexadecimal. Es la forma más común y más utilizada desde los principios del desarrollo web. Aún así, hay otros formatos menos comunes que funcionan sin problemas, uno de estos formatos es el RGB. El RGB son 3 conjuntos de números que comienzan en el 0 y van hasta 255 (0% hasta 100%), donde el primer bloque define la cantidad de rojo (Red), el segundo bloque la cantidad de verde (Green) y el último bloque la cantidad de azul (Blue). La combinación de estos números forman todos los colores que usted puede imaginar.

En HTML el RGB puede ser usado en cualquier propiedad que tenga la necesidad de memoria, como: color, background, border etc. Ejemplo:

```
p {

background:rgb(255,255,0); padding:10px;
font:13px verdana;
```

```
}
```

Este código RGB define que el background o elemento P será
amarillo.

Hasta hace poco nosotros sólo podíamos escribir colores sólidos,
sin que ni al menos pudieramos escoger la opacidad de ese color.
CSS3 nos trae la posibilidad de modificar la opacidad de los elementos
mediante la propiedad opacity. Recuerde que cuando modificamos la
opacidad del elemento, todo lo que está contenido en él también queda
opaco y no sólo el background o el color de este elemento.

Eso es útil pero dificulta mucho cuando queremos que sólo el color
de fondo de un determinado elemento tenga la opacidad modificada.
Es ahí que entra el RGBA. El RGBA funciona de la misma forma que
el RGB, o sea, definiendo un color para la propiedad. En el caso del
RGBA, además de los 3 canales RGB (Red, Green y Blue) hay un
cuarto canal, A (Alpha) que controla la opacidad del color. En ese
caso, podemos controlar la opacidad del color del background sin
afectar la opacidad de los otros elementos. Veamos un ejemplo de
código:

```
p {

background:rgba(255,255,0, 0.5); padding:10px;
```

```
font:13px verdana;

}
```

El último valor es referente al canal Alpha, donde 1 es totalmente visible y 0 es totalmente invisible. En el ejemplo arriba está con una opacidad del 50%.

currentColor

El valor currentColor es muy simple de entender y puede ser muy útil para disminuir el trabajo en algunos momentos de la producción. Imagine que el currentColor es una variable cuyo su valor es definido por el valor de la propiedad color del selector. Vea el código siguiene:

```
p {

background:red; padding:10px; font:13px verdana; color:  green;
border:1px solid green;

}
```

Vea que el valor de la propiedad color es igual al valor del color de la propiedad border.

Hay una redundancia en el código, que en ese caso es irrelevante, pero cuando hablamos de decenas de archivos de CSS modulados, con centenares de líneas, esa redundancia puede dificultar la productividad.

La función del currentColor es simple: es una copia para otras propiedades del mismo selector el valor de la propiedad color. Vea el código siguiente para entenderlo mejor:

```
p {

    background:red; padding:10px; font:13px verdana; color:  green;
    border:1px solid currentColor;

}
```

Vea que ahora aplicamos el valor currentColor donde debería estar el valor de memoria de la propiedad border. Ahora, toda vez que el valor de la propiedad color sea modificado, el currentColor aplicará el mismo valor para la propiedad donde esta está siendo aplicada.

Eso funciona en cualquier propiedad que haga utilización de la memoria como background, border, etc. Obviamente no funciona para la propiedad color. El currentColor tampoco funciona en selectores separados, es decir, usted no conseguirá aprovechar el valor de la propiedad color al currentColor de otro selector.

Paged Media

Con certeza usted ya debe haber intentado leer un libro o un artículo en alguna web en Internet y prefirió imprimir el texto para leer offline, en papel, por ser más cómodo o por ser más práctico cuando no se está conectado. Existen varios motivos por lo que un lector querrá imprimir el contenido de una web, principalmente webs con textos largos y pesados. Hoy con el avance de las pantallas y la aparición de las tablets en el mercado, usted consigue pasar más tiempo al frente de una pantalla leyendo grandes cantidades de texto. El problema es, normalmente, la organización de las páginas y el contenido, que no es exactamente cómodo para pasar horas leyendo.

Otro problema común es que nosotros los desarrolladores no tenemos una manera fácil de formatear las páginas. En realidad tenemos, pero es un poco de engorroso y claro, no es la manera correcta. La especificación de Paged Media nos posibilita formatear las páginas, transparencias o incluso páginas que serán vistas por el monitor. Controlaremos sus medidas, tamaños, márgenes, roturas de páginas, etc...

@page

Definiremos con CSS3 un modelo de página que especifica como el documento será formateado en un área rectangular, llamado page box, con anchuras y alturas limitadas. Ni siempre el page box tiene la referencia correspondiente hacia una hoja de papel física, como normalmente conocemos en diversos formatos: hojas, transparencias, etc. Esta especificación formatea el page box, pero es el navegador o el medio de acceso que el usuario está utilizando el que tiene la responsabilidad de transferir el formato del page box a la hoja de papel en el momento de la impresión.

El documento es transferido en el modelo de la página para uno o más page boxes. El page box es una caja rectangular que será su área de impresión. Eso es cómo si fuera un viewport del navegador. Como cualquier otro box, la page box tiene margin, border, padding y otras áreas. El contenido y las áreas de margin del page box tienen algunas funciones especiales:

El área de contenido del page box es llamada área de la página o page area. El contenido del documento fluye en el área de la página. Los límites del área de la página en la primera página establece el rectángulo inicial que contiene el bloque del documento.

El área del margen de la page box es dividido en 16 cajas de margen o margin boxes. Usted puede definir para cada caja de margen su propio borde, margen, padding y áreas de contenido. Normalmente esas cajas de margen son usadas para definir headers y footers del documento. Confieso que el nombre utilizado (cajas de margen) es medio extraño.

Las propiedades del page box son determinadas por las propiedades establecidas por el page context, el cual es la regla de CSS @page. Para definir la anchura y altura de una page box no se usa las propiedades width y height. El tamaño de la page box es especificada utilizando la propiedad size en el page context.

Terminología y Page Model (modelo de página)

El page box tiene algunas áreas simples de entender que facilitará la explicación.

Page box

El page box es donde sucede todo. Tenga en mente que el page box es el viewport de las medias impresas. Es ahí donde contendrá las áreas de margen, padding, border y donde el texto será consumido.

La anchura y la altura del page box es determinada por la propiedad size. En un caso simple, el page box tiene la anchura y la altura de una hoja. Sin embargo en casos complejos, donde el page box difiere de las hojas de papel en valores y orientaciones, usted podrá personalizarlo de acuerdo con su necesidad.

Page area

La page area es el área de contenido del page box.

Margin box

Margin boxes contienen boxes para header e footer. Son conjunto de 16 boxes onde usted pode insertar contenido útil como número da página, título do libro, etc. Esas áreas quedan fuera del Page area. Cada uno tienen sus margins, paddings y bordes individuales.

Page sheet

La hoja, la página, la superficie donde será impresa el contenido.

Non-printable area

El área de no impresión es el área donde el dispositivo de impresión no es capaz de imprimir. Esta área depende del dispositivo que usted está utilizando. El page box queda dentro del área de impresión.

Área de impresión

El área impresa es donde el dispositivo de impresión es capaz de imprimir. El área de impresión es el tamaño de la page sheet menos el área de no impresión. Como el área de no impresión, el área útil de impresión depende mucho del dispositivo. El dispositivo puede ajustar el contenido para que sea impreso sin problemas en esa área. Cada dispositivo tiene su medio de ajuste.

Propiedad size

La propiedad size especifica el tamaño y la orientación del área del contenido, el page box. El tamaño del page box puede ser definido con valores absolutos (px) o relativos (%). Usted puede usar tres valores para definir la anchura y la orientación del page box.

auto

El page box tendrá el tamaño y la orientación del page sheet escogido por el usuario.

landscape

Define la página será impresa en modo paisaje. El page box en este caso tiene el mismo tamaño de la página, pero el lado mayor es el horizontal. Si el tamaño de la página no es definido, el tamaño es especificado por el usuario y su dispositivo.

portrait

Define que la página será impresa en modo retrato. El page box en este caso tiene el mismo tamaño de la página, pero el lado mayor es el vertical. Si el tamaño de la página no sea definido, el tamaño es especificado por el usuario y su dispositivo.

Veamos el ejemplo siguiente:

```
@page {

size: auto; /* auto es el valor por defecto */
margin: 10%; /* es el margen */


}
```

Como el margen es variable, esta está siendo relativa a las dimensiones de la página. Si después se pasa a una página A4, con las dimensiones: 210mm x 297mm, los márgenes serán 21mm y 29.7mm.

Y Quedaría así:

```
@page {

size: 210mm 297mm; /* aquí se define el page sheet para el tamaño A4*/


}
```

Page-size

El page-size puede ser especificado utilizando uno de los media names que mostramos a continuación. Eso es el equivalente a utilizar los valores escritos directamente en la propiedad size. Pero es mejor utilizar el nombre de un formato de formato de papel.

Formato	Descripción
A5	La página tiene que ser definida para el tamaño ISO A5: 148mm x 210mm.
A4	La página tiene que ser definida para el tamaño ISO A4: 210 mm x 297 mm.
A3	La página tiene que ser definida para el tamaño ISO A3: 297mm x 420mm.
B5	La página tiene que ser definida para el tamaño ISO B3 media: 176mm x 250mm.
B4	La página tiene que ser definida para el tamaño ISO B4: 250mm x 353mm.
letter	La página tiene que ser definida para el tamaño papel carta: 8.5 pol x 11 pol

Veamos como quedaría aplicando los valores de esta tabla:

```
@page {

size: A4  landscape;

}
```

Puede ver la especificación de la W3C en la URL:
http://www.w3.org/TR/css3-page/

@font-face

La regla @font-face es utilizada para que usted utilice fuentes fuera del patrón del sistema en sus webs. Para que eso funcione, disponemos de las fuentes necesarias en su servidor y linkeamos estas fuentes en el archivo CSS. La sintaxis es simple y tiene soporte en todos los navegadores (salvo raras excepciones).

```
@font-face  {

Font-family: helvetica;
src: url (helveticaLTStd-UltLt.otf);

}
```

En la primera línea usted personaliza el nombre de la font que usted usará durante todo el proyecto. En la segunda de la línea definimos la URL donde el navegador buscará el archivo de la font para bajar y aplicar en la web. Usted aplicará como mostramos a continuación:

```
p {font:36px helvetica, Arial, Tahoma, Sans-serif;}
```

Suponga que el usuario tiene la font instalada, entonces, este ya no necesitará bajar la font, así podemos indicar al navegador si pueda utilizar el archivo de la propia máquina del usuario o si descargará la fuente del servidor. Menos requisitos = más velocidad. Vea el código siguiente:

```
@font-face  {

    font-family:  helvetica;
    src: local(HelveticaNeueLTStd-UltLt.otf),
url(HelveticaNeueLTStd-UltLt.otf);

}
```

A continuación podrá ver una serie de formatos que pueden ser usados y que los navegadores soportan sin problemas:

String	Font Format	Extensió
truetype	TrueType	ttf
opentype	OpenType	ttf, otf
truetype-aat	TrueType with Apple Advanced	ttf
embedded-opentype	Embedded OpenType	eot

woff	WOFF	(Web Open Font Format)	woff
svg	SVG Font		svg, svgz

Compatibilidad

Las versiones 7, 8 y 9 del Internet Explorer aceptan el @font-face sólo si la font es EOT. Usted podrá encontrar cualquier conversor online que le resolverá ese problema. Usted puede convertir sus fuentes para EOT directamente en el Font Squirrel. El Safari, Firefox, Chrome y Opera aceptan fuentes en TTF y OTF.

Para eliminar la necesidad de atender al Internet Explorer, usted necesitará especificar la URL de la font .eot para que el Internet Explorer pueda aplicar la font correctamente. La sintaxis sería de esta manera:

@font-face {

font-family: helvetica;

src: url(helveticaLTStd-UltLt.eot); src: url(helveticaLTStd-UltLt.otf);

}

El Font Squirrel hizo un pequeño favor a toda la comunidad. Es un sistema que convierte sus fuentes a los formatos necesarios de una manera rápida y sencilla.

Presentation-Levels

La información en la web es reutilizada de diversas maneras. Toda la información publicada es reutilizada por diversos medios de acceso, ya sea su navegador, un lector de pantalla o robots de búsqueda. HTML proporciona esa libertad para la información. Por ser un lenguaje muy simple, podemos reutilizar la información marcada con HTML en diversos medios de acceso. Pero HTML no cuida de la forma con la que el usuario va a visualizar la información en su dispositivo. HTML sólo muestra la información. La manera en la que el usuario consume esa información es diferente en cada uno de los medios de acceso y dispositivos. CSS formatea la información para que estla pueda ser accesible en diversos user-agents (medios de acceso). Si usted accede a la web de su banco con el monitor de 22'' de su casa o por medio de su teléfono móvil o smartphone, la información tiene que aparecer bien organizada en ambos escenarios. CSS es quien organiza visualmente esas informaciones.

Además de eso podemos presentar la información de diversas formas en un mismo dispositivo. Por ejemplo: usted puede ver una galería de imágenes de la manera convencional, clicando en las thumbs de las fotos o ver la galería en forma de slideshow. Podemos llevar esas experiencias a las websites de contenido textual también. La especificación de presentation-levels es una de las especificaciones que llevan al usuario a tener el contenido mostrado de otra forma de la cual estamos acostumbrados. Es muy útil para las presentaciones de slides, con efectos, transiciones, etc… o cualquier documento que sería más bien presentado en el formato de presentación, como un proyecto, documentos técnico, presentación de nuevos productos, etc.

Como funciona el modelo presentation-levels

El modelo que está detrás de la especificación es simple. Cada elemento en el documento es definido como un elemento de presentación o en el formato original "element's presentation level" o EPL.

El EPL puede estar explícito en una hoja de estilo o calculado automáticamente basado en la posición del elemento en la estructura del documento. Ahí es en cuanto el navegador hace los cálculos para mostrar los elementos progresivamente, como se hace normalmente en programas de presentación.

El elemento queda en uno de los tres siguientes niveles que también son representadas por clases: below- level, at-level y above-level. Dependiendo de la puntuación de EPL que el navegador da, el elemento queda en un determinado nivel. Esas pseudo-clases pueden y deben ser modificadas vía CSS.

La propiedad presentation-level

La propiedad presentation-level define como los valores de presentación (EPL) de un determinado objeto deben de ser calculados. Son tres los valores posibles: números enteros, increment y same.

Cuando definimos un valor entero, el elemento tiene un valor fijo.

Cuando colocamos increment, el valor del objeto aumenta un punto en relación al objeto anterior. Suponga que hay dos LEÍ en una UL. La primera LEÍ tiene el valor de 1, la segunda tiene valor de 2 y así en adelante.

Cuando definimos el valor same, el navegador calcula el mismo valor del objeto anterior. Esto lo podemos ver en los ejemplos a continuación.

Utilizando el mismo ejemplo de la especificación del W3C, tenemos el siguiente código:

```
<!DOCTYPE HTML>
<HTML>
<body>
<h1>strategies</h1>
<h2>our  strategy</h2>
<ul>
<li>divide</li>
<li>conquer
<p>(in that order)</p>
</li>
</ul>
<h2>their strategy</h2>
<ul>
<li>obfuscate</li>
<li>propagate</li>
</ul>
</body>
</HTML>
```

Vamos definir el CSS de presentation-levels para ese HTML añadiendo el código CSS:

```
@media projection {

h1  {  page-break-before:  always  }
li  {  presentation-level: increment  }
:below-level  {  color: black  }
:at-level  {  color:  red  }
:above-level  {  color: silver  }


}
```

Definimos que la H1 irá a iniciar siempre en una nueva página.

Pero el más importante es la propiedad presentation-level que definimos para LI. Eso quiere decir que cada LEÍ del navegador contará más de un punto.

Las tres pseudo-clases de las que hablamos al comienzo de esta parte: below-level, at-level, above-level, son elementos que fueron mostrados anteriormente, el elemento que está siendo mostrado y el próximo elemento en mostrarse.

Siendo así, el navegador calcula la puntuación de cada uno de los elementos utilizados en el ejemplo como se muestra a continuación:

HTML   **Valor de EPL**

<h1>strategies</h1>	0
<h2>our strategy</h2>	0
<ul>	0
<li>divide</li>	1
<li>conquer</li>	2
</ul>	0
<h2>their strategy</h2>	0
<ul>	0
<li>obfuscate</li>	1
<li>propagate</li>	2
</ul>	0

Tenemos otro ejemplo, donde veremos el HTML y después la tabla con los valores de EPL:

```
<!DOCTYPE HTML>
<HTML>

<style>

@media projection {

h1 { presentation-level: 0; } h2 { presentation-level: 1; } h3 {
presentation-level: 2; }
```

```
body * { presentation-level: 3; }
:above-level { display: none; }


}

</style>

<body>
<h1>strategies</h1>
<h2>our  strategy</h2>
<ul>
<li>divide</li>
<li>conquer</li>
</ul>
<h2>their strategy</h2>
<ul>
<li>obfuscate</li>
<li>propagate</li>
</ul>
</body>
</HTML>
```

Vea que ahora definimos en el CSS que todo lo que este dentro del
body tenga el valor 3. Después el H1 que fue definido como 0 por la
propiedad presentation-level tiene el valor de 3.

Definimos también display:none; para los próximos elementos.
Ahora vea l puntuación aplicada:

HTML	Valor de E
<h1>strategies</h1>	3
<h2>our strategy</h2>	2
<ul>	0
<li>divide</li>	0
<li>conquer</li>	0
</ul>	0
<h2>their strategy</h2>	2
<ul>	0
<li>obfuscate</li>	0
<li>propagate</li>	0
</ul>	0

El W3C tiene una especificación completa y en constante actualización del presentation-levels en la siguiente URL: http://www.w3.org/TR/css3-preslev/

JavaScript

Lenguaje de Programación

Introducción a JavaScript

Mucho se habla sobre Javascript, sin embargo existe muy poca documentación en español de este lenguaje de programación.

El mayor problema es la confusión que se hace entre el lenguaje Java y el Javascript debido a la semejanza en el nombre, en la misma línea de raciocinio, se hacen la relación entre C++ y Java por la semejanza de comandos y sintaxis, aunque la implementación de algunas sintaxis y construcciones sean parecidas, son lenguajes distintos, creados para resolver problemas diferentes, y que por esto poseen capacidades diferentes, lo mismo ocurre con Java y Javascript.

Mientras el Lenguaje Java está fuertemente tipeado y posee tipos estáticos, en cambio, Javascript ofrece una reducida cantidad de tipos, es decir, el necesario para creación de pantallas dinámicas y cierta lógica en las páginas de html.

Javascript es pequeño, ligero, portable (está presente en casi todos los navegadores y en todas las plataformas en los que estos navegadores ruedan). Javascript no es un lenguaje para rodar solo, necesita de un navegador para ello.

Javascript sigue una línea de cuánto menor mejor, o sea, es pequeño en su escritura, y en la creación de objetos. Los tipos de variables son dinámicos, y posee objetos globales ya predefinidos conforme al entorno en el que se encuentra.

Inicialmente fue creado por Netscape para ser el lenguaje patrón en el navegador, para producir cierta verificación de los datos. Sin embargo con el pasar del tiempo, este fue estandarizado por la **ECMA** (European Computer Manufactures Association) (http://www.ecma-international.org) y también por ECMA-262, también reconocida por la ISO ISO-16262.

Sin embargo este patrón no avanzó sobre los objetos públicos y sus respectivos métodos, lo que hace difícil la estandarización de programas entre navegadores.

Así que podemos crear una página que tiene un comportamiento y ofrecer a nuestros usuarios un sitio web más interactivo y dinámico.

El código JavaScript puede ser insertado en un documento HTML de dos maneras: mediante la colocación del código JavaScript como hijo de un elemento con la etiqueta script o mediante el atributo src, un elemento etiquetado como script en el que pasamos la ruta relativa o absoluta a un archivo que contiene el código JavaScript, como por ejemplo:

```
<html >
<head >
<meta http - equiv =" Content - Type " content =" text / html ;
charset =UTF -8">
<title >Prueba de cómo insertar JavaScript en HTML </ title >
<script type =" text / javascript " src =" codigo.js"></ script >
<script type =" text / javascript ">
window . onload = function (){
document . getElementById ('hola mundo '). innerHTML = 'Hola
Mundo';
}
</ script >
</ head >
<body >
<p id="hola mundo"></p>
</ body >
```

</ html >

Estructura Básica de un Programa

Un programa JavaScript debe ser escrito dentro de los tags <script> y script> que generalmente son escritos entre los tags <head> y head>. Pueden ser escritos también en la sección de cuerpo (<body>). Las tags <script> y script> pueden aparecer más de una vez en diferentes secciones, si es necesario. La propiedad type del ejemplo abajo es opcional.

```
<html> <head>
<title> Página de Prueba </title>
<script language="JavaScript" type="text/javascript"> </script>
```

Puede especificar la versión del lenguaje Javascript de la siguiente manera:

```
<script language="JavaScript 1.5">
```

Usted también puede, incorporar un archivo texto conteniendo el código JavaScript con la extensión ".js", incluyendo el código de a continuación dentro de los tags <head> y head>. No coloque los tags <script> y script> dentro del archivo ".js". Además de ayudar a organizar documentos, esa práctica permite el aprovechamiento y el reuso del código en páginas distinguidas de su web.

```
<script src="archivo.js"> </script>
```

Existe otra manera de tener un JavaScript en una página dentro del cuerpo del HTML. Observe en el ejemplo de a continuación que no existen los tags <script> y script>. El código está insertado en el evento onClick.

```
<html> <head><title> Página de Prueba </title></head>

<body>

<form>

<input type="button" onClick="alert('Ha Hecho Clic Aquí')"
value="Haga Clic Aquí"> </form>
```

Tipos de Datos

El Javascript posee pocos tipos de datos, siendo estos:

• **Numéricos**:

Este tipo de dato almacena valores, tanto valores enteros como de punto flotante, por ejemplo:

• 1
• 84
• 2y10
• 3.141516
• 0.000001

Los valores numéricos pueden formar parte de operaciones aritméticas, como la suma, la resta, la multiplicación y la división.

Los valores numéricos también pueden formar parte de operaciones aritméticas de bits. Como por ejemplo (>>) rotación de bits para la derecha, (<<) rotación de bits para la izquierda, (>>>) rotación de bits a la derecha sin llevar en cuenta la señal, (^) O exclusivo (= XOR), (&) operación Y binaria (= AND), (|) operación O binária (= OR), () Negación binaria (= NOT).

Existen varias funciones para la manipulación de valores numéricos, como funciones trigonométricas, funciones para el redondeo y los exponentes, funciones de transformación de tipos, etc.

Existen algunos valores numéricos especiales, son estos:

• **NaN** - En verdad NaN es la abreviación de (Not a Number) = (No un Número), este es el resultado generalmente de las operaciones inválidas con números. Como por ejemplo, el resultado de la operación (0/0), dará un resultado NaN. También es una constante, que puede ser atribuida a una variable, como veremos más adelante.

• **Infinity** - Representa un valor infinito, pudiendo ser tanto positivo como negativo.

Todas las operaciones con valores infinitos darán como resultado un valor infinito, excepto la división y la resta que dará un resultado NaN.

• **Lógicos**:

Los valores lógicos pueden asumir dos valores, true (verdadero) y false (falso).

• **Strings**:

Son cadenas de carácteres, el mayor número que una string puede contener depende del navegador en uso.

Los valores strings son valores delimitados por el apóstrofo (') o por aspas ("), como por ejemplo: "texto" o 'texto' una barra inversa permite la inserción de carácteres especiales, como por ejemplo:

"\b" - Representa el backspace (carácter ascii 8)

"\t" - Tabulación (carácter ascii 9)

"\r" - Retorno de carro (carácter ascii 13)

"\n" - Nueva línea (carácter ascii 10)

"\v" - Tabulación vertical (carácter ascii 11)

"\uNNNN" - carácter unicode (NNNN representa un valor hexadecimal del 0000 al FFFF) "\xNN" - carácter ascii (NN representa un valor hexadecimal del 00 al FF)

"\'" - Apóstrofe

"\"" - Aspas

"\\" - Barra inversa

• **Null**:

El null es un valor especial, representa un objeto nulo, no debe ser confundido con una variable no inicializada, pues el valor null existe.

Por lo tanto una variable con el contenido null existe en memoria, referenciando este objeto especial.

• **Undefined**:

El valor undefined significa que la variable no fue instanciada, inicialmente todas las variables se encuentran en este estado.

Conversión de Tipos

• Atribuyendo valores

A diferencia de la mayoría de los lenguajes, Javascript define las variables dinámicamente, por lo tanto al atribuir una variable, este escoge el tipo conforme al valor pasado para la variable, no siendo necesario especificar el mismo.

var numero = 1;

var texto = "Manuel Sánchez Rodríguez";

var valor = 123.45; var activo= true;

var nacimiento = new Date(1969,1,4)

Nombre	Tipo
número	Numerico entero
texto	String
valor	Numerico con punto flotante
activo	Booleanas
nacimiento	objeto date

• Convirtiendo

Una variable puede ser atribuida para otro tipo, o utilizando una función de conversión o entonces haciendo operaciones aritméticas.

Como por ejemplo, cuando atribuimos al número el valor 1, este se encuentra en el tipo numérico entero, si lo dividiéramos por 2 este irá para el tipo numérico de punto flotante:

numero = 1; // entero 1

numero = numero / 2; // Va para flotante 0.5

numero = " " + numero; // este es convertido a string, pues está siendo sumado

a la otra string

numero = parseFloat(numero); // Este dará como resultado el número 0.5

numero = parseInt(numero); // Va para el entero 0

Variables.

Definición

Las variables son representadas por nombres llamados identificadores, estos identificadores tienen cierta regla para ser montados:

1° Deben empezar obligatoriamente por una letra o por el símbolo "_" o "$"

2° A partir de ahí además de letras, "_" y $ puede contener dígitos (0 hasta 9). Usted puede declarar una variable de dos formas: 1ª Atribuyendo directamente la 2ª variable,

Ejemplo nombre="Manuel";

Y 2ª Utilizando la palabra reservada "var", ejemplo

var nombre = "Manuel Sánchez Rodríguez";

Una variable o matriz que no haya sido inicializada, posee el valor de "undefined", observe que Javascript es sensible para **case-sensitive**, o sea, distingue entre letras minúsculas y mayúsculas, por lo tanto, undefined y null deben ser escritos siempre en letra minúscula.

Si una variable es declarada sólo, con el comando var, su contenido es "undefined" o NaN, si está en un contexto numérico.

Ejemplo:

var x;
x = x * 2;

El resultado será NaN. O si es usado:

x = x + "prueba"

Causará un error de ejecución, pues x no tiene valor definido.

Alcance de la variable

Si la variable es declarada fuera del cuerpo de una función, esta será considerada como pública, o sea podrá ser alcanzada por todas las funciones, si esta es declarada dentro de una función esta es considerada privada, es decir, solamente puede ser vista por el código de la función.

Ejemplo 1(variable pública):

```
var x=10; function fx(){
... podrá utilizar el valor de x ...
}function fy() {
... podrá utilizar el valor de x ...
}
```

Exemplo 2 (variable privada):

```
function fx() { var x = 5;
```

... podrá utilizar el valor de x ...

}

function fy() {

... x tendrá el valor undefined, o sea, que no será visto por fy...

}

Constantes

Son variables declaradas con la palabra llave "const", que no pueden sufrir alteración de su contenido y ni de su declaración en el alcance de la rutina.

Ejemplo:

const factor = 1.34; const nombre = "Manuel"

Si intenta efectuar una redeclaración ocurrirá un error de ejecución, por ejemplo:

const factor = 1.34; var factor = 22;

Matrices

Son variables que contienen varias ocurrencias en su interior. La declaración de una variable es hecha utilizando los elementos delimitados por colchetes "[]" o por el objeto Array(), por ejemplo:

var frutas=["naranja", "banana", "pera"];
var nombres=new Array("Manuel", "Sánchez","Rodríguez"); var valores=[1.34, 10, 50, 13y2];

se pueden utilizar elementos vacíos en la declaración de una matriz, por ejemplo :

var var frutas=["naranja","banana",,"pera",,,"fresa"];

Resultado :

frutas[0] = "naranja"
frutas[1] = "banana"
frutas[2] = undefined
frutas[3] = "pera"
frutas[4] = undefined
frutas[5] = undefined
frutas[6] = "fresa"

Recuerde que las matrices siempre se inician por el elemento cero (0).

length es un atributo especial que posee la cantidad de elementos de la matriz, no es una función, o sea que al utilizar frutas.length(), esto causará error.

Variables Numéricas

Existen dos categorías de números, los de notación de punto flotante y los enteros. Los primeros representan los valores fraccionados, como valores decimales, que pueden ser expresados como:

01/01/23

$1y3 = 1 \times 10^3 = 1000$

$-3.28y12 = 3.28 \times 1012 = 3280000000000$

$1y-12 = 1 \times 10-12 = 0.000000000001$

Los valores enteros, pueden ser representados en base 10 (decimal), 16 (hexadecimal) o 8 (octal). Por ejemplo:

012 igual a 10 decimal, se inicia con 0, este asume que el numero es octal 0x12 igual al 18 decimal, iniciar con 0x es asumido como numero hexadecimal.

12 representa 12 decimal.

Strings

Son secuencias de carácteres delimitados por (") aspas o (')
apóstrofes. Por ejemplos: 'Manuel'

"un texto cualquiera"

"varias líneas:\nSegundaLinea \tMismaLínea con tabulación"

Al inicializar un string se pueden utilizar carácteres especiales,
estos tiene una barra inversa(\) para indicar que su significado es
especial, vea la siguiente tabla

\b	Representa el backspace (carácter ascii 8)
\t	Tabulación (carácter ascii 9)
\r	Retorno de carro (carácter ascii 13)
\n	Nueva Línea (carácter ascii 10)
\v	Tabulación vertical (carácter ascii 11)
\uNNNN	Carácter unicode (NNNN representa un valor hexadecimal del 0000 al FFFF)
\xNN	Carácter ascii (NN representa un valor hexadecimal del 00 al FF)
\0N	Carácter ascii (NN representa un valor octal del 000
\'	Apóstrofe

\"	Aspas
\\	Barra inversa

OPERADORES

Operadores para modificar el contenido de una variable:

Operador	Descripción
=	Atribuye el valor a una variable
++	Incrementa el valor de una variable, x++ es lo mismo que x=x+1
--	Disminuye el valor de una variable, x-- es lo mismo que x=x-1

Operadores para comparaciones de valores:

Operador	Descripción
==	Igual

!=	Diferente
===	Estrictamente igual (verifica contenido y tipo de variable)
!==	Estrictamente diferente (verifica contenido y tipo de variable)
<	Menor que
<=	Menor o igual a
>	Mayor que
>=	Mayor o igual a

Operadores aritméticos:

Operador	Descripción
%	Módulo
+	Suma
-	Resta
*	Multiplicación
/	División

Operadores lógicos:

Operador	Descripción
&&	Módulo
||	O

!	No

Operadores de bits:

Operador	Descripción
&	Operación Y
|	Operación O
^	Operación O Exclusivo
~	Operación No
>>	Rotación de bits para la derecha
<<	Rotación de bits para la izquierda
>>>	Rotación de bits para la derecha sin tomar en consideración la señal

Operadores Especiales:

Operador	Descripción
?:	Lleva a cabo la Operación condicionada, ejemplo x = a > 1 ? 3 : 4; o sea, si el valor de la variable a fuera mayor que 1, sería atribuido a x el valor 3, en caso contrario 4

,		Lleva a cabo la Operación de izquierda para la derecha siendo que el último elemento será devuelvedo. Ex: x=1, y=2;
delete variable		Elimina un objeto que esté siendo referenciado por la variable, si es la variable para una propiedad de un objeto, limpia esta referencia del objeto.
propiedad in objeto		Devuelve true en caso de que la propiedad esté contenida en el objeto
objeto instanceof TipoDelObjeto		Devuelve true en caso de que el objeto sea de determinado tipo
typeof(objeto)		Devuelve un string conteniendo el tipo del objeto
New TipoDelObjeto(p1, ...)		Crea un instancia del objeto
This		Representa la instancia del objeto

void (expresión)	Resuelve la expresión, pero ignora el valor devuelvedo

Short Circuit

Las operaciones lógicas utilizan short circuit de la siguiente forma:

true || qualquer coisa = true

false && qualquer coisa = false

Así es posible, por ejemplo, hacer la siguiente operación:

```
if (a != 0 && 1/a > 0.5) {
....
}
```

Así evitar errores de división por cero.

Otro ejemplo de la utilización, es para contornar la diferencia de los eventos del explorer y del mozilla/firefox.

```
function listener(event) {
event = event || window.event;
...
}
```

Así esta función, ya esté rodando en el IE o en un navegador utilizando Gecko, rodará de la misma forma.

Flujo de Control

Controlando que y cuando se está ejecutando un comando, forma parte de todos los lenguajes, y Javascript no es diferente.

Existen varios comandos, que por esto son tratados como palabras reservadas y por lo tanto no deben ser utilizados como identificadores de variables o constantes.

Estos son:

if/then/else

while/do..while

switch/case

for

label

continue

break

throw

Try/Catch/Finally

Bloque de Comandos

En Javascript, el bloque de comandos es una estructura para agrupar otros comandos.

El bloque de comando comienza cuando abre con la llave "{" y finaliza con lo que cierra la llave "}", el ultimo elemento no necesariamente necesita finalizar con punto y coma ";", pero si terminase con punto y coma, no tendría problemas, este ultimo punto y coma es opcional.

```
{
comando;
comando;
...
comando
}
```

o

```
{
comando;
comando;
...
comando;
}
```

Comando If...Else

Tal vez uno de los comandos más utilizados en todos los lenguajes de programación, el 'if' es un comando utilizado para tomar la decisión de ejecutar el próximo comando basado en una expresión lógica, si esta expresión es verdadera el próximo comando es ejecutado, de lo contrario este es ignorado.

Por ejemplo, si fuera necesario dar una alerta al usuario, conforme la hora, podemos hacer el siguiente:

```
var hora = new Date().getHours(); if (hora < 14)
alert("Buenos Días");
if (hora >= 14 && hora < 20) alert("Buenas Tardes");
if (hora >= 20) alert("Buenas Noches");
```

Note que las tres comparaciones serán hechas, independiente de la ejecución, es decir una pérdida de tiempo, pues se es de día no puede ser tarde, en este caso anexionamos la estructura del 'if' el comando 'else' que ejecuta el comando a continuación si el resultado de la expresión lógica es false, quedando nuestro código así.

```
var hora = new Date().getHours(); if (hora < 14)
alert("Buenos Días");
else if (hora >= 14 && hora < 20) alert("Buenas Tardes");
else
```

alert("Buenas Noches");

Para hacerlo más legible, podemos escribirlo de la siguiente forma:

```
var hora = new Date().getHours(); if (hora < 14) {
alert("Buenos Días");
} else {
if (hora >= 14 && hora < 20) {
alert("Buenas Tardes");
} else {
alert("Buenas Noches");
}
}
```

Así hacemos más legible al comando ejecutado, sin hablar que usando bloques de comandos podemos agrupar más de un comando

Comando WHILE

Se ejecuta el comando mientras la condición resulta verdadera:

WHILE (CONDICIÓN)

COMANDO;

Igual que el anterior, sin embargo el comando es ejecutado por lo menos una vez, aunque condición sea falsa.

```
DO
COMANDO;
WHILE (CONDICIÓN);
```

Comando SWITCH

Si el contenido de la variable es igual a la constante1 o constante2 será ejecutado el comando1; si fuera igual a la constante 3 será ejecutado el comando2; de lo contrario será ejecutado el comando3; note que el comando break fuerza al flujo a salir fuera del comando switch.

```
switch(variable) {
case constante1:
case constante2:
comando1;
break;
case constante3:
comando2;
break;
default: comando3;
}
```

Comando FOR

for(inicialización; condición; incremento) comando;

Realiza una inicialización y enseguida ejecuta el comando mientras la condición sea verdadera, después de la ejecución del comando, se ejecuta la expresión de incremento, ejemplo:

```
for(var i=0; i < 3; i++)
alert(i);
```

Es equivalente a :

```
var i=0;
while (i < 3) {
alert(i); i=i+1;
}
```

Comando Label

Label:

Label permite que la indicación de una posición pueda ser utilizada con continúe y break para un salto dentro de un loop.

Comando Continue

Continue; y Continue label;

Salta o para el loop que está después del label indicado.

Comando Break

Break; y Break label;

Sale fuera del loop corriente o del loop que esta después del label informado.

Comando Throw

La expresión throw lanza una excepción.

Comando TRY

Captura cualquier error que el comando lance o captura las excepciones conforme a la expresión.

En el primer caso, comando2 será ejecutado en caso de que el comando1 lance una excepción.

En el segundo si el comando3 es ejecutado si la excepción lanzada por el comando1 es igual a la expresión1, si fuera igual a la expresión2, el comando4 es ejecutado, si fuera lanzada una excepción que no sea igual ni a la expresión 1 y ni a la expresión 2 será ejecutado el comando2:

```
try {
comando1;
} catch(e) {
comando2;
}
```

o

```
try {
comando1;
} catch(e if e==expresión1) {
comando3;
} catch(e if e== expresión 2) {
comando4;
} catch(e) {
comando2;
```

}

Ejecuta el comando1 si este lanza una excepción, ejecuta el comando 2 seguida del comando3, si el comando1 no lanza ninguna excepción, se ejecuta el comando3:

```
try {
comando1;
} catch(e) { comando2;
} finally { comando3;
}
```

Funciones

El código JavaScript está habitualmente dividido en funciones, o sea, en bloques de código. Una función permite agrupar una porción de expresiones JavaScript en un bloque, designado por un determinado nombre, y pronto para ser utilizado en cualquier zona del código principal. Cuando el nombre de la función sea utilizado en el código del programa, la función es ejecutada.

Las funciones son declaradas con la palabra reservada "*function" seguido por el identificador seguido por parámetro delimitados por "("abre paréntesis y ")" cierra paréntesis, y del cuerpo de ella que es delimitado por "{" abre llave y "}" cierra llave, por ejemplo :

```
function funcion_prueba(x) {
return x*x;
}
```

La función es identificada por el nombre que tiene y puede ser definida con un conjunto de parámetros (valores) que son pasados al interior de la función, en la altura de la llamada de la función. Estos parámetros son utilizados como vulgares variables en el interior de la función.

Más allá de la ejecución de las expresiones colocadas en el interior de la función, esta también puede devolver un determinado valor para la expresión que llamó a la función, a través de la instrucción return.

Las funciones en JavaScript son utilizadas con dos objetivos: el primero es la estructuración del código, de forma que este sea organizado de forma eficiente y práctica, la creación de funciones evita, muchas veces, la reescritura de código, al reutilizar las líneas de código existentes en el cuerpo de la función. El segundo objetivo es la de asociar de funciones JavaScript a acontecimientos ocurridos en la página Web, denominados eventos.

Veamos un ejemplo de declaración y utilización de una función en JavaScript.

```
<script language="JavaScript">

function suma ( x, y ) {

var sum;

sum = x+y;

return (sum);

}
```

```
var total = suma(5,4);

document.write("Resultado de la suma: ", total);

</script>
```

La función está definida en el tope del script, pero, sólo es llamada al final, en el cuerpo principal del código del programa. La llamada a la función (total=suma(5,4)) está hecha pasando cómo parámetros los valores "5" y "4", que son colocados en las variables "x" e "y", internas a la función en causa, no son conocidas fuera del cuerpo de la función y que, como parámetros fijos que son, no pueden ser modificados en el interior de la función. Igualmente ingresa a la función suma() la variable "sum", cuyo valor es por fin devuelto hacia el exterior de la función, utilizando para tal la instrucción "return(sum)".

El valor devuelto es colocado en la variable "total", que fue utilizada en la expresión de llamada de la función.

La reutilización de código puede ser demostrada con el ejemplo siguiente. En él es utilizada una función "fact()", que simplemente calcula el factorial de un número. En este ejemplo se pretenden calcular todos los factoriales de números entre 1 y 10, así como dar la oportunidad de calcular el factorial de un número a la elección:

```javascript
<script language="JavaScript">

    function fact(num) {                    // Función de Calculo del
Factorial

        var res=1;                          // Variable que va a contar el
resultado final

        for (var k=num; k>=1; k--) {        // Cálculo del factorial

            res *= k;                       // expresión reducida de la
multiplicación

        }

        return(res);

    }

    // Programa principal

    for (var k=1; k<=10; k++) {             // Cálculo de los factoriales
entre 1 e 10

        document.write(k, "! = " , fact(k), "<br/>");
```

```
}
```

```
var x;
```

```
x=prompt("Otro factorial para calcular:");
```

```
document.write(x, "! = " , fact(x));
```

```
</script>
```

La utilización de la función fact() para calcular los factoriales de los números del 1 al 10 y después la utilización de la misma función para calcular el factorial del número entrado por el utilizador, permite efectuar la reutilización de código, una vez que la alternativa sería escribir dos veces la rutina de cálculo del factorial.

Otro ejemplo de escribir el mismo código sería:

```
<html>
```

```
<head>
```

```
<title>Calcular Factorial</title>
```

```javascript
<script language="JavaScript">

    function fact(num) {                // Función de Calculo del Factorial

        var res=1;                     // Variable que va a contener el resultado

        for (var k=num; k>=1; k--) {   // Cálculo del factorial

            res *= k;                  // expresión reducida de la multiplicación

        }

        return(res);

    }                                   // Fin de la Función


    // Programa principal

    function main() {
```

```
        for (var k=1; k<=10; k++) {                // Cálculo de los factoriales
entre 1 e 10

            document.write(k, "! = " , fact(k), "<br/>");

        }

        var x;

        x=prompt("Otro factorial para calcular:");

        document.write(x, "! = " , fact(x));

    }

    </script>

</head>

<body>

<h3>Cálculo del Factorial</h3>

<script language="JavaScript">
```

```
    main();

</script>

</body>

</html>
```

En este caso, el código JavaScript fue colocado en el encabezado
(header) de la página HTML, bajo la forma de funciones, estando la
función principal (main()) también ubicada en esa zona.

El cuerpo de la página HTML sólo contiene, en este ejemplo, la
invocación de la función main(). En muchas circunstancias, la forma
de como se integran los scripts en las páginas HTML será por recursos
a los llamados eventos, o sea, a la ejecución de funciones de código en
respuesta a determinados sucesos en una página, como por ejemplo, un
clic de ratón.

Funciones Predefinidas

Nombre	Descripción
atob(base64)	Convierte un texto codificado en base64 a binario. Es la función inversa a btoa(texto)
btoa(texto)	Convierte un texto a base64. Es la Función inversa a atob(base64).
decodeURI(url)	Función inversa a encodeURI
decodeURIComponent(url)	Función inversa a encodeURIComponent
isFinite(valor)	Identifica si el número es finito.
isNaN(valor)	Identifica si el valor no es un numero
encodeURI(url)	Como el escape, este hace sustituciones en el texto para compatibilizar la transferencia en links, pero no hace conversión para los caracteres !*()'

encodeURIComponent(url)	Como el escape, este hace sustituciones en el texto para compatibilizar la transferencia en links, pero no hace conversión para los caracteres ! @#$&*()=:/;?+'
escape(url)	Ajusta la url para que tenga que ser pasada en llamadas y links, conviertiendo los caracteres especiales al formato hexadecimal y espacio para la señal de+, no hace modificaciones en los caracteres @*/+ que continuan inalterados
eval(expressao)	Interpreta la expresión de JavaScript, ejemplo: eval("1+2"), resultado = 3
parseInt(String) ou parseInt(String, base)	Convierte a strin en un valor entero, o convierte un string en la base pasada para el entero.
Number(objeto)	Convierte el string en un valor de punto flotante

parseFloat(String)	Convierte el string en un valor de punto flotante
String(objeto)	Devuelve la representación string del objeto
unescape(url)	Función inversa al escape(url)

Objetos

Definición

Un objeto es un conjunto de propiedades. Cada propiedad tiene un nombre y un valor. El nombre de una propiedad puede ser cualquier cadena. El valor de una propiedad puede ser cualquier valor excepto sin definir. Podemos añadir una nueva propiedad a un objeto que ya existe. Un objeto puede heredar las propiedades de otro objeto con la idea prototipo.

Pueden ser declarados con propiedades y valores delimitados por llaves "{ }" o a través de funciones. Ejemplo:

```
var persona={ nombree:"Manuel", altura:1.85,
nacimiento:new Date(1979,2,6)
};
```

o

```
function objetoPersona() { this.nombree = "Manuel"; this.altura =
1.85;
this.nacimiento = new Date(1979,2,6)
}
var persona = new objetoPersona();
```

El parámetro de mes en la creación del objeto Date inicia con 0, o sea que 1 significa febrero. Para acceder a cualquier atributo del objeto, basta informar el nombre del objeto seguido por su atributo después de un punto(.), ejemplo:

```
alert(persona.nombree); alert(persona.altura);
alert(persona.nacimiento);
```

También se pueden atribuir métodos a objetos, de la siguiente forma:

```
function mostrePersona() {
alert(this.nombre + "\n" + this.altura + "\n" + this.nacimiento);
}

var persoa={ nombree:"Manuel", altura:1.85,
nacimiento:new Date(1979,2,6),
mostrar:mostrarPersona
};

persona.mostrar(); persona.nombre = "José"; persona.altura = 1.75;
persona.nacimiento = new Date(1966, 6, 12);
persona.mostrar();
```

Un objeto puede relacionarse con otros objetos a través de las propiedades. Observe el código a continuación.

```
var curso_javascript = { sigla : " Curso 1 ", nombre : " Curso de Javascript",
    cursos : [
    { sigla : " Curso 2 ", nombre : " Javascript y los Objetos "},
    { sigla : " Curso 3 ", nombre : " Integración de Javascript "},
    ]
};
```

La jerarquía de los objetos

La programación JavaScript ofrece una jerarquía de objetos en un navegador Web permitiendo al código obrar recíprocamente con los elementos de una página. El diagrama de a continuación ilustra el subconjunto de los principales objetos del modelo del lenguaje JavaScript. El objeto Window (Ventana actual) es el objeto central que representa la ventana del navegador web. Él posee una serie de objetos hijos (Location, Document, History y otros).

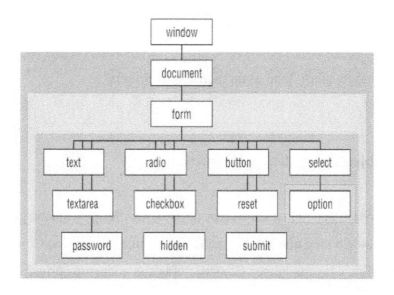

Cada objeto contiene una propiedad de documento que se refiere al objeto documento asociado a la ventana. El objeto Window es referenciado por defecto. Eso significa que para usar uno de sus objetos hijo o propiedades, basta mencionar al objeto hijo, como en el ejemplo a continuación:

document.forms[1].elements[0]

El objeto Window también posee varios métodos como alert(), confirm() y prompt().

alert("Este es un mensaje de prueba");

Esto es lo mismo que hacer:

window.alert("Este es un mensaje de prueba");

Objetos Literales y Constructores

Existen dos maneras de crear objetos JavaScript y mucha gente las confunde o cree que son la misma cosa. Sin embargo, los Objetos Literales y las Funciones Constructoras son conceptos diferentes y entenderlos va a hacer que usted le saque el mejor provecho del lenguaje.

Objetos Literales

Este es el tipo básico de objetos JavaScript. Es el formato popularizado a través del JSON (JavaScript Object Notation). El objeto es creado utilizando un par de llaves:

```
var tableless = {
init: function (articulos) {
this.articulos = articulos;
}
};
```

```
var tableless2 = tableless;
```

Todo objeto literal es un objeto único y, aunque usted almacene en él diferentes variables, todas apuntarán al mismo objeto. En el ejemplo de arriba, si usted modifica/añade propiedades en cualquiera una de las variables (tableless o tableless2), las modificaciones valen para ambas.

Su uso es recomendado en situaciones donde no pueden existir más de una instancia del objeto, como por ejemplo, objetos de configuraciones del proyecto o colecciones de objetos. Además de eso, este tipo de notación es muy utilizado para definir el namespace de su código JavaScript.

```
// Objeto Literal definiendo namespace

var tableless = tableless || {};

// Construtor para el Artículo utilizando el namespace tableless

tableless.Articulo = function (titulo) {
this.titulo = titulo;
};
var articulo = new tableless.Artigo('Esto es un Artículo sobre JavaScript');
```

Contructores

Un constructor no es más que una función. Esta puede ser ejecutada como una función o puede ser utilizada para instanciar un objeto utilizando la palabra reservada new.

Si usted ejecute la función como una llamada normal, intente realizar el this dentro de la función, en ese contexto, será el objeto global window.

```
function Categoria(nombre) {
this.nombre = nombre;
}
```

```
var categoria = new Categoria('Libros');
```

Al ejecutar la función Categoría con new estamos haciendo cuatro cosas:

1. creamos un nuevo objeto JavaScript ;
2. definimos el constructor del objeto categoría como Categoría – definiendo también el tipo de él (retornado en el instanceof);
3. definimos el prototipo del objeto categoría como Categoría.prototype;

4. ejecutamos la función Categoría dentro del alcance del nuevo objeto, creando así una nueva instancia.

Una otra particularidad de las funciones constructoras es la posibilidad de crear métodos y propiedades privadas.

```
function Categoria(nombre) {
var totalProductos = 0,
self = this,
actualizarTotalProductos() {
self.totalProductos += 1;
};
this.nombre = nombre;
actualizarTotalProductos();
}
```

La variable totalProductos y el método actualizarTotalProductos sólo existen en el alcance del objeto Categoría creado y pueden ser utilizados sólo por métodos del objeto.

Aquí utilizamos un "ruco importante. Como cada función posee su propio contexto y el this dentro del método actualizarTotalProductos referencia a la propia función y no al objeto Categoría necesitamos almacenar el contexto del objeto dentro de la variable self. (Otra forma sería utilizar los métodos call y aply para definir el this de la función)

Utilizando la cadena de prototipos, podemos actualizar propiedades o insertar nuevos métodos en objetos creados a partir de funciones constructoras.

```
Categoria.prototype.mostrarProductos = function () {
var html = '',
i;
for (i = 0; i < this.productos.length; i++) {
html += this.productos[i].nombre;
}
return html;
};
```

El código de arriba añade el método mostrarProductos al prototipo de Categoría y también a todos los objetos de la cadena, instanciados o no.

Las funciones constructoras, por lo tanto, son ideales para los objetos que pueden existir cómo múltiples instancias en el mismo contexto.

Una observación: para organizar mejor su código una buena práctica es la de utilizar la primera letra mayúscula en los nombres de funciones constructoras, diferenciándolas de las funciones comunes.

Entender conceptos de orientación a objetos en JavaScript puede llevar un poco de tiempo y puede parecer extraño en el inicio. Pero, una vez entendido el funcionamiento de esos conceptos descubrirá que es posible hacer diversas cosas legales y diferentes y que JavaScript es un lenguaje extremadamente flexible.

Propiedades

Se pueden añadir métodos especiales para el tratamiento de las operaciones de get y de set, por ejemplo:

```
var cuenta={ valor:0;
set deposito(x) { this.valor += x;
},
set sacar(x) {
this.valor -= x;
},
get provision() { return valor/4;
}
};
cuenta.deposito = 100;
cuenta.sacar = 50;
alert("provision = " + cuenta.provision + "\n saldo = " +
cuenta.valor);
```

Para recuperar los valores de las propiedades de un objeto, podemos utilizar el "." O "[]".

Véase el siguiente ejemplo.

```
var curso = { sigla : " Curso 1 ", nombre : " Curso de Javascript "};
console.log ( curso . sigla );
console.log ( curso [" sigla "]);

var sigla = " sigla ";
console.log ( curso [ sigla ]);
```

Para cambiar el valor de una propiedad, sólo tiene que asignar un nuevo valor a la propiedad del objeto.

```
var curso = { sigla : " Curso 1 ", nombre : " Curso de Javascript "};

curso.sigla = " Curso 2 ";
curso.nome = " Javascript y los Objetos ";

console.log ( curso.sigla );
console.log ( curso.nombre );
```

Podemos eliminar una propiedad de un objeto con la función borrar.

```
var curso = { sigla : " Curso ", nombre : " Curso de Javascript "};
```

```
// imprime Curso
console.log ( curso.sigla );

delete curso .sigla ;

// imprime undefined
console.log ( curso.sigla );
```

Podemos comprobar si existe una propiedad, se puede utilizar la función in.

```
var curso = { sigla : " Curso ", nombre : "Curso de Javascript "};

// imprime true
console.log (" sigla " in curso);

// imprime false
console.log (" horario " in curso);
```

Objetos. Encapsulamiento y Herencia

Encapsulamiento

En nuestro ejemplo se representa un ventilador, los detalles de la estructura de algunos objetos quedan ocultos internamente, porque no necesitamos conocerlos para hacer uso de los mismos. El encapsulamiento tiene por objetivo esconder esa información que no necesita ser de conocida por el utilizador de la clase. Su uso es una buena práctica en cuanto al mantenimiento de la clase, ya que podemos modificar la parte que está oculta al utilizador sin alterar su forma de implementación. En Javascript podemos usar encapsulamiento en propiedades de una clase utilizando la palabra-clave var en vez de la palabra-clave this y del operador ".".

```javascript
function Ventilador(velMax) {
    var maximaPermitida = 5; // Uso de encapsulamiento
    var velocidadPorDefecto = 3; // variables privadas

    // evalúa si la velocidad máxima alcanzada es mayor que cero y
menor que 5

    if (velMax > 0 && velMax <= maximaPermitida) {

        // en caso de que sea, se atribuye el valor alcanzado a la
propiedad VelMax

        this.velocidadMaxima = velMax;
    } else {

        // en caso contrario, se atribuye el varlor de la variable a
velocidadPorDefecto a a la propiedad velocidadMaxima
```

```
        this.velocidadMaxima = velocidadePorDefecto;
    }
    this.conectado = false;
    this.conectar = function() { // el método conectar ahora está
definido
        this.conectado = true; // por un literal de función, que mejora la
legibilidad del código
    }
}
ventilador = new Ventilador(0); // creamos una instancia previendo
el valor 0 para el //argumento velMax;
alert(ventilador.velocidadeMaxima); // Retorna 3 – por defecto
alert(ventilador.maximaPermitida); // Retorna undefined
```

Herencia

En Javascript la herencia ocurre por medio de objetos prototipos y define una relación del tipo "es uno". Cada objeto hereda propiedades y métodos de su objeto prototipo que es referenciado por la propiedad prototype. La clase Object es la superclase de todas las clases definidas en Javascript, o sea, todos los constructores creados heredan propiedades y métodos definidos en el constructor Object() como por ejemplo el método toString(), que así como otros puede ser sobrescritos en la subclase. En algunos casos, es conveniente utilizar este recurso en clases personalizadas, para eso basta definir un constructor como valor para la propiedad prototype de la clase en cuestión. Como ejemplo simple, vamos a definir la clase electrodoméstico con la propiedad conectado y los métodos conectar y desconectar comunes a todos los electrodomésticos y entonces definir la clase Ventilador con propiedades y métodos peculiares.

```
function Electrodomestico() {
    this.conectado = false;
    this.conectar = function() {
        this.contectado = true;
    }
    this.desconectar = function() {
        this.conectado = false;
    }
}


function Ventilador(velMax) {
    var maximaPermitida = 5; // Uso de encapsulamiento
    var velocidadPorDefecto = 3; // variables privadas
    if (velMax > 0 && velMax <= maximaPermitida) {
        this.velocidadMaxima = velMax;
    } else {
        this.velocidadMaxima = velocidadPorDefecto;
    }
}
```

```
Ventilador.prototype = new Electrodomestico(); // Define el objeto
prototipo
ventilador = new Ventilador(4);
alert(ventilador.conectado); // Retorna false
ventilador.conectar();
alert(ventilador.conectado); // Retorna trae
```

La utilización del objeto prototipo hace que la propiedad constructor también sea heredada de la superclase, lo que definiría la clase Electrodoméstico como valor de la propiedad en el objeto ventilador. Una alternativa es definir de forma explícita la propiedad constructor:

```
Ventilador.prototype.constructor = Ventilador;
```

Métodos

Los métodos son funciones asociadas a los objetos. Un objeto puede ser definido en términos de propiedades, no sólo por sus variables, sino también por los métodos que haya asociados, que permiten no sólo realizar acciones sobre las propiedades propias del objeto, sino también otros tipos de operaciones diversas.

Veamos como podemos crear un método para visualizar el estado de las variables que componen el conjunto de propiedades de un objeto:

```javascript
<script language="JavaScript">

function coche(a,b,c,d) {          // Función constructora del
Objecto
    this.marca = a;
    this.modelo = b;
    this.ano_matricula = c;
    this.motor = d;
    this.listar_variables= listar_variables;    // Método listar variables

}

function listar_variables() {

    for (var k=0; k<=3 ; k++) {

        document.write("Propiedad ",k," = " ,this[k], " <p/> ");

    }

}
```

```
var coche1 = new coche();

  coche1[0] = "Citroen ";
  coche1[1] = "SAXO ";
  coche1[2] = "1992";
  coche1[3] = 1500;
  coche1.listar_variables();

</script>
```

El método "listar_variables()" utiliza un ciclo sea para mostrar todas las propiedades del objeto, vistas como un array.

La sintaxis utilizada para llamar un método de un determinado objeto es idéntica a la que es utilizada para hacer referencia a una determinada propiedad del objeto, o sea, el nombre del objeto, un punto"." y el nombre del método,

```
objeto.método(argumentos);
```

Objetos Predefinidos

Existen una serie de objetos que ya están definidos para el desarrollador, estos objetos son ampliamente utilizados en el lenguaje, y son fundamentales para interacción con los sistemas.

Los principales son:

Objeto Array:

Definición

El Objeto Array(matriz), puede ser creado tanto implícitamente :

var m=[1,2,3,4];

Como explícitamente:

var m=new Array(1,2,3,4);

Este objeto manipula una colección de otros objetos.

Nombre	Descripción
concat	Concatena elementos de dos matrices, por ejemplo: var m=["manuel", "jose"]; var n=m.concat("sanchez"); n tendrá el valor : ["manuel", "jose", "sanchez"]
join	Junta elementos a los de la matriz, por ejemplo: var m=["manuel", "jose", "sanchez"]; var n=m.join("+ "); n tendrá el valor : "manuel+ jose+ sanchez"

pop	Elimina el último elemento de la matriz, devolviendo el elemento eliminado, por ejemplo: var m=["manuel", "jose", "sanchez]; var n=m.pop(); n tendrá el valor : "sanchez" y m:["manuel", "jose"]
push	Añade el elemento a la matriz, por ejemplo: var m=["manuel", "jose"]; var n=m.push("sanchez"); n tendrá el valor : "sanchez" y m:["manuel", "jose"]
reverse	Invierte el orden de los elementos de la matriz, por ejemplo: var m=["manuel","jose","sanchez"]; var n=m.reverse(); n y m tendrán: ["sanchez", "jose", "sanchez"]

shift	Elimina el primer elemento de la matriz, devolviendo el elemento eliminado, por ejemplo: var m=["manuel","jose","sanchez"]; var n=m.shift(); n tendrá el valor: "manuel" m tendrá el valor: ["jose", "sanchez"]
slice(inicio, fin) o slice(inicio)	Retona una banda de la matriz, por ejemplo: var m=["a","b", "c","d","e","f","g","h"]; var n=m.slice(0,2); n tendrá el valor: ["a","b"]
splice(inicio) splice(inicio, fin) splice(inicio, fi , item	Añade o elimina bandas dentro de una matriz, por ejemplo: var m=["a","b", "c","d","e","f","g","h"]; var n=m.slice(0,2); n tendrá el valor: ["a","b"] m tendrá el valor: ["c","d","e","f","g","h"]

sort() sort(función de comparació n(a, b))	Ordena la matriz, por ejemplo: var m=["manuel","jose","sanchez"]; var n=m.sort() n tendrá el valor: ["jose","sanchez","manuel"] En el caso de pasar la función de comparación, está tendrá que devolver menor que cero si a < b, 0 se a=b e maior que zero se a > b

unshift(it em, ...)	Añade uno o más elementos al inicio de la matriz, por ejemplo:
	
	var m=["manuel", "jose", "sanchez"];
	m.unshift("sr");
	
	m tendrá el valor: ["sr", "manuel", "jose", "sanchez"]

Objeto Date

Nombre	Descripción

Constructor: Date(año, mes) Date(año, mes, día) Date(año, mes, día, hora) Date(año, mes, día, hora, minuto) Date(año, mes, día, hora, minuto, segundos) Date(año, mes, día, hora, minuto, segundos, milisegundos)	Todos los parámetros son opcionales, pero recuerde que el mes de Enero será representado por 0 y no por 1.
Date.UTC(año, mes) Date.UTC(año, mes, día) Date.UTC(año, mes, día, hora) Date.UTC(año, mes, día, hora, minuto) Date.UTC(año, mes, día, hora, minuto, segundos) Date.UTC(año, mes, día,	Crea tiempo relativo al UTC. De la misma manera que el constructor
Date.parse(texto)	Convierte la fecha a un objeto date, el formato es el mismo utilizado en el toString()

Date.now()	Devuelve un objeto date representando el momento, lo mismo que new Date(), por lo que devuelve no un objeto, sino un número.
getDate()	Devuelve el día
getDay()	Devuelve el día de la semana
getFullYear()	Devuelve un entero con el valor del año
getHours()	Devuelve la hora
getMilliseconds()	Devuelve los milisegundos
getMinutes()	Devuelve los minutos
getMonth()	Devuelve el mes, enero = 0
getSeconds()	Devuelve los segundos
getTime()	Numero de milisegundos representando la fecha

getTimezoneOffset()	Devuelve la diferencia en minutos del horario local y el UTC
getUTCDate()	Devuelve el día UTC
getUTCDay()	Devuelve el día de la semana UTC
getUTCFullYear()	Devuelve el año UTC
getUTCHours()	Devuelve la hora UTC
getUTCMilliseconds()	Milisegundos UTC
getUTCMinutes()	Devuelve los minutos UTC
getUTCMonth()	Devuelve el mes UTC
getUTCSeconds()	Devuelve los segundos
getYear()	Devuelve el año menos 1900, ejemplo: 2004 devuelve 104, pues 2004 = 104 + 1900
objDate.setMinutes(minutos)	Atribuye minutos

objDate.setUTCHours(hora, minuto, segundo, milesegundo)	Atribuye la hora UTC
setDate(día)	Atribuye el día del mes
setFullYear(año) setFullYear(año, mes) setFullYear(año, mes, día)	Atribuye el año
setHours(hora) setHours(hora, minuto) setHours(hora, minuto, segundo) setHours(hora, minuto, segundo, milesegundo)	Atribuye la hora
setMilliseconds(milisegundos)	Atribuye milisegundos
setMonth(mes) setMonth(mes, día)	Atribuye el mes
setSeconds(segundos) setSeconds(segundos, milesegundo)	Atribuye los segundos
setTime(milisegundos)	Milisegundos de la fecha
setUTCDate(día)	Atribuye el día del mes UTC

setUTCFullYear(año) setUTCFullYear(año, mes) setUTCFullYear(año, mes, día)	Atribuye el año UTC
setUTCMilliseconds(milisegundos)	Atribuye milisegundos UTC
setUTCMinutes(minutos) setUTCMinutes(minutos, segundo) setUTCMinutes(minutos, segundo, milisegundo)	Atribuye los minutos UTC
setUTCMonth(mes) setUTCMonth(mes, día)	Atribuye el mes UTC
setUTCSeconds(segundos) setUTCSeconds(segundos, milisegundo)	Atribuye los segundos
setYear(año) setYear(año, mes) setYear(año, mes, día)	Atribuye el año, numero que menos 1900 del año actual
toLocaleDateString()	Convierte a string solo la parte de la data

toLocaleTimeString()	Convierte a string solo la parte de la hora
toUTCString()	Convierte a string UTC

Objeto Math

Atributos

Nombre	Descripción
E	valor de la constante e (2.718281828459045)
LN10	logaritmo natural de 10 (2.302585092994046)
LN2	logaritmo natural de 2 (0.6931471805599453)
LOG2E	logaritmo de e en la base 2 (1.4426950408889634)
LOG10E	logaritmo de e en la base 10(0.4342944819032518)
PI	valor de pi (3.141592653589793)
SQRT1_2	raíz cuadrada de 1/2 (0.7071067811865476)
SQRT2	raíz cuadrada de 2(1.4142135623730951)

Métodos

Nombre	Descripción
abs(v)	Valor absoluto de v
acos(v)	arcocoseno de v
asin(v)	arcoseno de v
atan(v)	arcotangente de v
atan2(y, x)	arcotangente de y/x
ceil(v)	próximo valor entero superior a v
cos(v)	coseno de v
exp(v)	es elevado a v
floor(v)	próximo valor entero inferior a v
log(v)	logaritmo de v en la base 10
max(valor ...)	mayor valor de la lista
min(valor	menor valor de la lista
pow(x, y)	x elevado a y
ramdom()	numero aleatorio de >= 0 e < 1
round(v)	rendodeamiento de v
sin(v)	seno de v
sqrt(v)	raíz cuadrada de v
tan(v)	tangente de v

Objeto String

Atributos

Nombre	Descripción
length	Tamaño del string

Métodos

Nombre	Descripción
escape(string)	misma que encodeURI
unescape(string)	misma que decodeURI
encodeURI(string)	Codificación necesaria para pasar el string como parámetro de URI
decodeURI(string)	Decodificación necesaria de string recibida por parámetro URI
decodeURICompone nt(string)	Decodifica toda la URI pasada
encodeURICompone nt(string)	Codifica toda la URI pasada
anchor(nombre)	new String("manuel").anchor("n"); devuelve: \<a name="n"\>manuel\</a\>

big()	new String("manuel").big(); devuelve: \<big>manuel\</big>
blink()	new String("manuel").blink(); devuelve: \<blink>manuel\</blink>
bold()	new String("manuel").bold(); devuelve: \manuel\
charAt(posición)	Lo mismo que substring(posición, posición+1), devuelve un carácter del string.
charCodeAt(posición)	Valor unicode del carácter de la posición.
concat(item ...)	Concatena itens forzados a string.
fixed()	new String("manuel").fixed(); devuelve: \<tt>manuel\</tt>
fontcolor(cor)	new String("teste").fontcolor("blue"), devuelve: \<font color="blue">teste\</font>
fontsize(tamaño)	new String("test").fontsize(16), devuelve: \<font size="16">test\</font>

indexOf(substring) indexOf(substring, posiciónInicial)	Busca la aparición del substring dentro del string
italics()	new String("manuel").italics(), devuelve: <i>manuel</i>
lastIndexOf(substring) lastIndexOf(substrin	Busca la última aparición del substring dentro del string
localeCompare(outra String)	Compara otro string con el string y devuelve: negativo si el string < otroString fuera igual o menor a 0 positivo si el string > otroString
match(regexp)	devuelve la posición encontrada por la expresión regular

replace(valorBusca, valorSustitución)	Cambia donde localizar el valorBusca por valorSustitución, el valor de búsqueda puede ser tanto un string, como una expresión regular, si fuera un string solamente la primera aparición será sustituida
search(valorBusca)	Busca por valorBusca
slice(inicio) slice(inicio, fim)	substring del inicio hasta el final,
small()	new String("test").small(); devuelve: \<small>test\</small>
split()	new String("Manuel Jose Sanchez").split(" "); devuelve: [“Manuel”, “Jose”, “Sanchez”]
strike()	new String("test").strike(); devuelve: \<strike>test\</strike>
sub()	new String("test").sub(); devuelve: _{test\}

substr(posición, cantidad)	Devuelve el substring de la posición inicial, con el tamaño previsto por la cantidad, la posición puede ser negativa, indicando relativo al final del string.
substring(posiciónIni cial)	Substring de la posición inicial hasta la posición final, la posición final no es incluida.
substring(posiciónIni cial, posiciónFinal)	Posición final, posición final no incluida. Si la posición final no fuera forzada, sería devuelto un string de la posición inicial hasta el final del String.
sup()	new String("teste").sup(); devuelve: ^{teste}
toLocaleLowerCase( )	Convierte para minúscula
toLocaleUpperCase()	Convierte para mayúscula
toLowerCase()	Convierte para minúscula
toUpperCase()	Convierte para mayúscula

`<método estático>` `fromCharCode(número)`	devuelve el carácter representado por el índice unicode `<número>`

Objeto Number

Atributos

Nombre	Descripción
NaN	Representa los valores que no son considerados números
NEGATIVE_INFINITY	Valor infinito negativo
POSITIVE_INFINITY	Valor infinito positivo

Métodos

Nombre	Descripción
Number(numero)	Construtor

toString()	Convierte a string un decimal o en la base prvista
toLocaleStri ng()	Convierte a string en la ubicación actual
valueOf()	Convierte de un objeto a number
toFixed(deci males)	Devuelve string con número formateado conteniendo decimales.
toExponentia l(decimales)	Devuelve string con notación exponencial con decimales dígitos
toPresision(d ecimales)	Formatea número de dígitos

Objeto XMLHttpRequest:

Con la llegada del AJAX, este objeto se hace cada vez más importante. Este, por desgracia, no es estandarizado, y por lo tanto, hasta que salga una resolución, debemos siempre hacer un chequeo para creación de este objeto, a continuación presento su estructura, y enseguida una pequeña rutina para creación y manipulación del mismo.

Atributos

Nombre	Descripción
readyState	Representa el estado del objeto, que puede ser : 0 – no inicializado (uninitalized) 1 - cargando (loading) 2 - cargado (loaded)
responseXML	Respuesta en xml (document)
responseText	Respuesta en texto
status	Valor del número de retorno
statusText	Texto de status
multipart	Indica que esta recibiendo un texto multipart

Métodos

Nombre	Descripción
stop()	Para la transferencia

getAllResponseReaders()	Devuelve nombres de los encabezados
getResponseReader(name)	Devuelve el valor del encabezado
open("método", "url"[, indicadorDeAsincrono[, nombreUsuario [, dirección]]])	Abre comunicación
send(content)	Envía contenido
setRequestHeader("nombre", "valor")	Atribuye datos a encabezados antes del envío
overrideMimeType("mime-type")	Sobre escribe el tipo devuelto

Objetos Browser

Aquí es donde residen los mayores problemas de incompatibilidades entre Microsoft y Netscape. No se aconseja utilizar elementos que sean específicos de un determinado browser.

History

Este objeto permite trabajar sobre la lista de accesos la locales WWW existentes en el browser. Las propiedades y métodos disponibles son los siguientes:

Propiedades:

current

Un string que representa la URL del documento actual.

length

Representa el número de elementos de la lista de accesos.

next

Representa la URL del elemento después de la siguiente en la lista.

previous

Ídem para la anterior en la lista.

Métodos:

back()

Retorna al documento anteriormente visitado (como el botón Back del browser) en la lista de accesos.

forward()

Avanza para el documento siguiente en la lista de accesos,

go(posición)

Avanza por el documento WWW identificado por "posición". Si este argumento es un entero, la página identificada por este número en la lista de accesos es escogida, si por el contrario es un String, esta contendrá una URL o parte de esta en la lista de accesos.

toString()

Devuelve una tabla HTML conteniendo el histórico de accesos del browser.

Ejemplo:

history.go(-1);

history.back();

Son equivalentes a presionar el botón Back del browser.

document

Este objeto es creado cuando una determinada página WWW es cargada y contiene información diversa acerca de ese documento. Para ello, permite su manipulación con un conjunto y métodos muy simples.

Veamos una lista de las propiedades y de los métodos asociados. Por primera vez vamos a ver algunas propiedades que pueden ser modificadas y no sólo leídas.

Sin embargo, no todas las propiedades que vamos a ver lo permiten: *Propiedades*:

alinkColor
Representa el color de un link, o de puntero de tipo Anchor del HTML, que toma cuando es presionado con el ratón.

anchors[]

Array de elementos de tipo Anchor del documento HTML.

applets[]

Array de objetos Java, un objeto por cada applet Java.

bgColor

El color del fondo del documento.

cookie

Un string con parámetros "cookie" del documento.

domain

String que designa el dominio de Internet al que el documento pertenece.

ernbeds[]

Array con objetos insertados con <embed>.

fgColor

El color del texto.

forms[]

Array de objetos Form existentes en la página HTML.

lmages[]

Array de objetos imagen del documento (<img>).

lastModified

Un String con la fecha de la última modificación del documento.

linkColor

El color con que los links aparecen en el documento.

links[]

Un array conteniendo todos los links del documento.

location

Un String con la URL del actual documento.

plugins[]

Idéntico al embeds[].

referrer

Un String conteniendo la URL del documento a partir del cual fue llamado al actual.

title

El título del documento HTML.

URL

URL del documento.

vlinkColor

Color que toman los links ya visitados.

Métodos:

clear()

Limpia el contenido de una ventana.

close()

Termina la importación de un documento y da la carga como terminado ("Done").

open(tipo)

Abre un documento para la recepción de datos (por ejemplo venidos de un write()). El "tipo" es un parámetro opcional, en el que se puede colocar un otro tipo de datos (por ejemplo, soportado por un plug-in, producto externo al browser).

write()

Escribe texto (HTML) en el documento.

writeln()

Escribe texto (HTML) en el documento y coloca en el final un carácter de fin de línea location

El objeto location nos provee de información acerca de la URL actual. Está compuesto solamente por propiedades. Todas las propiedades son strings que representan varias facetas distinguidas del URL:

Propiedades:

hash

Un string con el nombre de la URL.

host

El nombre de la máquina y el puerto en el URL.

hostname

El nombre de la máquina.

href

Toda la URL.

pathname

Sólo la parte de camino de la URL.

port

Sólo el puerto.

protocol

El protocolo usado (incluyendo el carácter ":").

search

Información eventualmente pasada a un programa CGI.

Métodos:

reload()

Recarga el documento actual.

replace()

Sustituye el documento actual por otro, sin modificar el "historial" del browser.

Como ejemplo de utilización de este, veamos un pequeño script de prueba, que envía a la pantalla toda la información relativa a la localización del fichero HTML correspondiente está:

```
<script language = "JavaScript">

// Información acerca de la URL

document.write("hash = ",location.hash);

document.write("<br/>host = ",location.host);

document.write("<br/>hostname = ",location.hostname);

document.write("<br/>href = ",location.href);

document.write("<br/>pathname = ",location.pathname);

document.write("<br/>port = ",location.port);

document.write("<br/>protocol = ",location.protocol);

</script>
```

<u>window</u>

El objeto window funciona dentro el objeto madre, que incorpora documentos u otros objetos. Operando sobre el window, se tiene la oportunidad de controlar directamente la ventana del browser WWW utilizado.

Propiedades:

closed

Boleano que especifica si una ventana fue o no cerrada.

defaultStatus

Un string con el valor contenido en la barra de status.

document

Referencia el documento contenido en la ventana.

frames[]

Un Array con todos los Frames que integran la ventana.

history

Referencia al objeto histórico en la ventana.

length

El número de Frames en la ventana.

location

Objeto location en la ventana.

Math

Referencia un objeto que contiene funciones matemáticas.

name

El nombre de la ventana.

navigator

Objeto navigator.

offscreenBuffering

Define el tipo de buffering que el browser hace.

opener

Referencia una ventana que haya invocado una función open() para crear una ventana.

parent

El nombre de la ventana principal que contiene el conjunto de Frames (Frameset).

screen

Objeto screen.

self

El nombre de la ventana actual.

status

Valor que va a aparecer en la barra de status.

top

El nombre de la ventana de top.

window

El nombre de la ventana actual.

Métodos:

alert(mensaje)

Hace surgir una ventana de alerta con el mensaje pasado como parámetro. La ventana llama la atención del usuario (no lo deja hacer más nada en el browser) y sólo desaparece cuando es presionado el botón.

blur()

Retira el foco del teclado de la ventana, pasándolo a la ventana madre.

clearInterval(id)

Para una ejecución periódica de código iniciada con un setInterval().

clearTimeout()

Cancela un timeout.

close()

Cierra la ventana.

confirm(mensaje)

Hace surgir una ventana de confirmación con botones "OK" y "Cancel". Conforme el botón presionado, es devuelto el valor "verdadero" o "falso" al utilizador.

focus()

Da el foco de teclado a una ventana, proporcionando la aparición de eventos de teclado.

moveBy(x,y)

Mueve una ventana x píxels para la derecha y Y para bajo.

moveTo(x,y)

Mueve la ventana para una posición absoluta x,y.

open(URL, nombre, paran)

Abre una ventana y carga lo URL pasado como parâmetro. En el "paran" pueden ser configurados algunos aspectos relativos al aspecto de la ventana,

prompt(msg,resp_defecto)

Abre una ventana de diálogo, que acepta una entrada del utilizador, que es devuelta. "msg" contiene el texto de la pregunta y "resp_defecto" el valor inicial que aparece en el campo a llenar.

resizeBy(a,l)

Modifica el tamaño de una ventana de píxeles en la altura (a) y a lo ancho (l).

resizeTo(a,l)

Moficia las dimensiones de la ventana de a por I píxels.

scroll(x,y)

Desplazamiento en un documento para una posición x,y.

scrollBy(x,y)

Desplazamiento en el documento de x píxels para la derecha y de y para abajo.

scrollTo(x,y)

Idéntico al scroll(), que vino a sustituir.

setInterval(code,interv)

Ejecuta el código Javascript code después de un periodo de tiempo de interv milisegundos y de periódica.

nombre=setTimeout(exp,equipo)

Evalúa la expresión "exp" cuando pasa el número de milissegundos definido por "equipo".

Eventos

El lenguaje JavaScript está estrechamente conectado al modelo de orientación a eventos y, para usufructuar ese recurso, usamos los controladores de eventos que son atributos especiales aplicables a las tags HTML, permitiendo a un elemento (botón, link, imagen, etc.) tratar acciones (clic del mouse, presionar una tecla) que ocurran durante la carga y la presentación de un documento. Los eventos son acciones realizadas por el usuario y que desencadenan la ejecución de códigos escritos en JavaScript, permitiendo interacciones con las acciones del usuario.

Los eventos son la manera que tenemos en Javascript de controlar las acciones de los visitantes y definir un comportamiento de la página cuando se produzcan. Cuando un usuario visita una página web e interactúa con ella se producen los eventos y con Javascript podemos definir lo que queremos que ocurra cuando se produzcan.

Con Javascript podemos definir lo que sucede cuando se produce un evento como podría ser que un usuario clic sobre un botón, edite un campo de texto o abandone la página.

El manejo de eventos es el caballo de batalla para hacer páginas interactivas, porque con ellos podemos responder a las acciones de los usuarios.

Como se define un evento

Los manipuladores de eventos (event handlers) se encuentran incorporados al largo del código HTML y son activados por el navegador o evento de utilizador, tal como sucede cuando la página es cargada, cuando el utilizador presiona un botón del ratón, o cuando el reloj llega a la 8 de la tarde. Algunos eventos del utilizador son dependientes de la utilización de un determinado dispositivo como sean el ratón o el teclado. Estos son llamados por eventos cuya manipulación son dispositivos-dependientes. Otros manipuladores de eventos son dispositivos-independientes y se caracterizan por su activación y para poder ser hecha indistintamente requiere del ratón o del teclado, o de otros medios. Al usar manipuladores de evento de dispositivos-dependientes puede resultar que el contenido quede inaccesible a alguien que no sea capaz de utilizar el dispositivo para el cual el evento fue concebido.

Para definir las acciones que queremos realizar al producir un evento utilizamos los manipuladores de eventos. Existen muchos tipos de manipuladores de eventos, para muchos tipos de acciones del usuario. El manipulador de eventos se coloca en la etiqueta HTML del elemento de la página que queremos que responda a la acciones del usuario.

Por ejemplo, tenemos el manipulador de eventos onclick, que sirve para describir acciones que queremos que se ejecuten cuando si clic. Si quisiéramos que al clicar sobre un botón acontezca alguna cosa, escribimos el manipulador onclick en la etiqueta de ese botón. Algo parecido a esto.

```
<INPUT type=button value="Haz Click Aquí"
onclick="sentencias_javascript...">
```

Se coloca un atributo nuevo en la etiqueta que tiene el mismo nombre que el evento, en este caso onclick. El atributo se iguala a la sentencias Javascript que queremos que se ejecuten al producirse el evento.

Cada elemento de la página tiene su propia lista de eventos soportados, vamos a ver otro ejemplo de manejo de eventos, esta vez sobre un menú desplegable, en el cual definimos un comportamiento cuando cambiamos el valor seleccionado.

```
<SELECT onchange="window.alert('Cambió la Selección')">
<OPTION value="opcion1">Opción 1
<OPTION value="opcion2">Opción 2
</SELECT>
```

En este ejemplo, cada vez que se cambia de opción muestra una caja de alerta.

Dentro de los manipuladores de eventos podemos colocar tantas instrucciones como deseemos, pero siempre separadas por punto y coma. Lo habitual es colocar una sólo instrucción, y si desea colocar más de una, acostúmbrese a crear una función con todas las instrucciones y dentro del manipulador se coloca una sólo instrucción que es la llamada a la función.

Vamos a ver cómo se colocarían en un manipulador varias instrucciones.

```
<input type=button value=clicme
    onclick="x=30; window.alert(x); window.document.bgColor =
'red'">
```

Son instrucciones muy simples como atribuir a x el valor 30, hacer una ventana de alerta con el valor de x y cambiar el color del fondo a rojo.

Sin embargo, tantas instrucciones puestas en un manipulador quedan un poco confuso, sería mejor crear una función así:

```
<script>
function ejecutarEventoOnclick(){
    x = 30
    window.alert(x)
    window.document.bgColor = 'red'
}
</script>
```

```
<FORM>
<input type=button value=Pulsame
onclick="ejecutaEventoOnclick()">
</FORM>
```

Ahora utilizamos más texto para hacer lo mismo, pero con la certeza de ser más claro en este segundo ejemplo.

Lista de Eventos

A continuación veremos una lista de los principales eventos JavaScript con código de ejemplo. Es bueno saber que cada rutina de tratamientos de eventos fue proyectada para tags HTML específicas. Esto quiere decir que, por ejemplo, los eventos onLoad y Unload son colocados en el tag <body> o en <img>, pero, como por ejemplo, el evento onClick sólo funciona dentro de objetos de un formulario o en links.

onabort

Este evento se produce cuando un usuario detiene la carga de una imagen, sea porque detiene la carga de la página o porque realiza una acción que la detiene, como por ejemplo, salir de la página.

Javascript 1.1

onchange

Se desata este evento cuando cambia el estado de un elemento de formulário, a veces no se produce hasta que el usuario retire el foco de la aplicación del elemento. Javascript 1.0

Javascript 1.0

onclick

Se produce cuando se clica el botón del mouse sobre un elemento de la página, generalmente un botón o un link.

Javascript 1.0

ondragdrop

Se produce cuando un usuario suelta algo que había arrastrado sobre la página web.

Javascript 1.2

onerror

Se produce cuando no se puede cargar un documento o una imagen y esta queda quebrada.

Javascript 1.1

onfocus

El evento onfocus es el contrario de onblur. Se produce cuando un elemento de la página o la ventana ganan el foco de la aplicación.
Javascript 1.0

onkeydown

Este evento es producido en el instante que un usuario presiona una tecla, independientemente que a suelte o no. ES producido en el momento del clic.
Javascript 1.2

onkeypress

Ocurre un evento onkeypress cuando el usuario deja una tecla clicada por un tiempo determinado. Antes de este evento se produce un onkeydown en el momento que se clica la tecla..
Javascript 1.2

onkeyup

Se produce cuando el usuario deja de apretar una tecla. ES producido en el momento que se libera la tecla.
Javascript 1.2

onload

Este evento se desata cuando la página, o en Javascript 1.1 las imágenes, terminaron de cargarse.

Javascript 1.0

onmousedown

Se produce el evento onmousedown cuando el usuario clica sobre un elemento de la página. onmousedown se produce en el momento de clicar el botón, soltando o no.

Javascript 1.2

onmousemove

Se produce cuando el mouse se mueve por la página.

Javascript 1.2

onmouseout

Se desata un evento onmuoseout cuando la flecha del mouse sale del área ocupada por un elemento de la página.

Javascript 1.1

Onmouseover

Este evento se desata cuando la flecha del mouse entra en el área ocupada por un elemento de la página.

Javascript 1.0

onmouseup

Este evento se produce en el momento que el usuario suelta el botón del mouse, que previamente había clicado.

Javascript 1.2

onmove

Evento que se ejecuta cuando se mueve la ventana del navegador, o un frame.

Javascript 1.2

onresize

Evento que se produce cuando se redimensiona la ventana del navegador, o el frame, en el caso de que la página los haya.

Javascript 1.2

onreset

Este evento está asociado a los formulários y se desata en el momento que un usuario clica en el botón de reset de un formulário.
Javascript 1.1

onselect

Se ejecuta cuando un usuario realiza una selección de un elemento de un formulário.
Javascript 1.0

onsubmit

Ocurre cuando el visitante aprieta sobre el botón de enviar el formulário. Se ejecuta antes del envío propiamente dicho.
Javascript 1.0

onunload

Al abandonar una página, sea porque si clic en un link que nos lleva a otra página o porque se cierra la ventana del navegador, se ejecuta el evento onunload.

Trabajando con Eventos

onBlur

Usado para ejecutar un código cuando el foco se mueve para fuera del objeto del formulario. Los objetos que soportan ese evento son: Button, Checkbox, FileUpload, Layer, Password, Radio, Reset, Select, Submit, Text, TextArea y window. Después de probar el ejemplo de abajo, usted puede intercambiar el evento onBlur por el evento onChange. El evento onChange es parecido al onBlur, sin embargo, es necesario que el usuario seleccione y modifique el contenido del objeto para que el evento suceda. En el método onBlur, si el usuario mueve el foco hacia afuera del objeto sin alterar su contenido, no suceda nada. Los objetos que soportan el evento onChange son: FileUpload, Select, Text y TextArea. Veamos un ejemplo de colocación del evento:

```
<html> <head>
```

```
<script language="JavaScript"> function validar_edad(form) { var nEdad = form.edad.value; if (nEdad >= 18) alert("Usted es mayor de Edad"); else alert("Usted es Menor de Edad"); } </script>
```

```
<body>
```

```
<form>
```

Informe su edad y presione la tecla tab para validarla:

 <input type="text" name="edad"
onBlur="validar_edad(form);"> onFocus

Usado para ejecutar un código cuando el foco se mueve hacia el objeto del formulario, o sea, cuando el objeto recibe el foco. Los objetos que soportan ese evento son: Button, Checkbox, FileUpload, Layer, Password, Radio, Reset, Select, Submit, Text, TextArea y window. Pruebe a intercambiar el evento onBlur del ejemplo anterior por el evento onFocus y vea que, en cuanto usted clica en el objeto edad, la función validar_edad será accionada.

Usado para ejecutar un código cuando el usuario hace clic, el usuario clica en un botón. Los objetos soportan este evento son: Button, Checkbox, Radio, Reset, Submit, document y Link. Veamos el siguiente ejemplo:

<HTML> <head>
<script language="JavaScript"> function validar_edad(form) { var
nEdad = form.idade.value; if (nEdad >= 18) alert("Usted es Mayor de
Edad"); else alert("Usted es Menor de Edad"); } </script>

<body>

<form>

Informe de su Edad:
 <input type="text" name="edad">

<input type="button" value="Verifique" onClick="validar_edad(form);"> onLoad

Esto hace que el navegador ejecute una acción cuando la página o una imagen es cargada. Los objetos que soportan ese evento son: Image, Layer y window. Vea las instrucciones de la función mensaje. Podemos usar las propiedades de los objetos para, por ejemplo, modificar el contenido de un objeto y enfocar un objeto. En el ejemplo siguiente, la segunda y tercera instrucción de la función mensaje limpia y enfoca al objeto edad, respectivamente.

<html> <head>

<script language="JavaScript"> function mensaje() { alert("Bienvenido al Curso de Javascript"); document.form_test.edad.value=""; document.form_test.edad.focus(); } function validar_edad(form) { var nEdad = form.edad.value; if (nEdad >= 18) alert("Usted es Mayor de Edad"); else alert("Usted es Menor de Edad"); } </script>

<body onLoad="mensaje();">

<form name="form_test">

Informe de su Edad:
 <input type="text" name="edad">

<input type="button" value="Verifique"
onClick="validar_edad(form);">

Pruebe a intercambiar el evento onLoad por onUnLoad, o a añadir
el evento onUnLoad en el tag body del ejemplo de arriba. El evento
onUnLoad sucede cuando la página es descargada, o sea, cuando el
usuario deja la página actual.

A título de curiosidad, pruebe a modificar, por ejemplo, el color de
fondo de la página a través de la propiedad bgColor del documento,
así:

document.bgColor = "green"; // color de fondo de la página
modificada a verde Usted puede utilizar tanto el nombre del color en
inglés como también el código del color.

OnError. Usted puede definir eventos que ocurran cuando carga de
una imagen no ha sucedido correctamente, o cuando el usuario cancela
la carga de una imagen, o, si el usuario mueve el mouse sobre una
imagen. Vea los siguientes ejemplos:

Utilice el gestor de eventos onMouseDown u onMouseUp para añadir una función si el usuario presione una tecla cualquiera del mouse o suelta un botón cualquiera del mouse, respectivamente.

Podemos definir, a través de un link, que el navegador muestre en su barra de status un texto cualquiera cuando el usuario mueve el puntero del mouse sobre el link, así:

```
<a href="mailto='micorreo@hotmail.com'"
onMouseOver="self.status='Envie un mail al profesor del Curso de
Javascript';return true;"> Contacto Alumnos </a>
```

Al revés también se puede realizar, basta con intercambiar el gestor del ejemplo de arriba con un onMouseOut.OnSelect Este evento sucede cuando un objeto es seleccionado.

```
<input type="text" name="edad" onSelect="mi_funcion();">
```

Bloqueando el botón derecho de mouse en una página

El evento onmousedown del ejemplo siguiente debe ser escrito en minúsculas para evitar incompatibilidades entre navegadores. Vea que la instrucción "document.onmousedown = verificar_boton_mouse;" debe ser definida antes de todas las funciones del script de la página. Así, esta instrucción será ejecutada en el momento de la carga de la página.

```
<script language="JavaScript"> document.onmousedown =
verificar_boton_mouse; function verificar_boton_mouse() { if
(event.button == 2) { alert("Botón derecho deshabilitado"); }
```

Analizando tecla presionada en la página

De manera similar al ejemplo anterior, que verifica que botón del
mouse fue presionado, podemos también verificar que tecla fue
presionada, a través del gestor de eventos onKeyPress definido en la
tag body de un documento. Veamos el ejemplo siguiente:

```
<html> <head>
```

```
<script language="JavaScript"> function verificar_tecla() { var
tecla = window.event.KeyCode; if (tecla > 47 && tecla < 58)
alert("Usted tecleó un Número"); else alert("Usted tecleó una letra"); }
</script>
```

```
<body onKeyPress="verificar_tecla(form);">
```

Presione cualquier tecla para la Verificación </body>

Mostrando algunas de las informaciones básicas del navegador:

```
document.write(navigator.appName);
document.write(navigator.appVersion);
document.write(navigator.platform);
```

Redireccionando al usuario hacia otra página:

```
var navegador = navigator.appName; if (navegador == "Netscape")
location.href = "pagina_1.html"; else if (navegador == "Microsoft
Internet Explorer") location.href = "pagina_2.html"; else location.href
= "pagina_3.html";
```

Ejemplo Completo del Uso de Eventos:

Guarde este código como **request.js**

```
var RequestObject;

function initRequest(newRequestFunc, noBody) { var _newRequest
= newRequestFunc;
    var _noBody = noBody; var _id = 0;
    return function() {
    this.newRequest = _newRequest;
    this.concatTimer = function(url, id) { return url +
    (url.indexOf("?") < 0 ? "?" : "&")+ "requestTime=" + new
Date().getTime() + "&requestId=" + id;
```

```
false);
}
this.loadText = function(url, method) { var req = _newRequest();
req.open(method || "GET", this.concatTimer(url, _id++),

if (_noBody)
req.send();

else

req.send(null);
return req.responseText;
}
this.splitLines = function(text) {

try {

return text.split(/\r?\n|\r/);

} catch(e) {
return [];
}
}
```

```
"GET"));

this
.loadLines = function(url, method) {
return this.splitLines(this.loadText(url, method ||

false);

}
this.loadXML = function(url, method) { var req = _newRequest();
req.open(method || "GET", this.concatTimer(url, _id++),

if (_noBody)
req.send();

else

req.send(null);

return req.responseXML;
}
this.bind = function(object) { var url = object['url'];
if (typeof url == 'undefined')
throw "necess?rio URL para fazer bind";
var id = _id++;
var req = _newRequest();
```

```
    var method = object['method'] || "GET"; var headers =
object['header'];
    var body = object['body'];
    var user = object['username'];
    var pass = object['password']; var onload = object['onload']; var
onerror = object['onerror'];
    var onprocess = object['onprocess'];
    var onstatechange = object['onstatechange'];

    // llamando aún

    req.onreadystatechange=function() { if (onstatechange)
    onstatechange(req, id); switch(req.readyState) {
    case 0: // UNINITIALIZED open() no fue

    break;
    case 1: // LOADING send() no fue

    case 2: // LOADED send() fue llamando,

    // disponible getResponseHeader y el statusde responseText tienen
datos parciales

    case 3: // INTERACTIVE cargando, if (onprocess)
    onprocess(req, id);
```

```
// fueron terminadas

req.status == 200) {

break;
case 4: // COMPLETED, todas las operaciones

if (onprocess)
onprocess(req, id);
if (req.status == 0 ||

if (onload)
onload(req, id);

} else {

req.statusText);

}
}

}
break;
```

```
if (onerror)
onerror(req, id,true, user, password);

if (user)
req.open(method, this.concatTimer(url, id),

else

req.open(method, this.concatTimer(url, id));

req.setRequestHeader('requestid', id); for(var header in headers) {
req.setRequestHeader(header, headers[header]);

}

try {

if (body && _noBody) {
req.send();
} else {
req.send(body);

}
} catch(e) {
if (onerror) {
onerror(req, id, e);
```

```
        }

        }

        }

        }

        }


    if (window.ActiveXObject) { var objectNames = [
    "Msxml2.XMLHTTP.5.0",
        "Msxml2.XMLHTTP.4.0", "MSXML2.XMLHTTP.3.0",
"MSXML2.XMLHTTP",
        "Microsoft.XMLHTTP"
    ];
    for(var i=0; i < objectNames.length; i++) {
    try {
    var requestName = objectNames[i];
    new ActiveXObject(requestName);
    RequestObject = initRequest(function() { return new
    ActiveXObject(requestName); }, true);
    } catch(e) {
    }
    }
    }


    if (! RequestObject && window.XMLHttpRequest) { try {
    new XMLHttpRequest();
    RequestObject = initRequest(function() { return new
```

```
XMLHttpRequest(); }, false);
} catch(e) {

}

}


if (! RequestObject) {
alert("Seu browser não esta preparado para o ajax");


}
```

Incluya en la página, o siguiente comando para incluir este archivo:

```
<script type="text/javascript" src="request.js"></script>
```
En seguida, podrá utilizar el código, como por ejemplo, cargando un texto de forma síncrona:

```
var req = new RequestObject();
alert(req.loadText("textoqualer.txt"));
```

También podemos cargar en una matriz y procesarla línea a línea:

```
var req = new RequestObject();
var matriz = req.loadLines("textocualquiera.txt");
for(var i=0; i < matriz.length; i++) { alert(i + ":" + matriz[i]);
}
```

También es posible cargar de forma asíncrona:

```
var req = new RequestObject();
req.bind({ url:"textocualquiera.txt", onload:function(rq, id) {
alert(rq.responseText);
}
});
```

También es posible verificar si ocurrió algún error, de la siguiente manera:

```
var req = new RequestObject();
req.bind({
url:"textoqualquer.txt", onload:function(rq, id) {
alert(rq.responseText);
},
onerror:function(rq, id, msg) { alert('erro = ' + msg);
}
});
```

jQuery

jQuery es una biblioteca de JavaScript cross-browser desarrollada para simplificar los scripts client-side que interactúan con el HTML. Esta fue lanzada en enero de 2006 en el BarCamp de Nueva York por John Resig. Usada por cerca del 55% de las 10 mil webs más visitados del mundo, jQuery es la más popular de las bibliotecas JavaScript.2 3

jQuery es una biblioteca de código abierto y posee licencia dual, haciendo uso de la Licencia MIT o de la GNU General Public License versión 2.4 La sintaxis del jQuery fue desarrollada para hacer más simple la navegación por el documento HTML, la selección de elementos DOM, crear animaciones, manipular eventos y desarrollar aplicaciones AJAX. La biblioteca también ofrece la posibilidad de creación de plugins sobre ella. Haciendo uso de tales facilidades, los desarrolladores pueden crear capas de abstracción para interacciones de más bajo nivel, simplificando el desarrollo de las aplicaciones web dinámicas de gran complejidad.

Microsoft y Nokia anunciaron planes de incluir el jQuery en sus plataformas, Microsoft la adoptará inicialmente en el Visual Studio 6 para su uso con el framework AJAX de ASP.NET, y Nokia en su plataforma Web Run-Team de widgets. La biblioteca jQuery también ha sido usada en el MediaWiki desde la versión 1.16.8.

Las principales funcionalidades del jQuery son:

Resolución de la impatibilidad entre los navegadores.
Reducción de código.
Reutilización del código a través de plugins.
Utilización de una vasta cantidad de plugins creados por otros desarrolladores.
Trabaja con AJAX y DOM.
Implementación segura de recursos de CSS1, CSS2 y CSS3.

Para empezar, necesitamos algunas herramientas:

Si usted aún no tiene un servidor instalado para hacer pruebas, busque cómo instalar Apache + PHP + alguna base de datos (MySQL o PostreSQL).
Intente conocer algunos Frameworks Javascript. Existen algunos muy utilizados que son prácticamente imposible no conocer.
Habitúese con las herramientas de desarrollador de su navegador. En el Chrome, existe un conjunto completo de herramientas ya viene

instalado. En el Firefox, hay una excelente alternativa que es el Firebug.

Entre los frameworks Javascript, veremos el jQuery, por ser actualmente el más utilizado en el mundo. Veamos un ejemplo:

```js
[code lang="js" htmlscript="true"]
<html>
<head>
<script src="/path/to/jquery-1.7.1.min.js"
type="text/javascript"></script>
<!-- O -->
<script
src="http://ajax.googleapis.com/ajax/libs/jquery/1.7.1/jquery.min.js"
type="text/javascript"></script>
</head>
</html>
[/code]
```

Dentro de la tag <head>, tenemos dos opciones: añadir la ruta del script que usted bajó (ideal para desarrollo local), o utilizar el acceso que Google suministra libremente (y que muchas webs utilizan, siendo probable que el usuario ya tenga una copia en caché de ese archivo y su página debe cargar más rápido).

Tras incluir el jQuery en nuestra página, vamos a hacer alguna cosa con él. Algo simple, como añadir la API de Youtube y buscar los 5 vídeos más recientes sobre Linux:

```js
[code lang="js" htmlscript="true"]
<html>
<head>
<script src="jquery-1.7.1.min.js" type="text/javascript"></script>
</head>
<body>
<script type="text/javascript">
// esto será ejecutado al cargar la página
$(document).ready(function() {
// añade la API de Youtube y busca por videos sobre Linux
// usamos el formato JSON para recibir los resultados
$.get('http://gdata.youtube.com/feeds/api/videos?q=Linux&alt=json
&max-results=5', function(result) {
// estos son los resultados devueltos en la consulta
var entries = result.feed.entry;
// mostramos los datos de cada uno
$.each(entries, function(index, item) {
var title = item.title.$t, // el título
desc = item.content.$t, // la descripción
link = item.link[0].href; // el link
// mostrando los datos en la página
// aquí podría formatear la salida, añadiendo estilos de CSS, etc.
```

```
// ahora solo los mostramos de forma básica
$('body').append('<h3><a href="' + link + '">' + title +
'</a></h3><p>' + desc + '</p>');
        });
    });
});
</script>
</body>
</html>
[/code]
```

Ese es un ejemplo simple. Vea que al mostrar los datos, nosotros no formateamos nada. Sólo mostramos el título con el link para el vídeo y la descripción. Pero la API de Youtube devuelve muchos más datos, como el nombre del usuario que subió el vídeo, la fecha de publicación, y mucho más. No es nuestro objetivo aprender más sobre la API de Youtube aquí, pero yo recomiendo añadir directamente la URL que utilizamos en la solicitud GET y estudiar el retorno de Youtube para ver lo que es más posible.

JSON

JSON es un acrónimo para "JavaScript Object Notation", es un formato leve para el intercambio de datos computacionales. JSON es un subconjunto de la notación de objetos de JavaScript, pero su uso no requiere JavaScript exclusivamente.

El formato JSON fue originalmente creado por Douglas Crockford y es descrito en el RFC 4627. La media-type oficial del JSON es application/json y la extensión es .json.

La simplicidad de JSON tiene resultado en su uso difundido, especialmente como una alternativa para XML en AJAX. Una de las ventajas reivindicadas de JSON sobre XML como un formato para el intercambio de datos en este contexto, es el hecho de ser muy más fácil escribir un analizador de JSON. En JavaScript mismo, JSON puede ser analizado trivialmente usando la función eval(). Esto fue importante para la aceptación de JSON dentro de la comunidad AJAX debido a la presencia de este recurso de JavaScript en todos los navegadores web actuales.

En la práctica, los argumentos acerca de la facilidad de desarrollo y desempeño del analizador son raramente relevados debido a los intereses de seguridad en el uso de eval() y la creciente integración de procesamiento de XML en los navegadores web modernos. Por esta razón JSON es normalmente usado en ambientes donde el tamaño del flujo de datos entre el cliente y el servidor es de muy importancia (de ahí su uso por Google, Yahoo, etc., los cuales sirven a millones de usuarios), donde la fuente de los datos puede ser explícitamente confiable, y donde la pérdida de los recursos de procesamiento XSLT en el lado cliente para la manipulación de datos o la generación de la interfaz, no es una consideración.

Mientras JSON es frecuentemente posicionado "en enfrentamiento" con XML, no es poco común ver tanto JSON como XML siendo usados en la misma aplicación. Por ejemplo, una aplicación en el lado cliente la cual integra datos del Google Maps con datos atmosféricos a través de SOAP, requiere soporte para ambos formatos de datos.

Existe un creciente soporte para JSON a través del uso de pequeños paquetes de terceros. La lista de lenguajes soportados incluyen ActionScript, C/C++, C#, ColdFusion, Java, JavaScript, OCaml, Perl, PHP, ASP 3.0, Python, Rebol, Ruby, Luna, Progress.

Ejemplo de un Objeto JSON:

```
{ "Alumno" : [
      { "nombre": "Juan", "notas": [ 6, 9, 7 ] },
      { "nombre": "María", "notas": [ 5, 9, 7 ] },
      { "nombre": "Luis", "notas": [ 10, 9, 9 ] }
   ]
}
```

En diciembre de 2005, Yahoo! comenzó a soportar JSON como una opción para algunos de sus servicios Web.

JSON está constituido en dos estructuras:

Una colección de pares nombre/valor. En varios lenguajes, es decir caracterizado como un object, record, struct, diccionario, hash table, keyed list, o arrays asociativos.

Una lista ordenada de valores. En la mayoría de los lenguajes, es decir caracterizado como una array, vector, lista o secuencia.

Estas son estructuras de datos universales. Virtualmente todos los lenguajes de programación modernos los soportan, de una forma o de otra. Es aceptable que un formato de cambio de datos que sea independiente del lenguaje de programación se base en estas estructuras.

En JSON, los datos son presentados de esta forma:

Un objeto es un conjunto desordenado de pares nombre/valor. Un objeto comienza

Una array es una colección de valores ordenados. El array comienza con [(corchete de apertura) y termina con] (corchete de cierre). Los valores son separados por, (comas).

Un valor (value, en la imagen arriba) puede ser una cadena de caracteres (string), o un número, o true o false, o null, o un objeto o una array. Estas estructuras pueden estar anidadas.

value

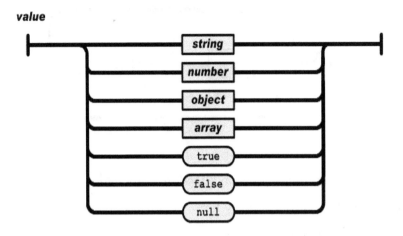

Una string es una colección de uno o más caracteres Unicode, envuelto entre aspas dobles usando barras invertidas como carácter de escape. Un carácter está representando como un simple carácter de string. Una cadena de caracteres es parecida a una cadena de caracteres en C o Java.

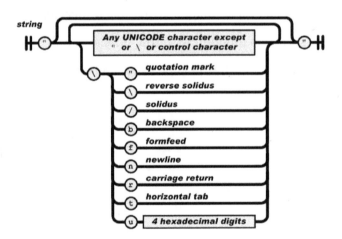

Un número es similar a un número en C o Java, excepto que no se usan los números octales o hexadecimales.

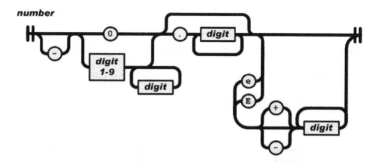

Los espacios en blanco pueden ser insertados en cualqueir parte de los símbolos.

Palabras Reservadas

Existen varias palabras que son reservadas para Javascript, las cuales son listadas de abajo. Estas palabras no pueden ser utilizadas para identificar variables ni funciones:

abstract	float	public
boolean	for	return
break	function	short
byte	goto	static
case	if	super
cath	implements	switch
char	import	sinchronized
class	in	this
const	instanceof	throw
continue	int	throws
default	interface	transient
do	long	true
double	native	try
else	new	var
extends	null	void
false	package	while
final	private	with

finally	protected	

Debugging

En JavaScript fue introducido un par de funciones muy útil para cuestiones de debugging o corrección de errores en programas.

Se trata de los métodos:

- watch()
- unwatch()

Estos métodos se aplican a un determinado objeto y permiten que se fuerce la ejecución de una determinada función cuando algo sucede. El watch() acepta como argumentos el nombre de la propiedad a ser observada, al igual que el nombre de la función a ser ejecutada cuando la propiedad en causa cambiar.

El unwatch() se llama para desconectar el efecto de debugging y cancelar el efecto del watch().

```
<html>

<head>

<script language = "JavaScript">
function var_cambio() {
  alert("La Variable X ha sido modificada ");
```

```
        }

    </script>
    </head>

    <body>

    <script language = "JavaScript">
    var x=0;
    watch('x', var_cambio);
    x=1;
    unwatch();
    </script>

    </body>

    </html>
```

El watch() se aplica en este caso a la variable "x", definiéndose la
función "var_cambio()" como gestora del evento de cambio de la
variable.

En este caso, la línea "x=1;" provoca la modificación de la variable
x y, por lo tanto, la ejecución del código constante de la función
var_cambio().

Lo mismo ocurriría aunque el valor de la variable no hubiera sido modificada, pero desde que hubiera sido hecha una nueva atribución a su valor (por ejemplo: x=0).

Bibliografía

Para la realización de esta obra se han consultado los siguientes libros, artículos y páginas web:

Libros:

DiveintoHTML5, de Mark Pilgrim

JavaScript: The Definitive Guide, de David Flanagan.

Professional JavaScript for Web Developers (Wrox Programmer to Programmer), de Nicholas C. Zakas.

JavaScript: The Good Parts, de Douglas Crockford

Artículos:

Introduction to HTML & CSS, de Pradeep Varadaraja Banavara

Introducción a HTML5, de Pablo Garaizar

The A-Z of Programming Languages: JavaScript, de Naomi Hamilton

Object detection, de Peter-Paul Koch

Mission Impossible - mouse position, de Peter-Paul Koch

Browser detect, de Peter-Paul Koch

Creating Accessible JavaScript, de WebAIM.

Páginas Web:

http://www.wikipedia.org

http://dev.w3.org

http://developer.mozilla.org

Autor: Miguel A. Arias

ISBN: 978-1492332435